Maja Roedenbeck

Kindheit im Schatten

MAJA ROEDENBECK

Kindheit im SCHATTEN

Wenn Eltern krank sind und Kinder stark sein müssen

Ch. Links Verlag, Berlin

Für meine Söhne Nick und Luke.
Ihr zeigt uns immer wieder, wie stark ihr seid –
aber ihr dürft auch mal schwach sein.

»Der Spielraum des Menschen entsteht nicht
aus vorgeplanten und vorgefertigten Möglichkeiten,
sondern aus ausgehaltenen Unmöglichkeiten.«
Bischof Dr. Klaus Hemmerle

Die Deutsche Nationalbibliothek verzeichnet diese Publikation in der Deutschen Nationalbibliografie; detaillierte bibliografische Angaben sind im Internet über www.dnb.de abrufbar.

1. Auflage, April 2016

Schönhauser Allee 36, 10435 Berlin, Tel.: (030) 44 02 32-0
www.christoph-links-verlag.de; mail@christoph-links-verlag.de
Umschlaggestaltung: Stephanie Raubach, Ch. Links Verlag, Berlin
Satz: Stephanie Raubach, Ch. Links Verlag, Berlin
Druck und Bindung: Druckerei F. Pustet, Regensburg

ISBN 978-3-86153-879-0

Inhalt

Papa braucht ein neues Herz

Nick, damals sechs, und Luke, damals vier Jahre alt, saßen mit geputzten Zähnen an Oma gekuschelt im Bett und hörten ihre Gutenachtgeschichte, als ich aus dem Krankenhaus nach Hause kam. Bis zu diesem Tag im Frühjahr 2011 hatten wir das Ausmaß der angeborenen Herzkrankheit ihres Vaters so gut es ging von ihnen ferngehalten – obwohl sie schon viel darüber wussten, das hatte sich nicht vermeiden lassen. Nun aber musste ich offen zu ihnen sein, musste sie vorbereiten auf das, was kommen könnte. »Die Engelchen sitzen auf Papas Schultern«, sagte ich einer Eingebung folgend, »und überlegen, ob sie ihn mit in den Himmel nehmen sollen.«

Ich bedauerte die Worte, sobald sie meine Lippen verlassen hatten. Bisher hatten wir großen Wert darauf gelegt, den Jungs alles ganz sachlich und detailliert zu erklären, was Papas Gesundheit anging. Aber Eltern können nicht alles richtig machen, schon gar nicht in solchen Ausnahmesituationen. Und irgendwie wirkte das Pathos beruhigend. Wenn wir schon eine so beängstigende Erfahrung machen mussten, dann hatten wir auch ein Anrecht auf Drama wie im Film. Meine Söhne schauten mich an. Schwiegen. Und dann erwiderte einer von beiden: »Und wieso dürfen eigentlich die Engelchen entscheiden, ob sie Papa mit in den Himmel nehmen, und nicht wir?« Während ich mit den Tränen und um angemessene

Worte rang, verlangten sie lautstark, dass Oma die Gutenachtgeschichte weiterlese. In ihren kleinen, schlauen Köpfen war ihnen in Sekundenschnelle klar geworden, dass sie die Antwort lieber nicht hören wollten.

Heute, vier Jahre später, erinnern sie sich nicht mehr an diesen Moment. Sagen sie. Tief in ihren Herzen wird er seine Spuren hinterlassen haben. Ihr Vater ist heute 43 Jahre alt. Im Sommer 2011 schaffte er es nach einer Woche im künstlichen Koma, zwei Monaten im Krankenhaus und drei Wochen Kur noch einmal nach Hause. Wir verbrachten ein friedliches Dreivierteljahr ohne einen der akuten Notfälle zusammen, die uns in den Jahren zuvor an die Grenzen unserer Kräfte gebracht hatten. Für diese glücklichen Monate werde ich immer dankbar sein. Im Nachhinein betrachtet, waren sie der Abschied von uns als Familie und für die Jungs der Abschied von ihrer halbwegs sorglosen Kindheit.

Im März 2012, zwei Tage nach seinem 40. Geburtstag, wurde mein damaliger Mann im Deutschen Herzzentrum Berlin aufgenommen. Dort wartete er vierzehn Monate lang auf ein Spenderorgan. Nach der Transplantation im Frühjahr 2013 schwebte er lange zwischen Leben und Tod. Erst zum nächsten Jahreswechsel fing sich sein Körper und es ging aufwärts, herunter von der Intensivstation.

Himmelfahrt 2014 erkannten wir, dass unsere Ehe diese Prüfung nicht bestanden hatte. Er hatte alles gegeben, um am Leben zu bleiben. Ich hatte alles gegeben, um die Kinder und mich finanziell und emotional durchzubringen und am Krankenbett zu wachen. Am Ende war von einem »Wir« nichts mehr übrig. Der eine wollte Wiederbelebungsversuche für unsere Ehe starten, der andere nicht. Und das war's dann. Man trennt sich nicht auf der Intensivstation, munkelt man unter Schicksalsgenossen, aber danach.

Als Erwachsene konnten wir uns den Lauf der Dinge bei aller seelischen Verletzung doch erklären, die Kinder waren wie vor den Kopf gestoßen. All die Zeit hatten wir ihnen erzählt, dass wir diese Erfahrung gemeinsam durchstehen, Geduld haben müssten, um am Ende als Familie wiedervereint zu sein. Ein so gut wie gesunder Papa, der vielleicht sogar wieder Fußball spielen könnte, würde ihre Belohnung sein. Nun war ihre Belohnung die Scheidung. Was war bloß in uns gefahren? Wie konnten wir die Hoffnung in ihnen derart übertrieben nähren? Man weiß doch aus den Erziehungsratgebern, dass man Kindern nichts verspricht oder androht, was man nicht halten kann! Ja. Aber wir hatten ja selbst an das große Glück der Zukunft glauben wollen, das uns bevorstand. In Zeiten der Verzweiflung braucht man auch als Erwachsener eine handfeste Hoffnung, an die man sich klammern kann. Und keiner sagt einem vorher, dass viele Beziehungen von Transplantationspatienten an der Belastung zerbrechen – erst nach und nach haben wir das im Krankenhaus mitbekommen. Niemand erzählt im Detail von den Komplikationen, die warten, und die Medien berichten nur von Menschen mit neuen Herzen, die wieder Marathons laufen.

Mein inzwischen ehemaliger Mann wurde im November 2014 aus dem Krankenhaus und der Reha entlassen. Er ist jetzt Dialysepatient und steht auf der Warteliste für eine neue Niere. Seine Krankengeschichte geht weiter. Nicks und Lukes Kindheit als Söhne eines körperlich schwerkranken Elternteils auch.

Dabei haben sie noch Glück. Viele Probleme, auf die andere Kinder kranker Eltern in diesem Buch zu sprechen kommen, haben sie nicht. Sie mussten ihren Vater nie pflegen, nicht mehr im Haushalt helfen als andere Kinder alleinerziehender Elternteile auch. Sie sind mit ihren Sorgen nicht allein, sondern haben liebevolle Ansprechpartner in unserer großen Familie, auch den einen oder anderen Lehrer und Erzieher.

Sie haben ihren Handball-Leistungssport, der schon seit ihrer Kindergartenzeit eine feste Säule in ihrem Leben bildet. Sie haben Klassenkameraden, deren Väter oder Mütter im Rollstuhl sitzen oder während der Grundschulzeit starben, sind also keine Außenseiter mit ihrer Geschichte. Auch waren wir zu keinem Zeitpunkt von Armut bedroht.

Schon vor der Arbeit an diesem Buch habe ich meinen Kindern gesagt, dass wir bei allem Recht, traurig und wütend über das zu sein, was wir als Familie aushalten müssen, trotzdem ein gutes Leben haben. Ich möchte unter allen Umständen vermeiden, dass sie sich in eine Opferrolle hineinsteigern. Oder dass sie lernen, sich Vorteile zu verschaffen, indem sie sich als »die Kinder mit dem herzkranken Vater« inszenieren. Andererseits muss ich vorsichtig sein, was ich zu ihnen sage. Denn natürlich ist ihr Leben schwer. Sie müssen immerzu Verständnis haben. Verständnis für ihren schwachen Vater und ihre emotional angeschlagene, körperlich ausgelaugte Mutter. Verständnis dafür, dass ihre eigenen Sorgen manchmal warten müssen, manche Wünsche nicht erfüllt werden können.

Beunruhigt frage ich mich, was aus ihnen werden wird. Haben sie durch ihre Erfahrungen Kompetenzen entwickelt, die ihnen später im Leben helfen werden? Oder ist es nur eine Frage der Zeit, bis sie unter der Last einknicken? Nick hat sich mit einem herzkranken Jungen aus seiner Klasse angefreundet. Bewundernswert selbstständig für seine elf Jahre bewegt er sich mit den öffentlichen Verkehrsmitteln durch Berlin und verfolgt konsequent seinen Kindheitstraum, Profihandballer zu werden. Die Grundschule und den Wechsel aufs Gymnasium hat er ohne meine Hilfe beim Lernen und Freundefinden solide geschafft. Erst jetzt in der siebten Klasse lassen die Leistungen nach und wir müssen Zeit finden, uns um ihn zu kümmern. Spricht man mit ihm über seinen kranken Vater, scheint er alles gut wegzustecken. Aber vielleicht hat seine Seele die Erfahrungen nur erfolgreich verdrängt und wird sie zu einem späteren Zeitpunkt in seinem Leben wieder freigeben? Meine Angst, dass Nick Trost in Drogen und Halt in schlechten Freundschaften suchen wird, ist groß.

Ganz anders sein kleiner Bruder. Luke hatte keine Zeit, eine stabile Bindung zu seinem Vater aufzubauen, bevor die Krankheit vollends Besitz von ihm ergriff. Er kann sich so gut wie gar nicht an die Zeit erinnern, als Papa noch zu Hause war, und musste sich das letzte Stück Kraft, das dieser aufbringen konnte, von Anfang an mit seinem Bruder teilen. Luke hat schon immer viel wegen unserer Situation geweint. Anfangs fiel es ihm schwer, über seine Sorgen zu reden. Nachdem ich ihm eindrücklich erklärt hatte, dass die Seele genauso krank werden kann wie der Körper, wenn man Dinge in sich hineinfrisst, und nachdem ich selbst viel geweint und geredet habe, öffnete er sich gelegentlich. Dennoch bekam er Probleme in der Schule, geriet ständig in Konflikte. In der vierten Klasse fielen die Noten ab, die Klassenlehrerin zog eine Rückversetzung in Erwägung. Luke formulierte selbst, dass er so viele Gedanken im Kopf habe, dass er nur noch aus dem Fenster schauen und dem Unterricht nicht mehr folgen könne. Die einzigen Kontakte, die er aufbaute, waren jene zu den Querulanten unter den Schülern, von denen er sich provoziert fühlte. Chronische Magenschmerzen und der ständige Wunsch, wegen undefinierbarer Wehwehchen zu Hause zu bleiben, waren die Folge. Die einzige Person, der es zu gelingen schien, sein Vertrauen zu gewinnen, war sein Religionslehrer. Ich konsultierte Kinderärzte, Fachärzte, Lehrer, Psychologen und das Jugendamt. Alle betonten, dass Lukes Symptome und Verhaltensweisen noch viel schlimmer sein könnten und Abwarten und Beobachten das Gebot der Stunde sei. Mich beruhigte das ganz und gar nicht. Ich wollte doch nicht zusehen, wie mein Kind ins Verderben rannte.

Aus unerklärlichen Gründen fing sich Luke im zweiten Halbjahr der vierten Klasse wieder. Seine Noten wurden besser, seine Lehrerin sprach vom Gymnasium. Luke ging wieder gern zur Schule und erzählte mit Begeisterung von neuen Freunden, von »seiner Gang«. Die Magenschmerzen wurden weniger und die Tage, an denen er bat, zu Hause bleiben zu dürfen, auch. Heute gönne ich ihm diese kleinen Erholungspausen. Sie scheinen ihm gut zu tun.

Trotzdem, noch längst ist nicht alles gut. Während ich an meinem Laptop sitze und diese Zeilen schreibe, kommt Luke ins Wohnzimmer und fragt, was ich da mache. »Ich schreibe ein Buch über das, was wir mit Papa erlebt haben«, erkläre ich. »Das will ich nicht!«, protestiert er. »Ich will nicht, dass die Leute wissen, was bei uns passiert!« »Warum nicht?«, frage ich. Er kann oder will es nicht erklären. »Hm«, sage ich. »Dann haben wir ein Problem. Du möchtest nicht, dass die Leute wissen, was bei uns passiert. Ich glaube aber, dass es mir helfen könnte, wenn ich anderen Leuten davon erzähle, und dass es mir dann besser geht. Ich glaube auch, dass es anderen Leuten helfen könnte, wenn ich ihnen von unseren Erfahrungen erzähle, weil sie dann sehen, dass sie nicht allein sind. Du kannst mir verbieten, über deine Gefühle und Erlebnisse zu schreiben, aber du kannst mir nicht verbieten, über meine eigenen Gefühle und Erlebnisse zu schreiben. Und da wir dasselbe erlebt haben, wird das eine oder andere im Buch zu lesen sein.« Wütend zieht er ab. »Krankheit ist Familiensache«, sagte mein damaliger Mann immer, wenn ich mich beschwerte, dass er seine letzten Kräfte zusammenraffte, um mit den Kollegen bowlen zu gehen und nach außen hin ein Bild der Normalität aufrechtzuerhalten, und dann aber nicht mehr fähig war, am Familienleben teilzunehmen. Unser Jüngster scheint das jetzt genauso zu sehen. Und die beiden sind keine Einzelfälle: Prof. Dr. Sabine Metzing von der Universität

Witten-Herdecke, die 2007 ihre Promotion über *Kinder und Jugendliche als pflegende Angehörige* verfasste und als eine der führenden deutschen Forscherinnen zum Thema gilt, betitelte nicht umsonst eine ihrer Veröffentlichungen aus dem Jahr 2012 *Kinder und Jugendliche als pflegende Angehörige: Krankheit ist eine Familienangelegenheit.* Selina* (22), Tochter eines manisch-depressiven Vaters, erzählte mir, dass ihr Vater nicht wolle, dass die Familie es »herumerzählt«. Fridolin (46), Sohn eines Alkoholikers, bekam ebenfalls eingetrichtert, die »familieninterne Sache« gehe niemanden etwas an.

Nun, ich weigere mich, das so zu sehen. Warum sollen Familien einsam leiden, wenn kranke Elternteile geradezu ein Massenphänomen in unserer Gesellschaft sind? Warum sollte der kranke Partner bestimmen dürfen, was erzählt wird und was nicht, wenn seine Familienangehörigen zwar anders, aber ebenfalls Betroffene sind? Meine kleine Familie war lange genug auf sich selbst gestellt. Jetzt ist es Zeit, an die Öffentlichkeit zu gehen und auch anderen Betroffenen eine Stimme zu geben. Dann war das Ganze wenigstens zu etwas gut. Eine Einstellung, die übrigens viele Betroffene teilen. Ulrike (51), Tochter zweier Alkoholiker, engagiert sich in einem Projekt, das über Suchtkrankheiten aufklärt. Nicole (19), Tochter einer Mutter mit Multipler Sklerose (MS), betreibt einen Youtube-Kanal für Jugendliche, die diese Diagnose erhalten haben.

Ich beschäftige mich mit dem Thema Kinder kranker Eltern, weil ich als Angehörige finde, dass darüber gesprochen werden sollte. Ich bin interessiert, Geschichten von anderen direkt Betroffenen und Expertenstimmen zu hören, um daraus zu lernen, was meine eigenen Kinder brauchen. Als Social-Media-Fachfrau interessiert es mich zu überlegen, wie die Hilfsangebote über die »neuen Medien« besser an die betroffenen Kinder und Jugendlichen herangebracht werden könnten. Als Journalistin interessiert mich das Thema als Nischen- und Tabuthema, das seit einigen Jahren immer stärker ins Interesse der Forschung, der Wohlfahrtsverbände und der Medien rückt, aber noch nicht in der breiten Öffentlichkeit angekommen ist. Wie sehr gerade der Aspekt der psychisch kranken Eltern im Verborgenen bleibt, habe ich bei den Recherchen zu diesem Buch erfahren: Nie ist es leicht gewesen, Interviewpartner für meine sensiblen Themen zu finden, aber auch nie so schwer wie für das Kapitel über Kinder psychisch kranker Eltern. Drei Personen zogen ihre Geschichten zurück, nachdem wir viel Zeit und Arbeit hineingesteckt hatten und obwohl es ihnen anfangs ein dringendes Anliegen war, an die Öffentlichkeit zu gehen. Darunter Leonard, 25, Sohn einer alleinerziehenden Mutter mit Depressionen und Psychosen, der sich gerade erst aus der Verantwortung für sie und seine drei Geschwister freigeschwommen hat und nun mit seiner neuen Freundin und seiner zweiten Ausbildung zum Kinderpfleger versucht, ein unabhängiges Leben aufzubauen. Ich sprach mit der Leiterin einer Selbsthilfegruppe für Angehörige psychisch Kranker beim Bayerischen Roten Kreuz, die das überhaupt nicht verwunderte: »Meiner Erfahrung nach gibt es bei vielen Betroffenen eine hohe Ambivalenz, wenn es darum geht, ob sie bereit sind, sich mit ihrer Kindheit mit einem psychisch kranken Elternteil zu beschäftigen oder nicht. Es kommt sehr oft vor, dass sie mich anrufen, sich über unser Angebot informieren und zunächst sehr angetan sind. ›Endlich! Super, dass es so was gibt! Genau so was habe ich gesucht!‹, sagen sie. Doch dann machen sie unvermittelt einen Rückzieher und drücken das Thema lieber wieder weg. Entweder noch vor dem ersten Treffen mit der Selbsthilfegruppe oder gleich danach, wenn sie gesehen haben, wie offen andere Menschen von diesen Erfahrungen erzählen.« Auch Katja Beeck, Leiterin der Initiative Netz und Boden für Kinder psychisch kranker Eltern, nickt gleich, als ich ihr von meinen Erfahrungen mit den Betroffenen erzähle: »In der Kommunikation besteht immer die Möglichkeit, dass beim Empfänger etwas anderes ankommt, als der Sender gemeint hat. In Gesprächen mit erwachsen gewordenen Kindern psychisch kranker Eltern ist mir aufgefallen, dass viele eine große Angst haben, nicht ausreichend gehört oder missverstanden zu werden – so wie es in ihrer Kindheit häufig vorgekommen ist. Sollte das beim Interview passiert sein, kann ich mir gut vorstellen, dass die Betroffenen darauf sehr empfindlich und mit Rückzug reagieren, anstatt das Gespräch zu suchen und die neue Erfahrung zu machen, dass man Missverständnisse beheben kann.«

Selina (22) gab ehrlich zu, dass es etwas anderes sei, die Geschichte ihrer Kindheit mit einem manisch-depressiven Vater von Angesicht zu Angesicht zu erzählen oder sie niedergeschrieben zu sehen. Ihre Mutter Iris (55), die mir ebenfalls ein Interview gegeben hatte, entschuldigte sich vielmals für ihre Absage, die sie sich nicht leicht gemacht habe. Sie befürchtete vor allem, mit der Veröffentlichung und der »Konfrontation mit den alten Geschichten« neue Konflikte in der Familie heraufzubeschwören, in die seit dem Auszug ihrer Kinder endlich etwas Ruhe eingekehrt war. »Für uns hat diese Absage auch einen positiven Aspekt«, schrieb sie mir, »denn es hat sich bestätigt, dass wir trotz aller Unwägbarkeiten ganz gut abschätzen können, was uns gut tut und wo wir vorsichtig sein müssen. Die Beschäftigung mit dieser Absage hat uns gezeigt, wie sensibel und besorgt wir miteinander umgehen können, und das ist ein schönes Gefühl.«

Ihre Entscheidung, den häuslichen Frieden in den Mittelpunkt zu stellen, kann ich absolut nachvollziehen. Schließlich ist es ihre Kraft, die sie benötigt, wenn die Dinge wieder ins Ungleichgewicht geraten. Dennoch führt mir ihre Reaktion vor Augen, wie sehr wir Angehörigen, auch meine Söhne und ich, auf rohen Eiern um den kranken Elternteil und Ehepartner umhertänzeln. Die Befindlichkeiten des Patienten werden in den Mittelpunkt gestellt, obwohl im Falle der genannten Familie wie auch in meinem Fall drei andere Familienmitglieder vielleicht gerade gegenteilige Bedürfnisse haben (zum Beispiel, über alles zu sprechen und andere an den eigenen Erfahrungen teilhaben zu lassen). Damit verschärfen wir das Problem für uns selbst, denn wer in einer so schwierigen Situation nicht auf die eigenen Bedürfnisse hört und seine Kinder nicht lehrt, dasselbe zu tun, der schmälert sein Durchhaltevermögen und tut der Familie damit auf Dauer nicht gut. Auf der Suche nach alternativen Protagonisten für meine Protokolle wurde mir bewusst, wie viele betroffene Familien allein in meinem Bekanntenkreis existieren. Da ist zum Beispiel eine Frau, deren Vater seit ihrer Kindheit Alkoholiker ist, wie alle wissen, nur dass niemand, nicht einmal die eigene Familie, je darüber spricht. Auf Geburtstagsfeiern wird ihm wie allen anderen auch Bier zum Buffet angeboten. Die inzwischen Mitte 30-jährige Tochter sagt, sie möchte »nie wieder mit meinen Eltern unter einem Dach leben«. Eine andere Frau, heute Anfang 40, hat ihre Mutter in jungen Erwachsenenjahren durch jahrelangen Alkoholmissbrauch verloren und muss nun zusehen, wie ihr Vater aus Kummer demselben Leiden verfällt. Ein Geschwisterpaar erlebte im Teenageralter, wie der Vater an einem Hirntumor starb. Die Mutter reagiert mit zunehmenden psychischen Auffälligkeiten, ohne sich helfen zu lassen. Auch vor prominenten Familien macht das Thema nicht halt: Fernsehmoderator Thomas Gottschalk berichtet in seiner Autobiografie *Herbstblond* davon, wie sein Vater an Magenkrebs erkrankte, als er selbst dreizehn war, und ein Jahr später verstarb. Er habe oft am Krankenbett gebetet und die Tabletten zurechtgelegt. Die Verzweiflung der Mutter, die mit drei Kindern zurückblieb, der Auftrag des im Sterben liegenden Vaters an seine Familie, fest zusammenzuhalten, und seine eigene lebenslange Rolle als Ältester, als »Mann im Haus«, sind Gottschalk offenbar lebhaft in Erinnerung. Christian Wulff, Bundespräsident a.D., pflegte seine an Multipler Sklerose erkrankte Mutter. In einem *Focus*-Interview von 2010 weicht er der Frage nach seinen Erfahrungen im Alltag aus: »Es fiel mir nie leicht, darüber zu reden.« Nur so viel sagt er: »Eines will man dann jedenfalls nicht: Mitleid! Lehrer, Nachbarn, Mitschüler sollen nicht sagen: ›Ach, der Kleine, der hat's so schwer …‹ Was solche Kinder brauchen, ist ganz konkrete Hilfe. Uns wurde damals von unterschiedlichsten Menschen geholfen. Von einer Nachbarin, von Mitgliedern der Kirchengemeinde, von Lehrern – einfach so.« Wulff, der damals im Teenageralter war, half laut einem anderen Interview in der *Bild am Sonntag* selbst bei der Erziehung seiner siebenjährigen Schwester. Ex-Rennfahrer Michael Schumacher hat zwei Kinder, die beide noch minderjährig waren, als ihr Vater im Dezember 2013 durch einen Skiunfall zum Pflegefall wurde. Zwischen 2010 und 2013 hörte man aus der Boulevardpresse, die Schauspielerin Catherine Zeta-Jones habe eine Bipolare Störung, ihr Mann Michael Douglas leide an Zungenkrebs. Die gemeinsamen Kinder Dylan und Carys hätten demnach gleich zwei Gründe, zur Zielgruppe dieses Buches gezählt zu werden. Model und Schauspielerin Cara Delevingne berichtete 2015 im Jugendmagazin *New Stars* von ihrer heroinsüchtigen Mutter Pandora: »Man muss schnell aufwachsen, wenn man sich um die Eltern kümmern muss.«

Unzählige Kinder kranker Eltern leben unter uns. Es ist kein Nischenthema, das nur meine Söhne, ein paar Prominente und eine Handvoll anderer Ausnahmefälle etwas angeht. Es sollte uns alle etwas angehen.

* *fast alle Namen im Buch geändert*

Was wird nur aus den Kindern?

Monika (14) pflegt ihre alleinerziehende, an Multipler Sklerose erkrankte Mutter. »Ich muss eigentlich alles machen«, sagt sie auf *Zeit Online*: »Früh aufstehen, Mutti aus dem Bett holen, sie waschen, anziehen und Rollstuhl fertig machen. Dann zur Schule gehen und danach gleich wieder nach Hause. Zu Hause geht es gleich weiter, Mutti zur Toilette bringen, die ganze Pflege und alles aufräumen. Auch nachts muss ich aufstehen, auch wenn ich nicht will, ich komme nicht drum herum. Ich mache auch die ganzen Ämtergänge, Sparkasse, Überweisungen und die Einkäufe.« Meike (13) geht es ähnlich. Ihre Mutter ist nicht körperlich, sondern psychisch krank, sie leidet unter einer Depression. Auf *Spiegel Online* beschreibt sie, wie sie mit jedem Jahr, das sie älter wurde, mehr Verantwortung für ihre Mutter übernommen und ihr eigenes Sozialleben zurückgestellt hat. Wie sie putzt, wäscht, bügelt, kocht, backt, aufräumt und ihre Mutter tröstet. Das alles ist für Meike längst nicht so schlimm wie die Sorge, dass ihre Mutter noch einmal versuchen könnte, sich etwas anzutun – sie hat sich vor vier Jahren die Pulsadern aufgeschnitten. »Diese Angst, dass ich sie noch einmal so finde, aber dann ist es zu spät, die kriege ich nicht in den Griff«, gesteht die 13-Jährige.

Zwei von vielen Mädchen und Jungs in Deutschland, die einen Alltag erleben, der schon für Erwachsene nicht leicht wäre, für Minderjährige aber hochgradig überfordernd und altersunangemessen ist. Sie leiden still, denn die allgemeine Öffentlichkeit bekommt von den Kindern kranker Eltern wenig mit. Wie auch? Im Kino zum Beispiel dienen psychisch kranke Eltern vor allem als Ausgangsszenario für eine Komödie oder einen Horrorstreifen. In der US-Serie *Homeland* gibt es eine Hauptfigur namens Carrie Mathison, eine CIA-Agentin, gespielt von Claire Danes, die manisch-depressiv ist und eine Tochter hat, die sie emotional zunächst nicht annehmen kann. Dafür rettet sie die Welt. Mit der Realität hat das wenig zu tun. Werke wie der US-Fernsehfilm *Was wird nur aus den Kindern?* von 1983 über ein Ehepaar mit neun Kindern, das sein zehntes erwartet, als bei der Mutter Krebs diagnostiziert wird, sind selten. Das ganz normale unnormale Alltagsleben betroffener Familien kommt auf der Leinwand kaum vor. *Gilbert Grape: Irgendwo in Iowa* (2002) ist einer der wenigen Kinofilme, die sich ernsthaft mit dem Thema auseinandersetzen. Es geht darin um die Familie Grape, angefangen bei Gilberts Mutter, die seit dem Selbstmord ihres Mannes an Depressionen und Esssucht leidet. Krankhaft übergewichtig, traut sie sich nicht mehr aus dem Haus. Auf den Schultern von Teenager Gilbert (Johnny Depp) und seiner älteren Schwester Amy ruht die Last der Familie: Sie müssen sich um ihren geistig behinderten Bruder (Leonardo DiCaprio), ihre kleine Schwester und nicht zuletzt auch um die labile Mutter kümmern. Amy schmeißt den Haushalt, Gilbert erarbeitet im lokalen Supermarkt den Lebensunterhalt der Familie. Thematisiert werden die Scham der Kinder, deren Mutter zum Gespött der Nachbarn geworden ist, die wenig altersgerechten Rollen, mit denen sich Amy und Gilbert abgefunden haben, das Aufbegehren der kleinen Schwester, die es nicht einsieht, immer zurückstecken zu müssen, und die Mehrfachbelastung, die in betroffenen Familien häufig zu finden ist – in diesem Fall repräsentiert durch den geistig behinderten Bruder. Zahlreiche Aspekte, mit denen auch in der Realität Kinder aus betroffenen Familien klarkommen müssen.

Der Dogma-Film *Italienisch für Anfänger* (2000) aus Dänemark erzählt von den Schwestern Karen, einer Friseurin, und Olympia, einer Bäckereifachverkäuferin, die einander erst nach dem Tod ihrer alkoholkranken Mutter kennenlernen. Obwohl die Mutter ihre letzten Monate im Pflegeheim verbringt, ist ihr Einfluss auf Karens Leben groß. Ständig taucht sie ungepflegt und verwirrt im Friseursalon auf und macht vor den Kunden eine Szene, und als in Karens einsamem Leben einmal etwas Schönes passiert, ein Kunde mit ihr flirtet, ruft das Pflegeheim an und die Krankheit der Mutter funkt wieder dazwischen. Auch im Heim fühlt sich Karen dafür verantwortlich, ihre Mutter zu versorgen, anstatt es den Pflegekräften zu überlassen – sie wäscht sie und kümmert sich um frische Unterwäsche, obwohl die Mutter es ihr »dankt«, indem sie sich wehrt und ständig etwas an ihr auszusetzen hat. Schließlich erhöht Karen unerlaubt die Morphiumdosis, die ihre Mutter gegen die Schmerzen einer Bauchspeicheldrüsenentzündung bekommt, und glaubt, sie dadurch getötet zu haben.

Obgleich sich schon in diesen Filmbeispielen Gemeinsamkeiten in der Erfahrungswelt abzeichnen, wird immer wieder betont, man könne die Kinder kranker Eltern nicht alle in eine Schublade stecken. Körperliche Krankheit, psychische Krankheit, Sucht – das mache einen Riesenunterschied für die betroffenen Familien aus. Die Initiative Netz und Boden, die sich an Kinder psychisch kranker Eltern richtet, unterscheidet auch zwischen den einzelnen psychischen Krankheiten. Sie spezialisiert sich auf Bipolare Störungen und Borderline, Schizophrenie und Depressionen, weil sich herausstellte, dass sich andere psychische Krankheiten zu unterschiedlich auf das Leben der Kinder auswirkten, um alles mit ein und demselben Hilfeangebot auffangen zu können. »Viele unterschiedliche Faktoren spielen für die konkreten Belastungen eines Kindes mit psychisch krankem Elternteil und damit auch für dessen Gefährdung eine entscheidende Rolle«, heißt es auf der Website der Initiative. Auch verschiedene körperliche Erkrankungen der Eltern stellen ihre Kinder vor unterschiedliche Probleme. Prof. Dr. Georg Romer, Lehrstuhlinhaber für Kinder- und Jugendpsychiatrie an der Westfälischen Universität Münster und führender Forscher zum Thema Kinder körperlich kranker Eltern mit Schwerpunkt Krebs, beschreibt für die Deutsche Liga für das Kind die unterschiedlichen Lebenswelten von Familien mit Elternteilen mit Dialysepflicht, Tumorerkrankungen, AIDS und Multipler Sklerose. Bei Tumorerkrankungen sei auffällig, dass besonders Töchter krebskranker Mütter litten: »Jugendliche Töchter übernehmen typischerweise wesentliche Anteile der mütterlichen Rolle in der Familie, dazu müssen sie sich positiv mit ihren Müttern identifizieren. Gleichzeitig ist es notwendig, dass sie sich von dem von der Krebserkrankung gezeichneten Mutterbild lösen, sodass eine hohe innerpsychische Konfliktspannung entstehen kann.« Die Besonderheit bei dialysepflichtigen Eltern sei dagegen, dass Dialysepatienten meist kein Geheimnis aus ihrer Nierenkrankheit machen (können), offen darüber sprechen und viel darüber wissen. Die Kinder erleben die Behandlung im vollen Umfang mit, und das ist besser für ihre Entwicklung als die Geheimniskrämerei, die bei anderen Erkrankungen häufig in den betroffenen Familien entsteht. Dennoch würden in Studien über Kinder dialysepflichtiger Eltern depressive und hypochondrische Symptome, Aufmerksamkeitsstörungen und Schulprobleme beschrieben. Bei Kindern AIDS-kranker Eltern wiederum wurde laut Romer latent aggressives, psychisch vorgereiftes, depressives und ängstliches Verhalten beobachtet: »In einer Studie zeigte sich, dass Drogenmissbrauch in der Familie häufiger als Ursache für Konflikte zwischen Jugendlichen und ihren Eltern angegeben wurde als der ernste Gesundheitszustand des erkrankten Elternteils.« Ein Hauptmerkmal der Multiplen Sklerose ist schließlich ihr schubweiser Verlauf. Die Patienten haben anfangs noch Gelegenheit, ihre Krankheit, bei der ihr Immunsystem Strukturen in Gehirn und Rückenmark angreift, was Sehstörungen, Kraftlosigkeit, Lähmungen oder Empfindungsstörungen in Armen und Beinen zur Folge hat, zu verdrängen. Aus Sicht ihrer Kinder keine gute Idee: »Es wurde gezeigt, dass die psychische Anpassung der Kinder MS-kranker Eltern deutlich davon abhängt, inwieweit die Eltern fähig waren, selbst durch einen bewussten Trauerprozess zu gehen. Kinder, deren Eltern keine Phase der eigenen Trauer berichteten, waren seelisch deutlich belasteter«, weiß Prof. Romer. Große Unterschiede in der Erfahrungswelt also, und so gibt es auch spezialisierte Onlineangebote von *borderline-muetter.de* über *kinder-krebskranker-eltern.de* bis *eltern-sucht.de*, spezialisierte Literatur, die *Nicht von schlechten Eltern – Kinder psychisch Kranker* oder *Kinder und Jugendliche als pflegende Angehörige. Erleben und Gestalten familialer Pflege* heißt sowie Studien und Dissertationen zu den einzelnen Aspekten. Je konkreter man das Problem fasst, desto besser lässt es sich greifen und desto wirkungsvollere Lösungs- und Präventionsansätze lassen sich entwickeln.

Wer leidet am meisten?

Interessiert habe ich in Gesprächen mit Betroffenen beobachtet, dass eine Art stiller Wettkampf zwischen den verschiedenen Gruppen besteht. Darüber, wer am meisten leidet. Manche Kinder aus Suchtfamilien deuteten an, sie hätten es am schwersten, weil in Suchtfamilien nachgewiesenermaßen Gewalt und Missbrauch am häufigsten sind. Kinder mit anderweitig psychisch kranken Eltern dagegen müssten – überspitzt formuliert – nur mit dem »Verrücktsein« der Eltern klarkommen. Von Kindern aus Familien mit psychisch kranken Eltern hörte ich wiederum, sie hätten es besonders schwer, weil es zu psychischen Krankheiten viele Vorurteile gäbe und niemand verstünde, dass emotionale Gewalt genauso schlimm sei wie körperliche Gewalt. Kinder von körperlich kranken Eltern hätten es viel besser, weil über körperliche Krankheiten wesentlich mehr Wissen in der Bevölkerung und darum Verständnis vorhanden sei. Diese Kinder finden es besonders hart, sich immer anhören zu müssen, dass ein körperlich kranker Elternteil viel leichter »wegzustecken« sei. Schließlich stünden Ärzte und medizinisches Personal als Unterstützung zur Verfügung und der gesunde Elternteil sei gemeinhin wenig belastet. Als Angehörige kann ich sehr gut verstehen, dass sich an dieser Diskussion die Gemüter erhitzen. Eigentlich geht es gar nicht darum, sich mit den anderen zu vergleichen. Vielmehr geht es uns allen um den Wunsch, mit dem eigenen Leid wahrgenommen zu werden. Ich selbst spüre bei den genannten Klischees über Familien mit körperlich kranken Elternteilen sogleich den Drang, ein paar Dinge klarzustellen: So kann ich nicht bestätigen, dass die Anwesenheit eines Arztes oder Pflegers uns als Familie geholfen hätte – im Gegenteil. Es haben zwar alle gerührt gelächelt, wenn unsere Jungs mit Mundschutz, Kittel und Haarnetz ihren Papa besuchten, aber man ging automatisch davon aus, dass wir schon irgendwie klarkämen. Wie – dafür hat sich niemand interessiert. Die klinikeigene Therapeutin, die die Transplantationspatienten regelmäßig besuchte, hat nicht ein einziges Mal gefragt, wie wir als Familie oder als Ehepaar mit der Situation umgehen, um eventuell frühzeitig darauf hinzuweisen, dass wir aufgrund unserer unterschiedlichen Bewältigungsstrategien Hilfe brauchen, um eine Trennung zu vermeiden. Auch ein besonderes Verständnis in der Bevölkerung für unsere Situation konnte ich nicht feststellen. Über Transplantationen wissen die wenigsten Menschen mehr als den Unsinn, der in den zahlreichen Arzt- und Krankenhausserien darüber verbreitet wird. Niemand weiß, wie er reagieren soll, wenn man ihm davon erzählt. Ob Lehrer, Erzieher, Kinderarzt oder Kindertherapeut – keiner hatte Tipps für mich parat, wie ich die Kinder gut durch all das hindurchbringe. Ich kann nicht finden, dass das Leid meiner Söhne klein gewesen wäre, bloß weil ich mich nicht mit Alkohol gegen die krassen Erfahrungen, die wir gemacht haben, betäubt und keine Depression entwickelt habe. Natürlich hätte das die Situation noch verschlimmert, aber auch so haben die Jungs jahrelang praktisch zwei abwesende Eltern erlebt: den körperlich abwesenden Vater im Krankenhaus und mich geistig abwesend, weinend, mit den Gedanken bei meinem damaligen Mann, nicht ansprechbar für die vermeintlich kleinen Alltagssorgen der Kinder.

Und wenn jemand – wohlmeinend – zu mir sagt: »Ist doch alles nicht so schlimm, die Kinder hatten ja Sie als gebildete, reflektierte, gesunde Mutter«, möchte ich explodieren. Nein, hatten sie nicht! Ich war total überfordert! Trotz der Unterstützung, die wir hatten, die andere vielleicht nicht haben. Ich fühlte mich mit all meinen psychosomatischen Stress-Symptomen auch nicht wie ein »gesunder Elternteil«, sondern ehrlich gesagt selbst ziemlich krank. Arm waren wir nicht, aber warum nicht? Weil ich die ganze schwere Zeit hindurch Vollzeit gearbeitet habe. Das mag andere, aber nicht minder belastende Konsequenzen für den Familienalltag mit sich bringen als Arbeitslosigkeit und Existenzängste. Gerade Existenzängste kenne ich mit meiner befristeten Projektstelle und dem Wissen, dass ich mir als Alleinverdiener keine Schwäche erlauben darf, wenn ich unseren Lebensstandard für meine Kinder erhalten will, sehr wohl auch. Auch ich als »gebildete, reflektierte, gesunde« Mutter habe falsche Prioritäten gesetzt. Habe zu viel Zeit und Kraft im Krankenhaus gelassen, die ich besser in meine Kinder investiert hätte.

»Ja, du hast es schwer.« – Das ist das, was die Betroffenen meiner Erfahrung nach ohne Wenn und Aber gesagt bekommen müssen. Erst dann ist es möglich, miteinander ins Gespräch zu kommen und völlig wertfrei nach Gemeinsamkeiten und Unterschieden zu suchen. Und so will ich in diesem Buch trotz aller Gegenargumente die unterschiedlichen Gruppen von Betroffenen gemeinsam betrachten – ohne dabei die Unterschiede aus den Augen zu verlieren. Warum? Weil die Übergänge fließend sind. Auch in der Erfahrungswelt der Betroffenen gibt es am Ende nicht nur viele Unterschiede, sondern mindestens genauso viele Gemeinsamkeiten, wie die Interviews in diesem Buch bestätigen.

Das Rollenverhalten von Kindern in belasteten Familien

Die US-amerikanischen Therapeutinnen Sharon Wegscheider und Claudia Black beschrieben im Jahr 1988 unabhängig voneinander vier Rollen, die Kinder aus alkoholbelasteten Familien in Form einer Bewältigungs- oder Überlebensstrategie typischerweise einnehmen. Unter Experten zum Thema Suchtfamilien gehört diese Rollentheorie zum Standardrepertoire. Experten, die sich mit Kindern psychisch kranker Eltern beschäftigen, haben sie inzwischen auch für psychische Krankheiten übernommen. Ob Alkoholsucht oder Schizophrenie, so die einhellige Meinung, Kinder in den betroffenen Familien reagieren ähnlich. In Bezug auf Kinder körperlich kranker Eltern ist dagegen keiner der Experten, mit denen ich sprach, von sich aus auf die Rollentheorie zu sprechen gekommen. Doch in den Verhaltensweisen, die sie bei Kindern körperlich kranker Eltern beobachten, finden sich wichtige Aspekte daraus wieder. Auch meinen eigenen Kindern, die zu den Kindern körperlich kranker Eltern gehören, kann ich zwei der beschriebenen Rollen zuordnen. Das veranlasst mich, die Rollentheorie hier unter den Gemeinsamkeiten von Kindern körperlich, psychisch und suchtkranker Eltern vorzustellen. Katja Beeck, Initiatorin von Netz und Boden, erläutert die Rollen wie folgt: »Um zu verstehen, welche möglichen Auswirkungen eine Kindheit mit einem kranken Elternteil auf ein Kind hat, ist es hilfreich, die Rolle zu betrachten, die das Kind in seiner Familie einnimmt. Jedes Kind, auch in einem gesunden Familiensystem, nimmt eine von vier Rollen (oder eine Kombination daraus) ein: die sogenannte Heldenrolle, die Rolle des schwarzen Schafs, des stillen Kindes oder des Clowns. Die Rolle an sich ist nicht schädlich, so lange sie in einem angemessenen Maß eingenommen werden kann. Im Gegenteil: Dann hat jede Rolle auch Potenziale. Damit sich diese entfalten und das Kind sich emotional gesund entwickeln kann, ist aber mindestens ein Erwachsener erforderlich, der dafür sorgt, dass nicht nur die Grundbedürfnisse des Kindes wie Schlafen, Essen, saubere Kleidung und so weiter erfüllt werden, sondern auch Bedürfnisse wie Bestätigung, Anteilnahme, Verlässlichkeit und Berechenbarkeit in Beziehungen. Es sind Konstellationen denkbar, in denen ein Kind selbst mit einem psychisch schwer erkrankten Elternteil seine Rolle angemessen einnimmt, weil ihm mindestens eine sich hilfreich verhaltende Bezugsperson wie beispielsweise der gesunde Elternteil, ein Großelternteil oder Pate zur Seite steht. Ist dies nicht der Fall und dauert dieser Zustand über längere Zeit an oder kehrt er immer wieder, hat das negative Auswirkungen auf die Entwicklung des Kindes.

Welche Rolle ein Kind in seiner Familie übernimmt, hängt vor allem davon ab, in welcher Geschwisterreihenfolge es geboren ist, welches Geschlecht und welches Grundtemperament es hat. So sind es beispielsweise häufig die Einzelkinder oder die ältesten Kinder, eher Mädchen und extrovertierte Kinder, die die sogenannte Heldenrolle einnehmen. Wenn sich diese Rolle durch die hohe Belastung bei einem Kind extrem ausprägt, fühlt es sich für das Wohl des Erkrankten und der Familie insgesamt verantwortlich. Es führt den Haushalt, versorgt den Erkrankten (auch emotional) und manchmal den überforderten gesunden Elternteil und die jüngeren Geschwister. Wird der Held aus der Familie genommen, muss sich das ganze System neu aufstellen. Dem Helden fällt es daher schwer, sich abzugrenzen und seine eigenen Bedürfnisse in den Vordergrund zu stellen. Wenn ein Kind nur gelegentlich die eine oder andere Aufgabe im Familienalltag übernimmt und dadurch Selbstwirksamkeit erlebt, wächst es daran. Helden mit extremer Rolleneinnahme sind jedoch völlig überfordert. Sie müssen an ihrer großen Aufgabe scheitern, die Familie zu retten und den erkrankten Elternteil zu stabilisieren – egal, wie viel Mühe sie sich geben. Folgen sind oft ein geringes Selbstwertgefühl, ein hohes Kontrollbedürfnis und Ängste. Durch ihr erwachsenes Auftreten und ihre überdurchschnittlich guten Leistungen in der Schule wird die Belastung dieser Kinder eher unterschätzt. Stressbedingte Krankheiten wie psychosomatische Beschwerden können eine Folge sein.

Andere Geschwisterkinder, die eher introvertiert sind, machen sich ›unsichtbar‹, laufen mit. Das sind die sogenannten stillen Kinder. Das stille Kind zieht sich in seine innere Welt zurück, macht die Dinge mit sich selbst aus, versucht, nicht aufzufallen und niemanden zu belasten. Weil dieses Kind durch sein angepasstes Verhalten für Außenstehende angenehm im Umgang ist, wird seine Belastung genau wie beim Helden selbst bei extremer Rolleneinnahme eher unterschätzt.

Andere Kinder dagegen werden noch auffälliger als der Erkrankte selber: Sie rebellieren, zeigen delinquentes Verhalten, um Aufmerksamkeit zu bekommen. Sie sind ein guter Blitzableiter, dem man leicht die Schuld für die familiären Probleme zuschieben kann. Sie prügeln sich beispielsweise mit anderen Kindern, schwänzen die Schule oder trinken Alkohol. Der Vorteil dieser Rolle, die man ›schwarzes Schaf‹ nennt, ist, dass Eltern mit einem solchen Kind merken, dass sie Hilfe brauchen – vorrangig wegen des schwierigen Verhaltens des Kindes. Auf diesem Weg kommt aber oft Hilfe in die gesamte Familie. Häufig werden die Potenziale, die die Rolle des ›schwarzen Schafs‹ in einem gesunden Familiensystem haben kann, verkannt. Das schwarze Schaf ist mutig, spricht Dinge direkt an, kann sich sehr gut abgrenzen und seinen eigenen Weg gehen. Es macht sich nicht so abhängig von der Meinung anderer und kommt anders als der Held gut an seine Wut, hinter der oft Trauer und das Gefühl, nicht zur Familie zu gehören, steckt. Es sehnt sich nach einem Gegenüber, an dem es sich reiben kann und das ihm liebevoll Grenzen setzt.

Zudem gibt es Kinder, die sich besonders humorvoll oder niedlich zu geben versuchen, um die Aufmerksamkeit auf sich zu ziehen. Man nennt diese Rolle, die häufig die jüngsten Kinder einnehmen, den ›Clown‹. Diese Kinder haben die unausgesprochene Aufgabe, die Familie zusammenzuhalten. In kranken Familiensystemen werden sie oft von einem zum anderen geschoben, jeder kümmert sich um sie. Die Kinder merken, dass etwas in der Familie nicht stimmt, können dieses Gefühl aber nicht einordnen, weil niemand mit ihnen darüber spricht. Das passiert häufig aus dem Trugschluss heraus, dass die jüngsten Kinder ohnehin nichts von den Problemen der Familie mitbekommen. Kinder, die diese Rolle extrem einnehmen, wirken oft unreif, unruhig und unkonzentriert.

Egal, welche Rolle oder Rollenkombination ein Kind zu intensiv innehat: Allen Kindern ist gemeinsam, dass sie eine konstante Bezugsperson brauchen, die ihnen ermöglicht, ihre Rolle wieder in einem angemessenen Maß einzunehmen. Es kann ihnen im Erwachsenenalter sonst passieren, dass sie sich einen Partner suchen, mit dem sie die Muster ihrer Kindheit erneut durchleben. Doch alle haben auch die Chance, mit Unterstützung von Therapeuten oder sich hilfreich verhaltenden Erwachsenen ihre Rolle wieder in einer angemessenen Art und Weise einzunehmen, sodass sich ihre Potenziale entfalten können.«

Parentifizierung – Anpacken im Alltag

Wenn Eltern aufgrund einer Krankheit ihre Elternrolle nicht mehr wahrnehmen und sich nicht mehr um ihr Kind und/oder um sich selbst kümmern können, übernimmt das Kind die Elternrolle und kümmert sich seinerseits um die Eltern, als wären es seine Kinder. Es kümmert sich um sich selbst, als wäre es ein Erwachsener. Diesen Rollentausch bezeichnete der ungarische Psychotherapeut Iván Böszörményi-Nagy erstmals als Parentifizierung, unter anderem in seinem Klassiker *Unsichtbare Bindungen. Die Dynamik familiärer Systeme*. Die Folgen dessen sind vielfältig und nicht eindeutig positiv oder negativ: »Parentifizierung muss keineswegs per se schädlich sein. Es kann für die Bewältigung von Ohnmachtsgefühlen hilfreich sein, wenn Kinder etwas Konkretes tun können, das dazu beiträgt, dass es dem kranken Elternteil besser geht«, schreibt Prof. Dr. Georg Romer in *Praxis der Kinderpsychologie und Kinderpsychiatrie*. »Voraussetzung hierfür ist, dass diese konkrete Hilfestellung dem Alter des Kindes angemessen ist und ein Kind nach Erledigung einzelner konkreter Aufgaben sich wieder eigenen altersgemäßen Interessen zuwenden kann.« Ist das nicht der Fall und hält die Rollenumkehr über einen langen Zeitraum an, wird es kritisch für die kindliche Entwicklung: »Die Langzeitfolgen der Parentifizierung reichen von Depressivität, einem fragilen Selbstwertgefühl, Ablösungs- und Identitätsproblemen bis hin zu suizidalem Verhalten«, schreibt Sozialpsychologe Prof. Dr. Albert Lenz von der Katholischen Hochschule Nordrhein-Westfalen, der zu den Wortführern bei der Erforschung Kinder psychisch kranker Eltern gehört, in *Interventionen bei Kindern psychisch kranker Eltern: Grundlagen, Diagnostik und therapeutische Maßnahmen.*

Entwicklung und Bewältigungsstrategien

Eine weitere Gemeinsamkeit ist, dass erwachsene Kinder kranker Eltern häufig einen ähnlichen Weg der Reflexion und Verarbeitung ihrer Kindheit durchlaufen. Als Minderjährige sind sie viel zu sehr damit beschäftigt zu *erleben* und zu *überleben*, als dass sie sich mit allem auseinandersetzen könnten. Alle unter 18-Jährigen, aber auch jungen Erwachsenen, mit denen ich sprach, erzählten von den schrecklichsten Erlebnissen, als seien sie die normalste Sache der Welt und nicht weiter der Rede wert. Das Erlebte zu verarbeiten und überhaupt zu verstehen, dass es nicht »normal« ist, so aufzuwachsen, braucht seine Zeit, ein gewisses Maß an geistiger Reife und vor allem auch den richtigen Zeitpunkt im Leben und die Bereitschaft des Betroffenen, sich damit auseinanderzusetzen. Weder Ulrike (51), die als Kind mit der Alkoholsucht ihrer Eltern alleingelassen war, noch Selina (22), die mit ihrer Mutter offen über den manisch-depressiven Vater sprechen konnte, verspürten im Alter von Anfang 20 Lust, sich all dem zu stellen. Viele Betroffene sind sich als junge Erwachsene sogar sicher, dass sie gar keine Schäden davongetragen haben und keine Therapie benötigen. »Ich hab das nicht, ich brauch das nicht«, dachte Ulrike damals. Man will seine Freiheit genießen, wenn es einem endlich gelungen ist, sich abzunabeln, und nicht vorher der Burnout eingetreten ist wie bei Leonard (25), der mit einer alleinerziehenden, depressiven und psychotischen Mutter aufgewachsen ist. Als die nach einem langen Klinikaufenthalt plötzlich wieder vor der Tür stand und Leonard merkte, dass er sich absolut nicht in der Lage fühlte, die Verantwortung aufs Neue zu übernehmen, wusste er sich nicht anders zu helfen, als die Ärzte seiner Mutter darum zu bitten, ihn selbst in die Psychiatrie einzuweisen.

Erst später im Leben, meist durch ein Schlüsselerlebnis, wie Henning Mielke von NACOA Deutschland, der Interessenvertretung für Kinder aus Suchtfamilien, beschreibt, kommt der Sinneswandel. Dann erkennen die Betroffenen, dass sie sich mit ihrer Vergangenheit auseinandersetzen müssen, um sie wirklich hinter sich lassen zu können. Wie bereits im Vorwort beschrieben, gibt es viele erwachsene Betroffene, die sich heute in Projekten und Initiativen für die Aufklärung der Öffentlichkeit engagieren, um ihren eigenen schwierigen Erfahrungen im Nachhinein einen Sinn zu geben. »Bei vielen anderen Themen sind die Aktivisten Eltern, die sich um ihre Kinder sorgen. Bei diesem Thema sind die Aktivisten Kinder, die sich um ihre Eltern sorgen«, beobachtet Prof. Dr. Jürgen Armbruster, Vorstand der Evangelischen Gesellschaft Stuttgart e. V. Verschiedene Experten berichten in den folgenden Kapiteln, dass Kinder kranker Eltern überdurchschnittlich häufig soziale Berufe ergreifen, manchmal auch erst nach einem beruflichen Umweg. Karoline (28), deren Mutter einen Schlaganfall erlitt, als Karoline zwei war, hat zuerst Hauswirtschafterin und dann Altenpflegerin gelernt, nachdem es in ihrer Jugend Phasen gegeben hatte, in denen sie sich mehr, und Phasen, in denen sie sich weniger um die Mutter kümmerte: »Ich hab sie bis in meine Pubertät hinein zum Arzt begleitet und ihr beim Kochen geholfen«, erzählt sie auf *jetzt.de*. »Mit 15 wollte ich nicht mehr und bin mehr ausgegangen, was sie wiederum sauer gemacht hat. Sie hat bei anderen geschimpft, was für eine unmögliche Tochter ich sei. [...] Mein Vater hat immer gearbeitet und meine Brüder und ich konnten machen, was wir wollten. [...] Irgendwann aber begann er sich abzuwenden. Er suchte Abstand und verbrachte viel Zeit im Wald. Er ist Jäger. Inzwischen wäre der Haushalt fast untergegangen. In dieser Zeit hat es bei mir den Schalter umgelegt und ich habe mir gedacht: Jetzt muss ich mithelfen. Das war die Entscheidung.«

Der Wunsch nach Normalität

Viele Kinder kranker Eltern bewegt der sehnliche Wunsch nach Normalität. Dazu gehört, in der Öffentlichkeit nicht aufzufallen. Nick (11) schämt sich vor seinem vorbeiradelnden Klassenkameraden für seinen von der Herzkrankheit gezeichneten Vater, genauso wie es Selina (22) peinlich ist, dass ihr manisch-depressiver Vater vor aller Augen aufs Autodach klettert oder eine Szene macht, bloß weil der Kiosk sein Lieblingsgetränk nicht vorrätig hat. David (9), dessen Eltern beide Multiple Sklerose haben, gesteht auf *abendblatt.de*: »Ich würde gerne mal mit ihnen rumtoben.« Also etwas ganz Normales tun, was andere Eltern auch mit ihren Kindern tun. Stattdessen muss David seine Mutter streicheln, wenn sie weint, Marmeladengläser aufschrauben, weil sein Vater zu schwach dazu ist, seine Eltern im Rollstuhl den Berg hochschieben und für sie die Rampe im Bus betätigen, Bücher mit dem Küchenmesser in mehrere Teile schneiden, damit seine Eltern sie halten können, oder aufheben, was ihnen herunterfällt. »Man kann sich sein Schicksal nicht aussuchen«, sagt der Neunjährige weise. Und dann wieder kindlich: »Ich find's ungerecht, dass meine Mutter und mein Vater krank sind.«

Prof. Dr. Sabine Metzing, die mit *Kinder und Jugendliche als pflegende Angehörige. Erleben und Gestalten familialer Pflege* eines der Standardwerke zum Thema verfasst hat, bestätigt auf *wissen.de*: »Meistens wünschen sich die kranken oder behinderten Eltern und ihre Kinder vor allem ein normales Familienleben. Dieses Streben nach Normalität ist häufig ein Grund, weshalb weder in den Familien noch mit Dritten über die belastende Situation gesprochen wird.« Pädagogische Fachkräfte in Unterstützungsprojekten sprechen von der »Verborgenheit der Not« oder der »Mauer des Schweigens«. Katharina (58), die an einer Autoimmunerkrankung leidet und zwei erwachsene Töchter hat, beschreibt ein Denkmuster, das ebenfalls häufig hinter der »Mauer des Schweigens« steckt – ganz gleich, ob in Familien mit psychisch krankem oder mit körperlich krankem Elternteil: »Ich will nicht, dass bei uns etwas anders ist als bei anderen, deshalb rede ich nicht darüber und tue so, als wär nichts.« Häufig gilt, wie schon angedeutet, in vielen Familien das Motto »Krankheit ist Familiensache«. Meist ist es der kranke Elternteil, der darauf den größten Wert legt. Und nicht zuletzt ist das Schweigen auch in der Angst vor dem Jugendamt begründet. Es könnte die Kinder aus den betroffenen Familien nehmen, wenn es Anzeichen einer Gefährdung des Kindeswohls erkennt.

Prominente Fälle wie Kevin aus Bremen, Sohn drogensüchtiger Eltern, der 2006 im Alter von zwei Jahren mutmaßlich von seinem Ziehvater getötet wurde, und Chantal, die 2012 im Alter von elf Jahren nach der Einnahme einer Methadon-

Tablette ihrer drogensüchtigen Pflegeeltern in Hamburg starb, zeigen, dass es manchmal die richtige Entscheidung gewesen wäre, die betroffenen Kinder aus den Familien zu nehmen. »Eltern, die Gewalt gegen die eigenen Kinder ausüben, suchen selten eine Beratung auf, sodass wir präventiv oft nicht eingreifen können«, bedauert Prof. Dr. Silke Wiegand-Grefe von der Medical School Hamburg und Expertin für das Thema Kinder psychisch kranker Eltern auf *welt.de*. Auch wenn nicht Gewalt, sondern »nur« Überforderung das Problem ist, ziehen sich die Familien eher zurück. »Der Wunsch, dass die Familie so normal wie möglich weiterleben kann, beherrscht oft so stark die Vorstellung der Familienmitglieder, vor allem der Kinder, dass dafür die hohe Belastung einer selbst organisierten Hilfe auf sich genommen wird«, schreibt das Bundesministerium für Familie, Senioren, Frauen und Jugend auf seiner Website *familien-wegweiser.de*. Und Prof. Metzing wird auf *netzfrauen.org* mit den Worten zitiert: »Lieber fordern die Eltern ihre Kinder noch stärker und auch die tragen die Last der Pflege lieber, als von ihren Eltern getrennt zu werden.«

Umgekehrt wird auch von Fällen berichtet, in denen das Jugendamt Kinder zu früh aus ihren Familien entfernte, anstatt zunächst vor Ort zu helfen. Die Hamburgerin Imke Paust, die sich in der Behinderteninitiative Autonom Leben engagiert, weiß von zwei stark sehbehinderten Eltern, denen das Kind genommen wurde, weil es sich in der Familie motorisch nicht ausreichend habe entwickeln können. »Die hatten ihren Haushalt absolut in Ordnung«, sagt Paust auf *Zeit Online*. »Die Entwicklung des Kindes hätte man sicher auch mit einer gezielten Frühförderung unterstützen können. Da muss man sich nicht wundern, dass diese Familien sich abschotten und nicht um Hilfe bitten.« Dr. Sibylle von Bibra, Ärztin für Kinder- und Jugendpsychiatrie, stellt auf *liga-kind.de* fest, dass Experten sich inzwischen einig sind, dass es nicht die Lösung sein kann, alle Kinder mit kranken Elternteilen fremdunterzubringen. »Diese Maßnahme ist neben den enormen Kosten auch für die Kinder möglicherweise ein Schritt zweiter Wahl, ist doch – wenn sie älter sind – ihre Identitätsfindung in Frage gestellt angesichts der Eltern, die sie nicht angenommen haben. Häufig werden sie auch hin- und hergeschoben, mal wieder zurück zu den Eltern und dann, wenn die Schäden größer werden, wieder woanders hin usw. Diese Abbrüche und die damit verbundenen mangelnden Kontinuitäten führen häufig zu Bindungslosigkeit und damit auch Haltlosigkeit, Verhaltensschwierigkeiten und evtuell Entwicklungsrückständen, wie verschiedene Studien belegen.«

Noch 1991 zitierte der *Spiegel* eine Sozialarbeiterin aus Hamburg, die mit einer drogensüchtigen Klientel arbeitet, mit den Worten: »Die Drohung, das Kind wegzunehmen, ist ein pädagogisches Mittel. Damit ist es mir sehr ernst.« Gegen eine solche Einstellung gehen Experten und Betroffene heute auf die Barrikaden. »Kinder sind nicht dazu da, ihre Eltern zu therapieren«, findet Vera (48), Tochter einer schizophrenen Mutter. »Man muss doch vorher mal überlegen, was so etwas mit einem Kind macht! Man kann das Kind doch nicht als Versuchskaninchen für solche Maßnahmen benutzen!«, empört sich Ulrike (51), Tochter zweier Alkoholiker. Natürlich muss ein Sozialarbeiter Ernst machen und die Kinder aus ihren Familien nehmen, wenn es nicht anders geht. Aber die Drohung »Wenn Sie sich nicht bessern, dann …« ist der falsche Ansatz. Kranke Eltern, gerade drogensüchtige Eltern, sollten nicht nur »den Kindern zuliebe« ihr Verhalten ändern wollen, sondern sich selbst zuliebe. Und wenn das Kindeswohl gefährdet ist, darf es keinen Aufschub geben.

Resiliente Kinder

Eine der wichtigsten Forschungsfragen für Wissenschaftler lautet: Warum gelingt es manchen Kindern aus belasteten Familien, ihre Kindheit psychisch gesund zu überstehen und an den Herausforderungen zu wachsen, während andere Kinder daran zerbrechen? Die, die es schaffen, nennt man resilient. Resilienz bedeutet »psychische Widerstandsfähigkeit«. Resilienten Menschen gelingt es, sich in Krisensituationen anzupassen und gestärkt daraus hervorzugehen. Und warum gelingt ihnen das? Bisherige Forschungen haben gezeigt, dass resiliente Menschen auf ihre Fähigkeit vertrauen, selbst die Kontrolle über ihr Leben in die Hand nehmen zu können, anstatt dem Schicksal hilflos ausgeliefert zu sein. Sie sind in der Lage, sich Hilfe zu holen, und haben eine hohe emotionale Intelligenz. Sie kennen Bewältigungsstrategien und wissen sich selbst zu schützen. Das bedeutet nicht, dass resiliente Kinder nicht trotzdem unter der Krankheit ihrer Elternteile leiden würden. Denn das tun sie. Aber es gibt Faktoren, die dieses Leid abpuffern. Dazu gehören interne Faktoren, das heißt Persönlichkeitseigenschaften wie Flexibilität, Optimismus, Aktivität und ein gesundes Selbstwertgefühl. Dazu gehören aber auch externe Faktoren. Bei Kindern kranker Eltern ist der wichtigste Faktor eine Bezugsperson außerhalb der Kernfamilie. Verschiedene Experten werden das noch ausführlich erklären. Wichtig ist an dieser Stelle, dass es nicht darauf ankommt, unter welcher Krankheit die Eltern leiden, wenn es darum geht herauszufinden, was die Kinder brauchen und was ihnen hilft. Die Antwort ist für alle dieselbe.

Eines fand ich sehr erstaunlich. In keinem einzigen Interview, das ich geführt habe, und keiner einzigen Geschichte, mit der ich mich beschäftigt habe, hat ein Kind kranker Eltern die Frage, ob es sich rückblickend ein anderes Leben gewünscht hätte, bejaht. Im Gegenteil, die Antwort lautete immer ganz klar und deutlich: Nein. Kinderpfleger Leonard (25), Sohn einer depressiven Mutter, meinte zu mir: »Erst seit einem Jahr kann ich zugeben, dass ich auch Wut empfinde. Dass ich nicht mit allem zufrieden bin, was gewesen ist. Trotzdem könnte ich mir nicht vorstellen, ein anderes, leichteres Leben gelebt zu haben. Die Geschichte gehört zu mir wie mein Fuß, mein Arm, mein Kopf. Ich kann und will sie nicht loswerden, ich muss lernen, damit umzugehen.« Selina (22), Tochter eines manisch-depressiven Vaters, gestand: »Immer wenn die ganz krassen Peaks da sind, denke ich durchaus: Kann das nicht einfach mal aufhören? Aber damit meine ich nicht generell aufhören, sondern ich meine: Kann das nicht bitte bald wieder besser werden? Ich war nie sauer auf unsere Familiengeschichte. Wenn ich sauer werde, ändert das doch nichts.« Und Nick (11), Sohn eines herztransplantierten Vaters, sagt: »Ich wünsche mir keine andere Kindheit als die, die ich habe, weil ich ja gar nicht weiß, wie das mit zwei gesunden Eltern wäre. Vielleicht wär' es ja auch schlechter!«

Zahlen und Fakten

Und es gibt noch einen letzten Grund, aus dem die gemeinsame Betrachtung von Kindern körperlich kranker, psychisch kranker und suchtkranker Eltern sinnvoll ist: Erst durch die Zusammenfassung wird klar, wie viele Menschen in Deutschland und anderswo tatsächlich in irgendeiner Form davon betroffen sind. Es sind so viele, dass man fast schon von einem Massenphänomen sprechen muss. NACOA Deutschland, die Interessenvertretung für Kinder aus Suchtfamilien, stützt sich auf Forschungen der Katholischen Fachhochschule Köln, wenn sie von 2,65 Millionen Minderjährigen mit alkoholkranken Eltern und 40 000 bis 60 000 Kindern drogenabhängiger Eltern spricht. Dazu kommt die Zahl der Kinder von medikamentenabhängigen Eltern, für die es keine belastbaren Statistiken gibt, sowie die Zahl der pflegenden Kinder (von führenden Forschern im englischsprachigen Ausland wie Großbritannien und Australien auch »Young Carers« genannt), die für Deutschland auf 225 000 beziffert wird. Der Wert basiert auf Studien aus Großbritannien, dem Ursprungsland der Young-Carers-Forschung, für das die Zahl von 175 000 pflegenden Minderjährigen ermittelt wurde. Das entspricht 1,5 Prozent der Kinder und Jugendlichen im Land. Prof. Dr. Sabine Metzing vom Institut für Pflegewissenschaft an der Universität Witten/Herdecke und ihre Kollegen, die sich im Rahmen der Studie *Kinder und Jugendliche als pflegende Angehörige* als erste Wissenschaftler in Deutschland dieses Themas annahmen, arbeiteten mit einer Kombination aus eigenen Untersuchungen und Hochrechnungen der Betroffenheitshäufigkeit aus Nachbarländern und kamen auf diese Zahl.

Der Fall Österreich zeigt jedoch, wie ungenau Schätzungen sein können: Dort wurde zunächst auf Basis der Forschung aus Großbritannien von 1,5 Prozent der Minderjährigen, also 22 500 Betroffenen ausgegangen. Doch nachdem das Institut für Pflegewissenschaft der Universität Wien im Jahr 2012 anhand einer großen Zufallsstichprobe an Schulen Daten über pflegende Kinder erhoben hatte, musste die Zahl auf 3,5 Prozent hochkorrigiert werden. Der Studie *Kinder und Jugendliche als pflegende Angehörige* zufolge leben in Österreich 42 700 pflegende Kinder und Jugendliche.

Es fehlen noch die Zahlen für Kinder psychisch kranker Eltern. Prof. Dr. Silke Wiegand-Grefe von der Medical School Hamburg, führende Forscherin zu diesem Schwerpunkt, nennt in ihren Veröffentlichungen die Zahl von drei bis vier

Millionen Betroffenen. Prof. Dr. Albert Lenz von der Katholischen Hochschule Nordrhein-Westfalen und Prof. Dr. Fritz Mattejat von der Universität Marburg, die ebenfalls diesen Arbeitsschwerpunkt haben, errechnen die Zahl von drei Millionen Betroffenen.

Nun wäre es einfach, die oben genannten Zahlen zusammenzurechnen, doch das ist es nicht. Grundsätzlich zählen die Suchterkrankungen zu den psychischen Erkrankungen, die Betroffenen dürfen also nicht doppelt gerechnet werden. Auch gibt es Familien mit Elternteilen, die körperlich *und* sucht- oder psychisch krank sind (zum Beispiel Depression aufgrund einer Krebserkrankung), und möglicherweise in beiden Statistiken auftauchen. Manchmal sind die Grenzen fließend. So können körperlich kranke Patienten unter Medikamenteneinfluss psychische Auffälligkeiten entwickeln. Vorstellbar sind auch psychisch Kranke, die aufgrund beispielsweise einer Depression nicht mehr in der Lage sind, für ihre eigene Körperhygiene zu sorgen, sodass sie im Sinne einer Pflege unterstützt werden müssen und ihr Nachwuchs zu pflegenden Kindern wird. Auch diese könnten in beiden Statistiken auftauchen. Da unter »Pflege« im weiteren Sinne »Pflege und Betreuung« verstanden wird, gehören nicht nur Kinder, die ihren kranken Eltern Medikamente bringen, sondern auch Kinder, die ihren kranken Eltern ein Glas Wasser bringen, zu den pflegenden Kindern – was die Grenzen noch weiter verwischt.

Kinder körperlich kranker Eltern, die *nicht* in die Pflege eingebunden sind und trotzdem Auswirkungen auf ihr Leben verspüren (wie meine), fehlen in den oben genannten Statistiken wiederum gänzlich. Prof. Dr. Georg Romer, Ärztlicher Direktor der Klinik für Kinder- und Jugendpsychiatrie, -psychosomatik und -psychotherapie am Universitätsklinikum Münster, versucht in *Praxis der Kinderpsychologie und*

Kinderpsychiatrie 56/2007 eine Annäherung: »Ausgehend von den Daten des U.S. National Center for Health Statistics lässt sich grob schätzen, dass in westlichen Industrieländern 5 bis 15 Prozent aller Kinder und Jugendlichen im Laufe ihrer Entwicklung von der Situation betroffen sind, dass ein Elternteil schwerwiegend körperlich erkrankt.« Und weiter: »In einer neueren repräsentativen Befragung von knapp 2000 Familien mit mindestens einem Kind zwischen 4 und 17 Jahren in Deutschland betrug die Punktprävalenz für eine ernsthafte körperliche Erkrankung eines Elternteils 4,1 Prozent, wobei in einem Drittel der Fälle eine Krebserkrankung angegeben wurde.«

Der Großteil der Betroffenenzahlen, die heute aus Studien, von Ministerien und Verbänden zu bekommen sind, beschränkt sich auf Menschen, die aktuell minderjährig sind und einen erkrankten Elternteil haben. Geht man jedoch davon aus, dass auch in den Generationen davor ein gewisser Prozentsatz Minderjähriger mit einem kranken Elternteil aufgewachsen ist, muss dazu eine Dunkelziffer von ehemals betroffenen Erwachsenen gerechnet werden, die heute die Auswirkungen dieser Erfahrung auf ihr weiteres Leben spüren. Nur weil sie achtzehn und älter geworden sind, hört die Erkrankung der Eltern nicht auf einmal auf, eine tragende Rolle in ihrem Leben zu spielen. NACOA Deutschland nennt dazu die Zahl von sechs Millionen heute erwachsenen Deutschen, die in Suchtfamilien aufgewachsen sind. Zahlen für Erwachsene, die mit körperlich oder anderweitig psychisch kranken Eltern aufgewachsen sind, konnte ich nicht finden.

Genau auf diese ehemaligen Betroffenen und die langfristigen Auswirkungen auf ihr Leben lege ich in diesem Buch meinen Schwerpunkt. Warum? Weil wie oben bereits angedeutet Menschen und vor allem Minderjährige, die in Krisen stecken, grundsätzlich zunächst damit beschäftigt sind, diese zu bewältigen und zu überleben. Aus ebenfalls bereits genannten Gründen haben die Kinder und Jugendlichen wenig Lust, über all das zu reden. Erst dann, oft Jahre oder Jahrzehnte später, findet eine Reflektion und Aufarbeitung ihrer Erfahrungen statt. Erst im Rückblick können die Betroffenen erklären, welche Form von Unterstützungsangeboten sie gebraucht hätten, welche Strategien ihnen beim Überleben geholfen haben. Genau darum sind die ehemals Betroffenen auch eine Quelle von unschätzbarem Wert für Fachkräfte, die mit akut Betroffenen arbeiten, und sie sind diejenigen, die Angehörigen und Freunden, die helfen möchten, das Thema näherbringen können. Über die Perspektive und Situation der akut betroffenen Kinder und Jugendlichen wurde zudem schon einiges geschrieben, über die ehemals Betroffenen und die Auswirkungen auf ihr weiteres Leben jedoch kaum. Dabei offenbart sich in der Beschäftigung mit ihnen erst das gesamte Ausmaß der Problematik.

Auf Basis aller genannten Daten lässt sich das grobe Fazit ziehen, dass die Zahl der aktuell und ehemals Betroffenen in Deutschland alles in allem vermutlich bei über zehn Millionen liegt. Da die Zahl der psychischen Erkrankungen in den vergangenen Jahren kontinuierlich ansteigt (siehe zum Beispiel *DAK-Gesundheitsreport* 2014) und Experten aufgrund des Pflegenotstandes erwarten, dass in Zukunft immer größere Teile der Versorgung und Betreuung ins häusliche Umfeld verlagert werden, liegt die Vermutung nahe, dass die Zahlen in Zukunft steigen werden.

»Ich konnte beim Rasieren lange nicht in den Spiegel schauen«

Fridolin (46), Sohn einer tablettenabhängigen Mutter und eines alkoholsüchtigen Vaters

Fridolin ist Buchhalter und in zweiter Ehe verheiratet. Kennengelernt hat er seine Frau durch eine Annonce: »Suche Tanzpartnerin, die keinen Alkohol trinkt.« Fridolin hat zwei eigene und zwei Patchwork-Kinder zwischen 13 und 25 Jahren. Von seinem Leben erzählt er mit Galgenhumor und schauspielerischem Talent, die mich als Zuhörerin zum Lachen bringen. Bei dem, was er erzählt, bleibt es mir im Halse stecken. Fridolin sagt, nur so könne er über alles reden und den Schmerz beiseiteschieben.

Letztens beim Orthopäden habe ich wieder gemerkt, dass ich anders bin. Der Arzt, ein Bär von einem Mann, sagte zu mir: »Lassen Sie sich bitte mal nach hinten fallen, ich fange Sie auf.« Die berühmte Übung zum Urvertrauen. Er hat umsonst gewartet. Ich konnte das nicht. An diesem einfachen Test sieht man, ob in der Kindheit eines Menschen alles in Ordnung war. Bei mir hat das Netz gefehlt, niemand hat mich gehalten. Darum fällt es mir bis heute schwer zu vertrauen.

Ich erinnere mich an zwei, drei einigermaßen entspannte Ostseeurlaube, das sind die positiven Erinnerungen an meine Kindheit. Doch als ich sechs oder sieben war, begann mein Vater zu trinken. Und meine Mutter nahm Tabletten, zuerst gegen die Schmerzen einer Thrombose im Bein, dann immer mehr. Ihr Hausarzt verschrieb ihr ganze Krankenhauspackungen an Schmerzmitteln und Blutverdünnern. Sie hat alles genommen, was sie kriegen konnte, um sich zu benebeln. Ich konnte zwar mit ihr sprechen und sie antwortete mir auch, aber man merkte, dass sie nie richtig da war, nie richtig klar im Kopf. Sie war eine traurige Randfigur meines Lebens. Anfangs hat sie mir noch Essen gemacht, aber dann wurde sie durch die Folgen ihrer Tablettensucht bettlägerig und schaute nur noch Fernsehen. Ich habe sie als Kind schon gewaschen und umgebettet, ihr den Fernseher eingeschaltet und den Verband am Bein gewechselt. Noch heute kann ich den Geruch von Desinfektionsmitteln und Krankenhaus nicht ab.

Unbeschwertes Spielen gab es in meiner Kindheit kaum. Klassenkameraden haben mir schon in der fünften Klasse gesagt: »Mann, bist du erwachsen!« Schließlich musste ich mich um mich selbst kümmern und zusehen, dass ich nicht verblöde. Zwar hatte ich ein Kinderzimmer voller Sachen, aber keinerlei kindgerechte Kommunikation mit meinen Eltern. Also habe ich mich zurückgezogen und mir Wissen angeeignet. Schulfernsehen geguckt, Bücher gelesen. Selten habe ich Freunde mit nach Hause gebracht. Die sollten ja nicht wissen, was bei mir abgeht. Ich war oft draußen, bin gern zur Schule gegangen und freiwillig länger dort geblieben – das sagt eigentlich alles. Denn zu Hause haben sich meine Eltern gestritten. Mit Wäschegestell und heißem Bügeleisen sind sie aufeinander losgegangen. Danach haben sie sich wochenlang angeschwiegen. Dann war es sehr still bei uns. Ich wollte, dass sich Mutti und Papi verstehen. Und dachte, es sei meine Schuld, dass sie sich streiten. Bis ins Erwachsenenalter haben wir Kinder suchtkranker Eltern manchmal solche Flashbacks, bei denen wir uns schlecht fühlen und plötzlich wieder ganz sicher sind, dass wir schuld am Alkoholtod unserer Eltern sind. Weil wir es nicht verhindert haben, dass sie getrunken haben.

Auch mir gegenüber war mein Vater aggressiv. Manchmal fiel ihm nichts anderes ein, als seinen Sohn in den Schrank zu sperren. Kinder nerven ja schließlich: »Papa, lass uns doch mal spielen!« Wenn ich mich brav einsperren ließ, durfte ich bald wieder heraus. Wenn ich aufbegehrte, wurde es nur noch schlimmer. Im Schrank habe ich viel herumgesponnen, mir Fantasiewelten aufgebaut. Oder ich habe gelesen. Ich wusste ja, in welchen Schrank ich komme. Dort habe ich dann Bücher und eine Taschenlampe versteckt.

Wenn mein Vater richtig viel getrunken hatte, legte er sich zum Glück hin und schlief. Oder er schlief im Sitzen ein, und ich musste ihn ausziehen und ins Bett schaffen. Denn er musste ja am nächsten Tag wieder zur Arbeit! Oft wurde ich losgeschickt, Bier für ihn zu holen. Früher war das ganz normal, dass Kinder am Kiosk Alkohol für ihre Eltern bekamen.

Meine Oma und mein Onkel waren die wichtigsten Bezugspersonen, die ich außerhalb der Familie hatte. Die Ferien verbrachte ich häufig bei einem von ihnen, und da war ich nicht unglücklich drüber. Sie haben mich wenigstens mal in den Arm genommen – das geschah zu Hause nie! Über die Sucht meiner Eltern habe ich nicht mit ihnen gesprochen. Wir Kinder abhängiger Eltern sind dazu verdammt, die Klappe zu halten. Das ist eine familieninterne Sache, die geht keinen was an. Das wird uns von den Eltern so eingetrichtert. Mein Vater war ein Schauspieler vor dem Herrn. Er konnte seine Sucht wunderbar verbergen. Wenn Besuch angemeldet war, sah er zu, dass er ansprechbar blieb. Für andere konnte er auf den Alkohol verzichten, aber für sein eigenes Kind nicht. Auf meiner Konfirmation, da war ich 14, hat er zu mir gesagt: »So, jetzt kannst du mal ordentlich einen saufen!«

In unserer Eltern-Kind-Beziehung spielte nur eine Sache eine Rolle: die Sucht. Meine Gefühle? Niente. Die interessierten einfach nicht. Wenn mein Vater von der Arbeit nach Hause kam, fragte er nicht, wie es mir ging, sondern machte den Kühlschrank auf: »Hab ich genug Bier? Ja, sieht gut aus!« Mit der Folge, dass ich mich weder gespürt noch meine Bedürfnisse wahrgenommen habe. Ich war nicht da, ich war nicht existent, mich gab's nicht.

Und immer wieder die leeren Versprechungen von meinem Vater: »Morgen hör ich auf zu trinken, morgen spiel ich mit dir Fußball, morgen geh ich mit dir ins Kino.« Ein einziges Mal war er tatsächlich mit mir im Kino – ging nüchtern rein und kam sturzbetrunken wieder raus. Das war's dann mit unseren gemeinsamen Unternehmungen.

Das größte Gerücht ist, dass Kinder die Sucht ihrer Eltern nicht mitkriegen. Davon war mein Vater felsenfest überzeugt. Ich dachte: »Für wie blind hältst du mich eigentlich?« Ich kannte jedes seiner Verstecke. Das beste war das Wartungsfach unter der Badewanne. In meiner Wut habe ich manchmal die Flaschen zertrümmert. Aber dann war natürlich wieder Schrank angesagt.

Mein Leben war ein Kampf – und das ist bis heute meine Grundhaltung. Mein Vater hat zu mir gesagt: »Aus dir wird nie was! Du bist ein armer Trottel, du schaffst nicht mal den Schulabschluss!« Und was war? Am Ende hatte ich ein Einserzeugnis in der Grundschule mit einer Gymnasialempfehlung. Den Platz auf dem Gymnasium musste ich mir selbst suchen. Einer meiner Lehrer hat erkannt, was bei uns los war, aber nicht konsequent reagiert. Er hat mich bedauert und mich länger in der Schule bleiben lassen – mehr nicht. Heute gibt es Informationen im Internet und die Kampagne »Kenn dein Limit« gegen Alkoholmissbrauch. Damals gab es einfach kein Alkoholproblem in dieser Republik, es wurde unter den Teppich gekehrt. Nicht mal der Pastor hat mir geholfen. Er war bei uns in der Wohnung, hat gesehen, was los war. Und dann ist er mit wehenden Haaren wieder rausgerannt.

Mit 19 kam ich mit meiner ersten Frau zusammen. Liebe hat uns eigentlich damals nicht verbunden, sondern eher ein pragmatisches Interesse – sie hatte nämlich eine eigene Wohnung. Mann, war das cool! Nie werde ich das dumme Gesicht meines Vaters vergessen, als ich zu ihm sagte: »Du bist ab jetzt selber für deine Frau zuständig. Ich bin weg! Seht zu, wie ihr eure Probleme alleine löst.«

Als ich 26 und unser erster Sohn unterwegs war, heirateten wir. Aber es stellte sich bald heraus, dass unsere Ehe nicht funktionierte. Als Kind aus einer Suchtfamilie trug ich eine Riesenmauer um mich herum. Ich sprach nicht mit meiner Frau, war gefühlskalt wie ein Aal. Die Probleme in meiner Ehe habe ich aber nicht mit meiner Kindheit in Verbindung gebracht. Ich dachte nur: Du stehst noch am Anfang deines Lebens, du musst jetzt was tun. Also schlug ich meiner Frau eine Paartherapie vor. Die Psychologin hat dann sehr schnell herausgefunden, dass es weniger um unsere Ehe als um mich und meine Vergangenheit ging. Sie führte mich ganz langsam heran. Zeigte mir einige Tierfiguren und fragte, welches Tier ich wohl sei. Ich entschied mich für die Schildkröte – weil die so einen schönen, dicken Panzer hat. So kamen wir darauf zu sprechen, warum mein Leben ist, wie es ist. Ich erkannte, dass ich in meiner Ehe einfach nur funktionierte. Ob es mir passte oder nicht, ich tat das, was meine Frau von mir wollte. Denn genau darauf war ich in meiner Kindheit gedrillt worden.

Es gibt eine unbewusste Ebene der Gefühle, die wir Betroffenen mit unserem Verstand deckeln. Doch wenn wir den Verstand ausschalten und uns nur auf die Gefühlsebene konzentrieren, kommt der ganze Brei nach oben. Und der Brei tut weh. Alles explodiert – die Trauer, die Wut. Mich hat das aggressiv gemacht, dass mir in meiner Ehe so viel gegen den Strich ging. In der Therapie habe ich gelernt, auf mich zu achten. Plötzlich war ich nicht mehr der handzahme Hamster, sondern ein bissiger Terrier. Und habe zu meiner Frau gesagt: »Nein, das mache ich jetzt nicht! Das tut mir nicht gut.« Damit konnte sie überhaupt nichts anfangen. Während ich mich weiterentwickelte, blieb sie stehen. Eine Therapie ist horizonterweiternd, wir lernen dort, Gefühle zuzulassen, und gehen ganz anders mit uns um. Plötzlich wollte ich sehr viel reden, aber meine Frau nicht. Es gab keine gemeinsame Ebene mehr. Heute weiß ich: Wenn Ehepaare wie wir sich gemeinsam auf den Weg der Aufarbeitung machen, dann halten die Ehen. Wenn sie das nicht tun, gehen sie zu 98 Prozent in die Brüche. Ohne professionelle Hilfe kann das nur schiefgehen. Also ließen meine erste Frau und ich uns nach zwölf Jahren scheiden.

Wir haben zwei Söhne, um die wir uns beide kümmern. Ich gab alles, um ein guter Vater zu sein. Ich wollte meinen Kindern Liebe geben und das habe ich reichlich gemacht. Ich habe mit ihnen gekuschelt zu einer Zeit, als es noch nicht selbstverständlich war. Wenn ich mir meinen Großen angucke, glaube ich, ich habe nicht so viel falsch gemacht. Meine Kinder trinken übrigens keinen Alkohol, das haben sie selber so entschieden. Ich habe gesagt: »Ihr könnt alles durchprobieren, was ihr wollt. Glaubt nur nicht alles, was ihr in der Werbung seht. Mit einer Flasche Sekt kriegt man keine Frau rum.« Ich selbst habe mich mit 13 oder 14 einmal richtig abgeschossen. Dabei hatte ich die Bilder von meinem betrunkenen Vater im Kopf und damit war die Sache für mich erledigt. Seitdem habe ich nie wieder Alkohol angerührt.

Meine Eltern sind inzwischen an ihren Süchten verstorben. Die finale Aussprache mit ihnen hatte ich am Grab. Meinem Vater habe ich erst mal ordentlich die Meinung gegeigt – und ihm dann verziehen. Denn das geht nicht anders. Wer nicht verzeiht, schleppt den Rucksack der belasteten Kindheit sein ganzes Leben mit sich herum. Er war mein Vater. Ich liebe ihn trotz allem. Es hat mir geholfen, mir vor Augen zu führen, warum meine Eltern waren, wie sie waren. Beide hatten ein Scheißleben, geprägt vom Krieg. Der erste Mann meiner Mutter wurde kurz nach der Hochzeit im U-Boot abgeschossen. Ihr zweiter Mann war auch schon Alkoholiker. Einer ihrer Söhne ist bei einem Verkehrsunfall ums Leben gekommen, der andere starb an den Folgen einer Prügelei. Auch mein Vater hatte schon einiges durch, bevor ich auf die Welt kam. Er war als Kriegsflüchtling aus Ostpreußen gekommen, unterwegs waren viele seiner Verwandten gestorben. Mein Großvater hatte eine Kriegsmacke und machte meinem Vater und seinen Brüdern das Leben zur Hölle. Einmal stach er meinem Vater eine Mistgabel durch den Fuß. Mein Vater meinte es nicht böse mit mir, er konnte nicht anders. Er hat nach dem Schema funktioniert, das er in seiner Kindheit erlernt hatte. Er kam da alleine nicht raus, wollte sich aber nicht helfen lassen. Das funktioniert nicht.

Darum ist mein Tipp an alle Betroffenen: Sucht euch eine Selbsthilfegruppe, eine Therapie! Steht dazu, dass die Vergangenheit so ist, wie sie ist. Ich möchte nicht erst mit 75 feststellen, dass der ganze Mist mir mein Leben verrammelt hat. Wenn ich oben an der Pforte stehe und Gott fragt mich: »Wie war's da unten?« Dann möchte ich nicht nur sagen: »Ich habe funktioniert.« Ich möchte sagen: »Ich habe gelebt.«

Heute bin ich ganz glücklich. Sicher gibt es noch Fernziele in meinem Leben, zum Beispiel weniger zu arbeiten. Aber ich weiß, was mir gut tut: zum Beispiel, mir eine halbe Stunde am Tag Zeit für mich selbst zu nehmen. Handy weg, ganz bewusst keine Mails lesen, nicht ans Telefon gehen. Sich selbst aushalten. Außerdem spiele ich Schlagzeug, um den Frust rauszulassen. Das erinnert mich an die wenigen schönen Momente in meiner Kindheit – ich habe nämlich in einer Schülerband gespielt. Natürlich nur, um nach dem Unterricht nicht nach Hause zu müssen.

Ich mache auch gerade eine Fortbildung, bei der wir lernen, wie man als Angehöriger eines Suchtkranken vor Schülern von seinen Erfahrungen erzählt. Hätte das bei mir damals in der Schule jemand gemacht, hätte ich sofort angefangen zu heulen. Denn Kinder können das gar nicht verbergen. Da kann die Mauer um sie herum noch so dick sein. Die Chance, betroffene Kinder zu identifizieren, ist sehr groß. Wenn sie einen Film über suchtkranke Eltern schauen, weinen sie oder verlassen gleich bei der ersten Szene, in der man eine Bierflasche sieht, den Raum und sagen: »Das brauch' ich nicht.« Diese Kinder brauchen Hilfe, so wie ich. Trotz aller Aufarbeitung habe ich immer noch Eigenschaften, die aus meiner Kindheit resultieren und die ich nicht loswerde. Ich bin harmoniesüchtig – denn bei uns zu Hause herrschte Krieg. Manchmal bin ich scheinbar aus dem Nichts heraus aggressiv. Ich werde dann durch etwas an meine Kindheit erinnert und handele instinktiv. Das kann eine grölende Stimme aus einer Menschenmenge sein oder jemand mit einer Bierfahne auf dem Straßenfest. Aber erst im Nachhinein, wenn ich mich frage: »Warum bin ich jetzt wieder so aggressiv geworden?«, erkenne ich, dass das damit zusammenhing.

Als ich mit meiner Frau zum ersten Mal auf dem Weihnachtsmarkt war und es roch nach Glühwein, habe ich angefangen zu weinen. Freiwillig gehe ich da nicht mehr hin. Nur manchmal, wenn Freunde mit uns hin wollen, mute ich mir das zu. Aber eigentlich haben wir uns mit den Jahren einen Freundeskreis aus Leuten aufgebaut, die nicht trinken. Das sind die Leute vom Blauen Kreuz, eine ganze Community zwischen 20 Jahren und dem Seniorenalter, die sagen: Wir können auch ohne Alkohol Party machen. Wir treffen nur ein einziges Paar, das nicht aus der Selbsthilfegruppe ist. Die beiden wissen alles und trinken in unserer Gegenwart nicht. Alle anderen Freunde fallen so langsam weg. Sie akzeptieren nicht, dass man gar nichts mehr trinkt und auch nicht darüber reden möchte.

Was noch? Meine Frau beschreibt mich als ernst, nicht so losgelöst fröhlich. In mir ist immer eine Grundanspannung da. Ich lausche instinktiv, ob alles in Ordnung ist. Bei meiner Mutter musste ich schließlich auch hören, ob etwas zu tun war. Wenn es gepoltert hat, war sie vielleicht aus dem Bett gefallen. So habe ich feine Antennen entwickelt. Eine ausgeprägte Empathie. Egal, wo ich hingehe, kategorisiere ich die Menschen: Der da hat eine tiefe Depression, die Frau, die dort im Dunkeln die Blätter aus dem Rinnstein kratzt, hat einen alkoholkranken Mann zu Hause sitzen und will nicht mit ihm allein sein. Und oft stellt sich hinterher heraus, dass ich Recht hatte – wenn die Leute in der Selbsthilfegruppe auftauchen. Ich habe ein geringes Selbstwertgefühl. Trotz meines IQs von 141 fühle ich mich klein wie eine Erbse. Beim Rasieren konnte ich lange nicht in den Spiegel schauen. Gut zu sein, reichte mir nicht, ich wollte perfekt sein. Erst durch meinen Glauben habe ich wieder gelernt, mich selbst zu lieben. Wir sind wertvolle, einmalige Gedanken Gottes und wir sind es wert, dass es uns gut geht. Ich hätte gern von meinen Eltern gehört: »Du bist gut so, wie du bist.« Nun sagt es mir eben Gott. Viele Jahre war ich sauer auf ihn, weil er mir nicht geholfen hat. Tausend Mal habe ich als Kind da hoch gebetet und nichts ist passiert – was ist denn das für eine Hotline? Aber jetzt weiß ich: Er war die ganze Zeit da und hat seine schützende Hand über mich gehalten. Sonst wäre ich heute nicht hier.

Bullerbü ist nicht – Kinder körperlich kranker Eltern

Wenn ein Erwachsener die Nachricht erhält, dass er schwerkrank ist, bricht für ihn eine Welt zusammen. »Die Begrenztheit der eigenen körperlichen Existenz wird vom betroffenen Elternteil nicht selten erstmals am eigenen Leib erfahren. Sinnfragen werden neu gewichtet. Bisherige Lebensentwürfe müssen revidiert werden«, schreibt Prof. Romer, führender Forscher zum Thema Kinder krebskranker Eltern in Deutschland, in *Praxis der Kinderpsychologie und Kinderpsychiatrie*: »Die Diagnose einer ernsthaften oder gar lebensbedrohlichen Erkrankung [...] kann bei bislang gesunden Eltern zu einer tiefgreifenden Erschütterung des eigenen Selbstbildes von Unversehrtheit und vitaler Kraft führen.«

Kinder hingegen nehmen die Nachricht von der Erkrankung ihrer Eltern anfangs meist erstaunlich nüchtern auf – obgleich sie genauso wie der gesunde Elternteil nachhaltig davon betroffen sind. Dies geschieht aus Unwissenheit. Für die Kinder ist die Krankheit zunächst ein Fakt, mit dem sie nichts weiter verbinden. Während sich ein Erwachsener aufgrund seines größeren Erfahrungshorizonts und abstrahierenden Denkens unversehens in einem Gedankenstrudel aus organisatorischen Sorgen, existenziellen Ängsten oder Zukunftsfragen wiederfindet, denkt das Kind nur: »Aha, sowas kann also in dieser Welt auch passieren.« Schließlich hört es tagtäglich von Dingen, von denen es vorher noch nichts gehört hat. Darum kritisiert Prof. Romer in seinem Artikel eine Studie von 2001, in der Kinder, kurz nachdem ihre Mütter die Diagnose Brustkrebs bekommen hatten, befragt wurden und die Wissenschaftler zu dem Ergebnis kamen, dass diese Kinder nicht häufiger bestimmte Belastungssymptome zeigten als Kinder gesunder Eltern. Natürlich nicht, so die Kritik, diese Kinder können ja noch überhaupt nicht einschätzen, was auf die Familie zukommen wird. Im Gegenteil, ob ein Kind heil aus der Sache herauskommt, zeige sich erst langfristig. Es könne »keine Aussage darüber gemacht werden, wie hoch der Anteil betroffener Kinder ist, die vielleicht mit einer Latenz von mehreren Jahren nach Diagnosestellung im Laufe ihrer Entwicklung seelische Gesundheitsprobleme bekommen, was einer häufigen Beobachtung in unserer klinischen Praxis entspricht«, so Romer.

Zum Zeitpunkt der Diagnose stehen Kinder dieser neuen Erfahrung noch völlig offen gegenüber und es besteht die Möglichkeit, die vor ihnen liegenden Ereignisse zu einer verarbeitbaren, in den Reifungsprozess integrierbaren Erfahrung zu machen. Nur wird es den wenigsten Eltern in einer solchen Situation gelingen, sich von den ersten prägenden Momenten an damit zu beschäftigen, was ihre Kinder brauchen, um ihre Kindheit in einer Familie mit einem kranken Elternteil psychisch gesund zu überstehen. Und die wenigsten werden von diesen ersten prägenden Momenten an Unterstützung von Experten haben. Also nimmt die Geschichte in vielen Fällen erst mal ungelenkt ihren Lauf und die Familie findet sich vielleicht Jahre später zum Beispiel in der Beratungsstelle für Kinder körperlich kranker Eltern des Universitätsklinikums Hamburg-Eppendorf wieder, die Prof. Romer, der 2007 über *Kinder körperlich kranker Eltern* habilitierte, mit gegründet und lange Jahre geleitet hat.

Wie Kinder die Krankheit ihrer Eltern wahrnehmen

In *Praxis der Kinderpsychologie und Kinderpsychiatrie* beschreibt Prof. Romer, wie Kinder die Krankheit ihrer Eltern wahrnehmen. Wenn schon während der Schwangerschaft eine schwere Krankheit der Mutter diagnostiziert wird, ist die Beziehung zwischen Mutter und Kind von Anfang an gestört: »Die emotionale Besetzung des ungeborenen Kindes kann durch depressive Phasen und Zukunftsängste erschwert werden«, so Romer. »Kann eine Chemo- oder Strahlentherapie aus Rücksicht auf den Föten nicht sofort erfolgen, entsteht ein tragischer Zielkonflikt zwischen dem Recht der Mutter auf Überleben und dem Recht des Ungeborenen auf Unversehrtheit.« Für einen Säugling ist vor allem die Trennung von seiner Mutter, wenn sie zur Behandlung ins Krankenhaus muss, problematisch. Er erlebt sie, laut Romer, als existenzielle Bedrohung, weil er noch nicht gelernt hat, dass die Mutter wieder zurückkommt. Das Kleinkind hat das zwar verstanden, interpretiert eine Trennung aber möglicherweise als Bestrafung. »Werden vertraute Alltagsrituale, die dem Kind Sicherheit und Halt vermittelt haben, in der Familienroutine ausgesetzt, kann es zu Entwicklungsrückschritten kommen.« Schon Kinder zwischen ein und drei Jahren brauchen, betont Romer, verständliche Erklärungen darüber, was mit dem kranken Elternteil passiert. Wenn sie die nicht bekommen, erklären sie sich die Veränderungen in ihrem Alltag oder die Veränderungen des erkrankten Elternteils mit Hilfe ihrer eigenen Fantasie. Dabei kommen Ängste und Horrorszenarien heraus, die mit der Wirklichkeit wenig zu tun haben: »Beispielsweise kann der Anblick von Folgeerscheinungen der operativen, chemo- oder strahlentherapeutischen Behandlung eines krebskranken Elternteils wie Amputationen oder

Haarausfall, beim Kind, wenn es darauf nicht vorbereitet ist, zu archaischen Verstümmelungsängsten führen.« Die Beratungsstelle für Kinder körperlich kranker Eltern des Universitätsklinikums Hamburg-Eppendorf nennt auf ihrer Website weitere Gründe dafür, warum Kinder unbedingt früh über die Krankheit ihrer Eltern informiert werden sollten: Sie merken ohnehin, dass etwas nicht stimmt. Wenn dann darüber nicht gesprochen wird, entsteht der Eindruck, die Situation sei zu schrecklich, um darüber zu sprechen. Es besteht die Gefahr, dass die Kinder durch andere Personen von der Krankheit erfahren und falsche Informationen bekommen. Auch fühlen sich die Kinder »isoliert, ausgeschlossen und unwichtig, wenn sie nicht über wichtige Ereignisse innerhalb der Familie aufgeklärt werden«. Möglicherweise ziehen sie falsche Schlüsse, zum Beispiel, dass sie für die Krankheit der Eltern verantwortlich sind. Abgesehen davon kostet es Energie, Geheimnisse aufrechtzuerhalten – Energie, die Eltern in Ausnahmesituationen nicht übrig haben. Die wohl wichtigsten Gründe: »Mit Unterstützung haben Kinder bessere Bewältigungsmechanismen; sogar sehr traurige Wahrheiten sind besser als die Angst der Ungewissheit. Die Einbeziehung des Kindes unterstreicht den Glauben an die Fähigkeiten des Kindes, die Situation zu bewältigen; das Selbstbewusstsein wird erhöht.«

Je älter Kinder werden, desto mehr und detailliertere Informationen fordern und brauchen sie. David (9), dessen Eltern Multiple Sklerose haben und auf den Rollstuhl angewiesen sind, erzählt auf *Abendblatt Online* von den Sorgen, die er sich macht: »Ich frage mich, was passiert, wenn es bei meinem Vater brennt«, sagt David. »Er kann ja nicht schnell rauslaufen. Und selbst wenn er es auf die Terrasse schafft – was, wenn vom Balkon darüber etwas Brennendes auf ihn runterfällt?« Auf solche Ängste muss man eingehen. Als David im Alter von vier Jahren zum ersten Mal fragte, warum seine Eltern nicht rennen können, hat Mutter Barbara (40) ihm ihre Krankheit so erklärt: »In unseren Köpfen schlafen Tiere. Nur manchmal wachen sie auf, dann geht es uns nicht so gut.« Ob der Junge nicht eine realistischere Antwort gebraucht hätte, sei dahingestellt.

Laut Prof. Romer sind gerade Vorschulkinder anfällig dafür, dass sie glauben, die Krankheit der Eltern verursacht zu haben: »Kinder dieser Altersstufe können ferner den ernsten Gesichtsausdruck der Eltern als Mitteilung interpretieren, dass Lachen oder Verspieltheit unangemessene oder nicht erwünschte Verhaltensweisen seien.« Schulkinder sind bereits in der Lage, sich Gedanken über die Folgen der Krankheit zu machen: Werden wir trotzdem in den Urlaub fahren können? Wird Papa sterben? Ihre soziale Verantwortung ist so ausgeprägt, dass sie sich Sorgen um die Eltern machen können und bereit sind, ihre eigenen Bedürfnisse zurückzustellen. »Dies kann dazu führen, dass das Kind verinnerlicht, dass die eigenen Gefühle und Bedürfnisse unwichtig sind«, so Romer. Bei Schulkindern beobachtet er außerdem somatische Beschwerden wie Bauchschmerzen, Kopfschmerzen oder Einnässen. Jugendliche übernehmen bewusst und von sich aus Verantwortung für den kranken Elternteil und die gesamte Familie. Es kann sein, dass sie ihren natürlichen Wunsch nach Selbstständigkeit und Ablösung zunächst zurückstellen. »Da altersentsprechend eben diese Autonomie- und Ablösungswünsche erstarken, kann dies wiederum zu ausgeprägten Schuldgefühlen führen«, erklärt Romer.

Die meisten Kinder und Jugendlichen sind demnach in dieser Situation besser dran, wenn sie professionelle Hilfe von einem Psychotherapeuten bekommen. Ohne das zeigt, laut Prof. Romer, am Ende fast die Hälfte von ihnen deutliche Verhaltensauffälligkeiten, bekommt Probleme in der Schule und lebt sozial isoliert ohne Freunde und Bezugspersonen außerhalb der Familie. Angstsymptome, depressive Verhaltensweisen und psychosomatische Beschwerden treten bei mehr als 30 Prozent auf. Das Risiko, später psychisch zu erkranken, ist doppelt so hoch wie für andere Kinder.

Pflegende Kinder und Jugendliche

Ulli war zwölf, als ihre Mama einen Schlaganfall hatte. Nach drei Monaten im Krankenhaus und einem Monat in der Kur kehrte die Mutter gelähmt nach Hause zurück und Ulli wurde zu ihrer Pflegerin: »Ich musste ihr beim Duschen helfen, den Haushalt führen, Essen kochen. Wenn sie zum Arzt musste, hab ich sie begleitet, weil der Lift im Halbstock war, und die Stufen konnte sie nicht alleine gehen«, erzählt Ulli, heute 27, auf *superhands.at*, der Info-Website der Johanniter-Unfall-Hilfe Österreich für pflegende Teenager. »Und auf der Straße brauchte sie immer den Rollstuhl, da hab ich sie auch geführt. ›Essen auf Rädern‹ hab ich auch organisiert, aber das war erst viel später, weil ich so lange nicht gewusst hab, dass es so etwas gibt. Natürlich war meine Freizeit eingeschränkt, viel eingeschränkter als von anderen Schulfreundinnen. Zum Beispiel immer wenn Physio- oder Ergotherapie bei uns zu Hause stattgefunden hat, konnte ich keine Freundinnen zu mir einladen. Oder wenn ich andere Aufgaben daheim erledigen musste, dann war keine Freizeit für mich möglich. Der Höhepunkt war dann mit 20 Jahren. Diese Zeit war die schlimmste für mich. Ohne meine Freundinnen, das Netz durch die Pfarre und durch meinen Glauben hätte ich das bestimmt nicht geschafft.« Ullis größter Wunsch wäre, so sagt sie auf *superhands.at*, dass es jemanden gäbe, der Kindern wie ihr hilft, den Alltag zu organisieren, der ihre Sorgen ernst nimmt, ihnen Mut zuspricht und ihnen Verständnis entgegenbringt.

Und mit diesem Wunsch ist sie nicht allein. Ulli ist eines von schätzungsweise 42 700 Kindern in Österreich und 225 000 Kindern in Deutschland, die die Krankheit ihrer Eltern nicht nur miterleben, sondern die ihre Eltern tatsächlich pflegen.

Das vom Bundesfamilienministerium geförderte Fachkräfteportal *jugendhilfeportal.de* zitiert eine Studie aus dem Ursprungsland der Young-Carers-Forschung von der britischen Loughborough University. Sie besagt, »dass jeweils zwei Prozent der Young Carers mehr als 40 Stunden die Woche für pflegerische Tätigkeiten aufwenden. Ein Drittel der betroffenen Kinder und Jugendlichen ist in der Woche zwischen sechs bis zehn Stunden, ein weiteres Drittel zwischen 11 bis 20 Stunden unterstützend tätig. Weitere 14 Prozent sind wöchentlich 20 bis 40 Stunden mit der Pflege eines Elternteils beschäftigt.« Die österreichische Studie *Kinder und Jugendliche als pflegende Angehörige* kommt auf noch höhere Zahlen: 14 Prozent der pflegenden Kinder geben an, mehr als fünf Stunden pro Tag eine Stütze zu sein.

Während Prof. Dr. Georg Romer beobachtet hat, dass zum Beispiel gerade Eltern mit Multipler Sklerose die Belastbarkeit ihrer Kinder oft überschätzen, berichtet *Zeit Online* von (alleinerziehenden) Eltern, die sich durchaus bewusst sind, dass das, was sie von ihren Kindern verlangen (müssen), die Grenzen des Zumutbaren überschreitet: »So erzählt eine MS-kranke Hamburgerin: ›Ich habe eine vier Jahre alte Tochter, die mir jetzt schon beim Ausziehen hilft. Ich will das nicht, aber ich weiß manchmal nicht, was ich machen soll. Ich habe Pflegestufe zwei, und das Pflegegeld reicht einfach nicht aus.‹ Eine andere chronisch kranke Mutter ergänzt: ›Als ich das Jugendamt bat, mir beim Transport meiner Kinder zum Kindergarten zu helfen, meinten die, die Lütten seien doch nicht krank oder behindert. Die Kinder helfen mir mittlerweile sogar schon beim Waschen. Ich bin sehr verzweifelt darüber.‹«

Die Aufgaben, die pflegende Kinder und Jugendliche im Alltag mit einem erkrankten Elternteil übernehmen, werden von Experten in vier Gruppen zusammengefasst: Die Kinder helfen im Haushalt, helfen dem kranken Elternteil, helfen dem gesunden Elternteil und den Geschwistern und übernehmen Verantwortung für sich selbst. Zu den Haushaltstätigkeiten gehören Essen kochen, Wäsche waschen, die Wohnung reinigen, Vorräte einkaufen. »Wenn diese Kinder ihre Aufgaben nicht erfüllen und zum Beispiel die Kartoffeln nicht schälen, dann gibt es eben nichts zu essen. Die Mutter kann es ja einfach nicht machen.« So macht Prof. Dr. Sabine Metzing auf *wissen.de* deutlich, wie elementar und wenig verhandelbar diese Form von »Mitanpacken« für die betroffenen Kinder ist. Dem kranken Elternteil helfen sie, indem sie die Einnahme von Medikamenten überwachen, Blutzucker messen, den Eltern beim Essen, Waschen, Aufstehen, Toilettengang und Anziehen helfen, sie zum Arzt begleiten oder auch den Notarzt rufen, wenn es sein muss. Die Kinder versorgen Wunden, machen mit ihren Eltern Übungen der Physiotherapie, sind eine emotionale Stütze, indem sie trösten. Sie dolmetschen wenn nötig zwischen Patient und Pflegepersonal und geben ein Gefühl von Sicherheit, indem sie auf die Eltern aufpassen und im Notfall zu reagieren wissen. Ein Pflegedienst, der regelmäßig vorbeischaut, wenn die Eltern eine Pflegestufe haben, ändert oft nicht viel an der Belastung, da die Kinder den Großteil der Zeit trotzdem mit ihren Eltern alleine sind.

Unter den Hilfen für gesunde Familienmitglieder versteht man, dass die betroffenen Kinder und Jugendlichen auf kleine Geschwister aufpassen, ihnen Essen machen, Pausenbrote schmieren, sie zur Schule oder zu Freizeitbeschäftigungen bringen, sie morgens wecken und für den Tag fertig machen. Für den gesunden Elternteil sind sie da, indem sie Aufgaben, die überfordern, abnehmen, oder sogar im Sinne eines »Ersatzpartners« eine Schulter zum Anlehnen und ein offenes Ohr bieten. Zusätzlich übernehmen sie Verantwortung für sich selbst, indem sie alleine ins Bett gehen und aufstehen, selbst Kleidung kaufen, Dinge, die sie für die Schule brauchen, selbst besorgen und vieles mehr. Je älter ein Kind ist, je schwerer und weiter fortgeschritten die Krankheit des Elternteils ist, je weniger andere Angehörige vorhanden sind und je weniger Geld die Familie hat, desto mehr und anspruchsvollere Aufgaben übernimmt das einzelne pflegende Kind. Unmittelbare Auswirkungen einer Kindheit als pflegender Minderjähriger sind der österreichischen Studie *Kinder und Jugendliche als pflegende Angehörige* zufolge Rücken- und Kopfschmerzen, Müdigkeit und Schlafprobleme. Pflegende Kinder sind demnach öfter traurig und machen sich mehr Sorgen als andere.

Petra (49) begann mit neun Jahren, ihre Mutter, die an einem nachwachsenden Hirntumor leidet, zu pflegen. Seit der ersten Operation ist die Mutter einseitig spastisch gelähmt, auf einem Auge blind und auf einem Ohr taub. Später kam eine Schlucklähmung dazu. Petra erzählt auf *wissen.de*: »Ich hatte massivste Schuldgefühle, das schlechte Gewissen begleitet mich mein Leben lang. Noch heute tue ich mich schwer damit, glücklich zu sein.« Denn anders als die kranke Mutter habe sie ja keinen Grund zur Klage, kein Recht auf Probleme. Diese Einschätzung hatte ihr offenbar die Familie vermittelt. Und so musste Petra alleine mit Schule und Haushalt, Spott und Stress klarkommen: »Sonntagsmorgens bekam ich Nesselsucht am ganzen Körper, denn an dem Tag würde ich die ganze Zeit mit meinen Eltern zusammen sein müssen.« Das Schlimmste sei für sie »dieses ständige Gerufenwerden« gewesen: »Meine Mutter konnte ja nichts mehr alleine machen. Ich konnte nie sicher sein vor ihrem Rufen. Dieses ›Petra!‹, das ist immer noch in mir drin.«

Laura ist noch jünger, als Petra es damals war, sieben Jahre alt, und pflegt schon ihre rheumakranke Mutter, weil ihr Vater beruflich viel unterwegs ist. »Einmal hat der Papa mir gezeigt, wie ich Mama die Spritzen setzen muss, und die ganzen anderen Male habe ich das dann selbst gemacht. Ich wollte der Mama einfach helfen«, erzählt sie auf *Zeit Online*.

Vicky (26) war schon gerade so erwachsen, als ihre alleinerziehende Mutter vor drei Jahren einen Schlaganfall erlitt, doch das macht es auch nicht besser. Von heute auf morgen musste die Tochter ihr Studium der Medienwissenschaft ruhen lassen, weil sie zum Vormund ihrer nun schwerst pflegebedürftigen Mutter ernannt wurde, erzählt sie auf *jetzt.de*. »Heime sind menschenunwürdig«, befand Vicky, nachdem sie es mit einem versucht hatte, und holte ihre Mutter wieder nach Hause, um sie dort zu pflegen.

Prof. Dr. Sabine Metzing von der Universität Witten/Herdecke berichtet im selben Beitrag von einem Sechsjährigen, der dem Vater beim Gehen hilft, indem dieser die Hand auf den Kopf des Kindes stützt. Von einer Zehnjährigen, die ihrer Mutter beim Einführen eines Katheters hilft. Von Jugendlichen, die kaum die Schule schaffen, weil sie zu Pflegekräften geworden sind. »Für die Kinder ist es undenkbar, die Familie im Stich zu lassen«, so Metzing. »Ein 18-Jähriger sagte mir: ›Ich habe das nicht so gelernt, dass man jemanden sitzen lässt und sagt: Mach deinen Scheiß allein. Man macht das nicht. Es ist die Familie.‹«

Wie die Erfahrungen prägen

Ulli (27), die ihre Mutter nach ihrem Schlaganfall gepflegt hat, beschreibt auf *superhands.at*, wie sie heute im Umgang mit Gleichaltrigen merkt, dass sie durch ihre Erfahrungen anders ist als die anderen: »Wenn sich zum Beispiel eine Freundin nicht täglich bei mir meldet oder ich sie nicht täglich höre, bekomme ich schreckliche Angst und werde nervös. Das ist auch eine Bürde für meinen Freundeskreis, der damit oft überfordert ist. Aber ich weiß nicht, wie ich dieses Gefühl des Verlustes und der Angst besser in den Griff bekommen kann.« Dies ist nur ein Beispiel für viele mögliche Auswirkungen, die Kinder von kranken Eltern langfristig erleiden können. Laut der genannten österreichischen Studie werden wichtige Lebensentscheidungen zwischen dem 15. und 25. Lebensjahr stark von der Pflegesituation beeinflusst. Die Betroffenen schieben berufliche und private Entscheidungen auf. Sie beschreiben im Erwachsenenalter Schuldgefühle, Verlustängste (wie Ulli), ein übersteigertes Kontrollbewusstsein oder, aufgrund der Unordnung in ihrem bisherigen Leben, das übertriebene Bedürfnis nach Ordnung. Manche sagen, sie wüssten gar nicht, wie ein »normales« Familienleben aussieht. Das wird spätestens dann zum Problem, wenn sie eine eigene Familie gründen wollen. »Womit alle zu kämpfen haben«, heißt es in der österreichischen Studie weiter, »sind immer wiederkehrende ›innere Bilder‹, mit denen besonders prägende Situationen von damals stets neu aufleben. Darin sehen sich Betroffene in einer Situation, die sie damals sehr belastet hat. Die Bilder sind vom Gefühl der damaligen Hilflosigkeit, der Angst oder der Überforderung geprägt. Gegen die inneren Bilder kann man sich nicht wehren, sie tauchen einfach auf und machen sich in den Gedanken breit. Sie leisten einen wesentlichen Beitrag dazu, wie belastend die Betroffenen die Gegenwart erleben.« Viele Erwachsene, die als Kinder gepflegt haben, lehnen es kategorisch ab, noch einmal Verantwortung für andere zu übernehmen, tun es aber dann doch. »Viele ehemalig pflegende Kinder kehren oft über berufliche Umwege wieder in die helfende Rolle, häufig in die Pflege zurück, weil sie es kennen, darin Sinn finden oder manchmal etwas wieder gutmachen wollen.« Ulli zum Beispiel beendet gerade ihre dreijährige Ausbildung zur Sozialpädagogin. Die Betroffenen selbst beschreiben ihr Verantwortungsbewusstsein als positive Eigenschaft, obwohl es auch oft eine Bürde für sie ist. Dann nämlich, wenn sie sich zu viel Verantwortung aufladen oder sich sogar für die Fehler anderer verantwortlich fühlen. Viele lehnen es selbst im Erwachsenenalter noch ab, über ihre Kindheit zu sprechen. Laut der österreichischen Studie steckt dahinter die Angst vor schlecht kontrollierbaren negativen Gefühlen. Manche möchten nicht an die Zeit von damals erinnert werden. Viele machen eine Therapie, aber nur wenn sie sich inzwischen eingestanden haben, dass sie ein »Young Carer« waren. Interessanterweise ist es nämlich so, »dass ehemalige pflegende Kinder, selbst nach vielen Jahren, sich selbst nicht als pflegende Kinder wahrgenommen haben. Sie waren Kinder, die ›Mama oder Papa geholfen haben, weil sie krank waren und weil sie Hilfe brauchten‹. Für sie war es normal zu helfen, es wurde nicht in Frage gestellt.« In der Therapie geht es dann häufig darum herauszufinden, wer man eigentlich ist und was man vom Leben will. Da viele Betroffene sich in ihrer Kindheit angewöhnt haben, ihre eigenen Bedürfnisse wenig zu beachten, weil die Krankheit der Eltern wichtiger war, müssen sie als Erwachsene ihre Identität erst finden. Viele erwachsene Kinder kranker Eltern beschäftigt der Wunsch, ein ganz normales Leben zu leben, weil es das in ihrer Kindheit nicht gab. Sie machen Dinge bewusst anders als ihre Eltern, zum Beispiel im Umgang mit ihren eigenen Kindern. Deutlich stellen die Autoren der österreichischen Studie aber auch heraus, dass Erwachsene, die als Kinder gepflegt haben, nicht nur negative Auswirkungen auf ihr Erwachsenenleben sehen, sondern auch positive. So fühlen sie sich dem Leben oft besser gewachsen, reifer und verantwortungsbewusster als Gleichaltrige. Sie können Problemen gelassener entgegentreten und erleben sich als besonders einfühlsam. Das Bundesfamilienministerium attestiert (ehemals) pflegenden Kindern auf *familien-wegweiser.de* ein positives Selbstbild und ein ausgeprägtes Selbstwertgefühl – dies jedoch nur in den Fällen, in denen die Pflegeverantwortung nicht zur dauerhaften Beanspruchung ausgeartet ist. Viele erlebten das Zusammengehörigkeitsgefühl in der Familie als stark und positiv.

»Sterben die Eltern nach langer Krankheit, fallen viele Kinder in ein tiefes Loch«, erklärt Patricia Dubler, die bei der Münchner Vereinigung für Integrationsförderung (VIF) für die Beratung betroffener Familien zuständig ist, auf *wissen.de.* Das gilt nicht nur für minderjährige Kinder: »Ihr Lebensinhalt ist weg. Sie haben nie gelernt, sich kindgerecht zu verhalten. Sie haben keine Freunde, gehen in keine Sportvereine, haben keinerlei soziale Anbindung. Denn sie haben ja die ganze Zeit bei den pflegebedürftigen Angehörigen gesessen.« Die Autoren der österreichischen Studie sprechen von einem Vakuum, das sich auftut. Nun hätten die Betroffenen Zeit, sich ein eigenes Leben aufzubauen, doch das schaffen sie oft nicht ohne Hilfe.

»Vielleicht wäre es mit gesunden Eltern ja auch schlechter«

Nick (11), Sohn eines herztransplantierten Vaters

Mein Sohn Nick wurde gerade sieben Jahre alt, als sein Vater zum ersten Mal für längere Zeit ins Krankenhaus musste und wenig später als Wartepatient für eine Herztransplantation dauerhaft aufgenommen wurde. Vierzehn Monate lang besuchten wir ihn drei- bis fünfmal wöchentlich auf der Wartestation. Wenige Tage nach der Transplantation kamen Nick und sein Bruder regelmäßig mit auf die Intensivstation, um ihren Vater zu sehen.

Aus der Zeit, bevor Papa so richtig krank war, erinnere ich mich eigentlich nur daran, dass wir einmal auf Sylt waren und in einem Laden standen, wo es T-Shirts gab. Dann wurde es schlimmer, das hat man gemerkt. Manchmal musste sich Papa auf dem Sofa länger ausruhen oder konnte nicht mit auf den Spielplatz. Damals wusste ich zwar, dass er krank war, aber viel wusste ich darüber nicht. Ich habe gemerkt, dass etwas los war, konnte mir aber noch keinen Reim darauf machen.

Ich weiß noch, irgendwann musste ich in die Schule und Papa ins Krankenhaus, und als ich aus der Schule kam, war er nicht mehr da. Erst mal war das gar nicht so anders als sonst. Vorher war er ja arbeiten und auch den ganzen Tag nicht da. Aber so nach einer Woche, als er auch abends nicht nach Hause kam, hat man schon den Unterschied gemerkt.

Ich erinnere mich, dass wir mit Papa immer in den Krankenhausgarten gegangen sind und dass man da Eis essen konnte. Dass Mama und Papa dann immer geredet haben und mein Bruder und ich Burgen aus Gartenstühlen gebaut haben. Ich hatte ziemlich oft Angst um Papa. Wenn Oma kam und Mama geweint hat, dann hab ich immer gedacht: »Was ist denn jetzt schon wieder los?« Weil, wenn ein Erwachsener weint, dann ist es bestimmt richtig schlimm. Wenn es Mama schlecht ging und sie Bauchschmerzen hatte, weil es Papa schlecht ging, hab ich ihr Tee gemacht. Papa hab ich auch geholfen. Wenn er nicht laufen konnte, hab ich ihm Sachen gebracht.

Ich selber hab eigentlich nur einmal geweint, an meinem vorletzten Geburtstag. Weil ich es traurig fand, dass Papa nicht dabei war. Sonst muss ich nicht weinen, weil einfach schon so viele traurige Dinge passiert sind. Wenn mein Bruder nicht so viel weinen würde, würde es Mama vielleicht normal finden, dass ich nicht weinen muss. Mein Bruder ist sensibler als ich, darum fällt der Unterschied so auf. Wenn es mir schlecht geht, bin ich einfach schlecht gelaunt, aber damit ich da nicht alle anderen mit reinziehe, denke ich einfach ans Handball-Training. Beim Handball vergesse ich alles Blöde, das in meinem Kopf ist, und denke nur noch an den Sport. Wenn ich wieder alleine bin, kommt aber alles zurück.

Auf der Intensivstation mussten wir immer diese Kittel anziehen. Die haben mich aber nicht so gestört. Der riesige Rollstuhl, mit dem wir Papa herumgeschoben haben, hieß Norbert.

Papa hatte Schläuche in der Nase, aber das sieht man ja häufiger auch bei Leuten auf der Straße. Den Schlauch im Hals und den Sprechaufsatz fand ich nicht so schön. Der hat mich schon erschreckt, aber man hatte sich irgendwann daran gewöhnt. Die Zugänge im Arm, das ist ja auch nichts anderes als Blutabnehmen. Bei mir ist Blutabnehmen immer schlimm, aber mein Papa hält es bei der Dialyse vier Stunden mit der Nadel im Arm aus! Die Dialysemaschine fand ich immer interessant. Die ist ja gar nicht so groß, und doch kann damit das Blut gereinigt werden. Wie das wohl funktioniert?

Zwei Männer, die mit Papa im Zimmer waren, sind gestorben. Das war traurig, weil Papa viel mit denen zu tun hatte. Das war ja wie ein Zimmerkamerad bei der Klassenfahrt. Wir hatten Glück, dass es nicht unser eigener Vater oder unsere eigene Mutter war, die gestorben sind, aber erschreckend war das schon. Einer von dreien hat nur überlebt.

Ich frag mich manchmal, was passiert, wenn man tot ist, ob man dann in eine andere Welt kommt. Und ich frage mich ziemlich oft, und das finde ich noch viel erschreckender, was wäre, wenn es keine Erde und keine Menschen gäbe. Was das Universum dann für einen Sinn hätte. Aber wenn ich länger darüber nachdenke, schaltet mein Gehirn irgendwann ab, weil es darauf einfach keine Antwort weiß.

Die Trennung meiner Eltern, als Papa noch im Krankenhaus war, es ihm aber wieder besser ging, war ein Schock. Aber jeder hatte seine logischen Gründe, warum es so gekommen ist. Und das versteht man ja auch. Mamas Grund ist, dass Papa nie mit ihr reden wollte und dass Papa jemanden braucht, der sich den ganzen Tag um ihn kümmern kann, und das kann Mama nicht. Und Papas Grund ist, dass sein neues Herz ihn ein bisschen verändert hat und dass er eine Midlife Crisis hat.

Die Kinder, die wollen natürlich immer, dass die Eltern zusammenbleiben und ständig für einen da sind. Und dann ist es halt nur noch einer. Aber es ist auch toll, dass meine Eltern so nahe beieinander wohnen. Und es passiert ja auch vielen anderen Kindern, dass die Eltern sich trennen. Und die Eltern meiner Klassenkameraden müssen auch mal ins Krankenhaus. Allerdings weinen die Kinder dann gleich, obwohl es doch nur für zwei Wochen ist. Das ist zwar auch schlimm, aber zwei dreiviertel Jahre sind doch viel schlimmer!

Ich fühle mich älter und reifer als meine Freunde und Klassenkameraden, obwohl ich eigentlich sogar ein Jahr jünger bin, weil ich eine Klasse übersprungen habe. Wenn ich mit meinem Freund zum Handball fahre, erzählt er immer kindische Sachen oder erfindet irgendwelche Wörter. Wenn meine Klassenkameraden jemandem den Stift wegnehmen, empfinden sie das als Riesenstreich! So will ich nicht sein. Zwar will jeder dazugehören, aber ich mache ja auch genug Mist, das reicht ja schon.

Mein Klassenkamerad tut sich immer den Finger weh und rennt dann gleich zum Arzt und kriegt Verbände. Ich hab mir auch schon den Finger geprellt und geh nicht zum Arzt. Weil ich weiß, dass es viel schlimmere Krankheiten gibt als einen umgeknickten Finger. Ich kann das besser beiseiteschieben. Ich kann selber den Schmerz lindern. Ich hatte einmal eine Verletzung am kleinen Finger, da waren die ganze Haut und das Fleisch vom Knochen weg, da hab ich auch nicht geweint. Da bin ich einfach ins Schulsekretariat gegangen und hab gesagt, ich brauche ein Pflaster. Andere würden losheulen.

Als Papa endlich entlassen wurde, hab ich mich gefreut, ihn wieder in normalen Klamotten zu sehen statt in dem Krankenhausnachthemd. Man versucht, richtig viel Zeit mit ihm zu verbringen. Und man ist sehr froh! Das Schönste war, als wir zusammen Billard spielen gegangen sind!

Am meisten nervt mich, dass Papa so wenig zu Hause ist. Als er in der Kur war, musste man da immer hinfahren. Dann hatte man sich gerade daran gewöhnt, dann musste er wieder zurück ins Krankenhaus. Er ist immer woanders, und man muss da hinfahren. Dann muss er noch zur Dialyse und man muss immer gucken, wann man ihn sehen kann.

Es nervt mich auch, dass Mama immer sagt, ich kann noch nicht zu Papa, er braucht nach der Dialyse erst mal eine Pause. Er ist so wenig da, dann will man natürlich auch jede Sekunde nutzen, um bei ihm zu sein. Wenn man weiß, man darf am Nachmittag zu ihm, möchte man eigentlich gleich nach dem Mittagessen los. Aber dann sagt Mama, er muss sich erst noch ein bisschen ausruhen, und das nervt. Aber ich versteh es ja.

Papa braucht jetzt noch eine neue Niere. Ich glaube aber, das ist nicht so schlimm, wie ein neues Herz zu brauchen. Denn wenn das Herz bei einem Menschen ausfällt und er stirbt, geht die Niere ja meistens nicht mit kaputt. Deswegen glaube ich, es wird nicht noch mal so lange dauern, auf eine neue Niere zu warten wie auf ein neues Herz. Ein halbes Jahr vielleicht? Nach der Transplantation muss Papa nicht mehr zur Dialyse. Wenn dann danach alles einwandfrei klappen würde, das wär schon toll! Er wird zwar nie mehr so richtig schnell rennen können wie ein gesunder Mann. Aber in fünf Jahren, wenn er sich genug ausgeruht hat und zum Krafttraining geht, dann wird er bestimmt viel mehr Sachen machen können. Jeder wünscht sich einen Papa, der mit einem Handball spielen kann. Aber mein Papa kann immerhin schon wieder alleine stehen und einen Ball werfen!

Eine Zeit lang war es mir unangenehm, wenn meine Freunde ihn gesehen haben, weil seine Narbe geplatzt ist und am Bauch so ein Knubbel entstanden ist. Den hat man auch unter dem T-Shirt gesehen. Einmal gingen wir mit Papa zum Einkaufen und ein Freund fuhr auf dem Fahrrad an uns vorbei. Da hab ich mir Sorgen gemacht, dass er das gesehen haben könnte. Zum Glück wurde das Ding wegoperiert. Das Loch am Hals von dem Atemschlauch, das man immer noch sieht, nehme ich gar nicht mehr so wahr.

Wenn meine Freunde danach fragen, erzähle ich ihnen von Papas Krankheit und dass er ein neues Herz gekriegt hat. Manchmal können die anderen Kinder ein bisschen mitreden, weil sie in einem Buch schon mal darüber gelesen haben. Aber sie finden das immer ganz komisch, weil sie so was noch nicht erlebt haben. Viele Fragen stellen sie aber nicht. Ich würde ihre Fragen beantworten, aber wenn sie keine stellen, find ich das auch nicht schlimm.

Mir ist es nicht peinlich, wenn andere wissen, was bei uns los ist. Was kann uns das denn schaden? Es ist okay für mich, über die Vergangenheit zu reden. Ich mach das nicht von alleine, weil es schon schlimm war. Aber wenn man mich fragt, denke ich daran zurück. Das war eine schwierige Zeit, die letzten viereinhalb Jahre, aber wir haben es ziemlich gut hingekriegt. Ich weiß ja nicht, wie es bei anderen ist, aber ich glaube, es gibt viele, die dann so frustriert sind, weil die Eltern krank sind und nie was mit ihnen machen können, dass sie immer nur rumschreien und sich mit anderen rumkloppen oder die ganze Zeit Blödsinn in der Schule machen. Aber wir haben das, glaube ich, ganz gut gemacht.

Ich habe aber Angst, dass wieder was Schlimmes mit Papa passieren könnte. Man ist halt vorsichtig geworden. Es wurde so oft besser und dann doch wieder schlechter. Und jetzt, wo es ziemlich gut ist, wäre es umso schlimmer, wenn es ihm wieder schlechter ginge. Denn wenn es von richtig gut ganz tief in den Keller geht, ist das ja viel schlimmer, als wenn es nur leicht auf und ab geht.

Ich weiß, dass man unsere Situation nicht mehr ändern kann. Darum wünsche ich mir auch nichts anderes als das, was ich habe. Ich wünsche mir keine andere Kindheit als die, die ich habe, weil ich ja gar nicht weiß, wie das mit gesunden Eltern wäre. Vielleicht wär es ja auch schlechter! Weil man dann alles hat. Wir können uns viel mehr freuen als andere. Wenn alles so traurig ist, und dann kommt Papa aus dem Krankenhaus nach Hause, dann freut man sich noch viel mehr, als wenn er einfach von der Arbeit nach Hause kommt!

»*Kinder entfalten Kräfte, die uns anrühren!*«

Gespräch mit Prof. Dr. Georg Romer, Leiter der Klinik für Kinder- und Jugendpsychiatrie am Universitätsklinikum Münster

Schon 1999 wurde am Universitätsklinikum Hamburg-Eppendorf die besondere Belastung Kinder körperlich kranker Eltern erkannt und mit der Gründung einer Beratungsstelle darauf reagiert. Prof. Dr. Georg Romer, langjähriger Leiter, ist Mitentwickler des dort entstandenen Beratungskonzepts Children of Somatically Ill Parents (COSIP). Dabei werden mit den betroffenen Familien in drei bis acht Sitzungen über einen Zeitraum von sechs bis acht Monaten Ziele auf der Eltern-, Kind- und Familienebene verfolgt: Unter anderem geht es darum, die Eltern emotional verfügbarer für ihre Kinder zu machen und ihr Vertrauen in die eigenen Fähigkeiten zur Begleitung der Kinder zu stärken. Die Kinder lernen, die elterliche Krankheit und ihre eigenen Bedürfnisse besser zu verstehen. In der Familie wird eine

Gesprächskultur geschaffen und gegebenenfalls die altersunangemessene Rolle des Kindes reduziert. Dazu sprechen Therapeuten mit den einzelnen Familienmitgliedern alleine, mit allen gemeinsam und bieten in Krisensituationen Sondertermine an. In der Folge kommen die betroffenen Familien besser mit ihrer Situation klar, und für die Kinder erhöhen sich die Chancen, trotz der Belastung psychisch gesund erwachsen zu werden.

Herr Prof. Romer, wenn man Kinder körperlich und psychisch kranker Eltern vergleicht – überwiegen die Gemeinsamkeiten oder die Unterschiede in den Erfahrungswelten?
Es gibt beides, Gemeinsamkeiten und Unterschiede. Wenn Sie grundsätzlich fragen, was es mit den Kindern macht, einen kranken Elternteil zu haben, gibt es viele Gemeinsamkeiten. Die Kinder gehen früh in eine Fürsorgeverantwortung, weil sie die Erfahrung machen: Meine Mutter oder mein Vater hat eine zerbrechliche Seite. Das ist eine erschütternde Basiserfahrung, die unserer kulturellen Erwartung, dass Eltern bis zu deren Volljährigkeit für ihre Kinder da sind, zuwider läuft. Wir sind mit dem naiven Weltbild groß geworden, dass Eltern unzerstörbar sind. Dass Mama »kaputtgehen« kann, ist im Weltbild eines Kleinkindes nicht vorgesehen. Und das ist auch gut so, denn dieses Vertrauen trägt uns. Wenn uns von Anfang an klar wäre, was alles passieren kann, würden Kinder mit schrecklichen Ängsten durch die Welt gehen.

Es ist interessant zu beobachten, was passiert, wenn jemand, mit dem es das Schicksal gut gemeint hat und der immer gesunde und robuste Eltern vor Augen hatte, sich im Alter von 60 Jahren erstmalig mit der Krankheit und Gebrechlichkeit seiner Eltern auseinandersetzen muss. Solche Menschen reagieren typischerweise wie vor den Kopf gestoßen, weil sie das Weltbild ihrer Kindheit noch in sich tragen. Wenn der reale Bruch mit der naiven Illusion »Mama und Papa sind unzerstörbar« jedoch früh erfolgt, erfordert das eine Anpassungsleistung in der Eltern-Kind-Beziehung. Der Verlust des Urvertrauens ins Leben muss kompensiert, die Frage »Was gibt mir Halt?« neu beantwortet werden. Das ist eine gemeinsame Erfahrung der betroffenen Kinder.

Aber wenn es um die konkrete Verarbeitung der Situation geht, gibt es Unterschiede. Ich bin überzeugt, dass man keine gemeinsame Beratungsstelle für Kinder psychisch und körperlich kranker Eltern eröffnen könnte – ein solches Angebot würde nicht angenommen werden. Krebskranke Eltern würden irritiert reagieren, wenn sie im Wartezimmer auf psychisch erkrankte Eltern träfen. Das Versorgungssystem braucht eine klare Trennung.

Auch die Ängste, die die betroffenen Kinder entwickeln, unterscheiden sich. Kinder körperlich kranker Eltern brauchen kognitive Orientierung zum Wesen der Erkrankung und Behandlung: Warum fallen Mama die Haare aus? Wenn sie diese Antworten bekommen, sind sie rasch entängstigt. Ihre größte Angst, dass die Eltern sterben könnten, kann man ihnen allerdings nicht nehmen, weil sie mitunter berechtigt ist. Bei Kindern psychisch kranker Eltern wird das eher nicht das Hauptproblem sein. Eine psychische Krankheit greift tief ins Wesen ein, diese Kinder müssen daher vor allem verstehen, dass Mamas aggressives oder emotionsloses Verhalten nichts mit ihnen zu tun hat. Die Fragen, die sie umtreiben, sind: Wann verhält sich Mama wieder normal? Werde ich auch mal so?

Unterscheiden Sie zwischen pflegenden Kindern und Kindern, die nicht pflegen, sondern die Krankheit der Eltern »nur« miterleben müssen?

Mein Forschungsansatz war immer, mir die psychische Seite grundsätzlich anzuschauen: Was bedeutet es für Kinder, wenn ihre Eltern krank sind? Der pflegerische Part ist nur ein Teil der Fürsorgeverantwortung, die sie übernehmen und die wir auch Parentifizierung nennen. Ob das Kind dem kranken Elternteil nun Medikamente oder nur ein Glas Wasser ans Bett bringt, ist weniger die Frage. Vielmehr ist es wichtig zu fragen, ob die Fürsorgeverantwortung ein Maß hat, das für das Kind zu bewältigen ist. In diesem Fall kann Parentifizierung durchaus förderlich und funktional sein und die Entwicklung des Kindes positiv beeinflussen. Nicht umsonst sind in helfenden Berufen, also zum Beispiel unter Ärzten oder Therapeuten, Kinder kranker Eltern überrepräsentiert. Sie werden schneller erwachsen, entwickeln früher eine Sozialverantwortung und machen daraus etwas Großartiges!

Schlimm wird es, wenn eine Dauerüberforderung entsteht. Und das kann man messen: Wird die Hauptlast der Fürsorgeverantwortung für den kranken Elternteil in der Wahrnehmung des Kindes verlässlich von Erwachsenen getragen? Kann ich als Kind sicher sein, dass sich die Erwachsenen um ihn kümmern und ich nur der »Pflegeassistent« bin und beispielsweise einen Tee ans Bett bringe? Habe ich kindgerechte Bereiche in meinem Leben, darf ich ohne Schuldgefühle spielen gehen? Dann ist alles okay. Oder spüre ich ein allumfassendes Verantwortungsgefühl, glaube ich, wenn ich nicht da bin, passiert etwas Schlimmes? Dann ist es nicht okay.

Einen schwerkranken Vater vor Augen zu haben, ist zwar sehr traurig und belastend, aber noch kein Trauma. Darüber kann man hinwegkommen, daran kann man stark werden. Trauer und die Angst, jemanden zu verlieren, gehören zum Leben dazu. Und das Leben bringt es nun einmal mit sich, dass der eine das mit 40 zum ersten Mal verkraften muss und der andere mit fünf. Die Frage ist, ob die Trauer zur Überforderung wird. Bleibe ich damit alleine oder habe ich einen Anker, beispielsweise einen gesunden Elternteil, der das ausgleicht?

Sie sprechen von den besonderen sozialen Kompetenzen, die Kinder kranker Eltern schon früh entwickeln. Andere Experten warnen davor, bei sehr reifen und verantwortungsbewussten Kindern den Hilfebedarf zu übersehen. Sie argumentieren, dass die Kinder die sogenannte Heldenrolle nicht freiwillig einnehmen, sondern nur, um Aufmerksamkeit zu bekommen. Was sagen Sie dazu?

Es ist sogar der Regelfall, dass Kinder körperlich kranker Eltern sich besonders tapfer verhalten und von ihrer stabilsten Seite zeigen. In dem Augenblick, in dem die Eltern von einer lebensbedrohlichen Situation erschüttert sind, merken die Kinder intuitiv, dass sie davon abhängig sind, dass die Eltern nicht »komplett kaputtgehen«. Darum bieten sie alle Kräfte dafür auf, keine zusätzliche Belastung zu sein. Das ist noch nicht automatisch ein Signal für eine problematische Verarbeitung. Aber es ist ein Signal dafür, dass es dem Kind gut tun würde, jemand Außenstehendem das Herz auszuschütten. Wir erleben es in der Beratung oft, dass, sagen wir, ein 13-Jähriger schon im ersten Gespräch mit einem Therapeuten, der für ihn ja zunächst fremd ist, alle Ängste artikuliert, die er den Eltern gegenüber nie aussprechen würde. Das Kind wagt oft einfach nicht, die Frage »Mama, kannst du an deiner Krankheit sterben?« offen zu stellen – aus Angst, das Unaussprechliche auszusprechen. Oder wenn es das einmal getan und das schockierte Aufflackern in den Augen der Mutter gesehen hat, macht es das nie wieder.

Gibt es einen Fall aus der Beratung, der Ihnen besonders in Erinnerung geblieben ist?

Was mich sehr berührt hat, ist die Geschichte eines tapferen fünfjährigen Mädchens, deren Mutter alleinerziehend war und an Leukämie litt. Nach einer Knochenmarkstransplantation kam es wiederholt zu lebensbedrohlichen Komplikationen, und ihre Tochter hat sie unglaublich tapfer begleitet. Die Schwester der Mutter versorgte das Kind, wenn es der Mutter schlecht ging. Doch dann passierte etwas Eindrucksvolles: In Situationen, wenn die Tante die Wohnung verließ und das Kind mit seiner kranken Mutter allein war, bekam es Wutanfälle und fing an, mit den Fäusten auf die Mutter einzuprügeln. Die Mutter war zu schwach, um sich zu wehren, und lag manchmal hilflos auf dem Boden unter ihrem Kind. Dem tat das hinterher immer furchtbar leid.

Es war sehr hilfreich, das Problem in der Beratungsstunde mit Spielfiguren nachzuspielen. Es zeigte sich: Das Mädchen hatte Angst um die Mutter wegen der ständig wiederkehrenden bedrohlichen Zustände. Seine Wut richtete sich nicht gegen die Person der Mutter, sondern gegen die Krankheit. Die war aber nicht greifbar. Zudem steckte die Krankheit in der Mutter. Also ließ das Mädchen seine Wut an der Mutter aus. Und zwar nur dann, wenn die Tante nicht als Rettungsanker anwesend war.

Es ist uns gelungen, diesen Mechanismus so in Worte zu fassen, dass alle verstehen konnten, was da passierte. Das Problem zu externalisieren, hat allen Betroffenen geholfen. Es waren gar nicht viele Sitzungen nötig, um dem Kind zu verstehen zu geben: Man darf auf die blöde Krankheit scheißwütend sein! Die schuldhafte Verarbeitung nach dem Motto »Ich bin ein böses Mädchen, weil ich meine Mama verhaue« hilft gar nichts.

Das klingt ermutigend für die betroffenen Familien. In der Pressemeldung zu Ihrer Studie von 2014 zu Kindern krebskranker Eltern heißt es ähnlich optimistisch: »Gut funktionierende Familienbande können Kinder von Krebspatienten vor emotionalen Problemen und Verhaltensauffälligkeiten schützen.« Können Sie den Eltern Hoffnung machen und sagen: Die betrof-

fenen Kinder müssen nicht zwangsweise »verkorkst« werden? Sie brauchen nur die richtige Hilfestellung?

Ja. Aber was bedeutet Hilfe? Es muss noch nicht einmal immer professionelle Hilfe sein. Ein Teil unserer Aufgabe in der Beratungsstelle ist es, den Eltern das Vertrauen zurückzugeben, dass sie ihren Kindern helfen können. Wenn in einer Familie die Großeltern im hohen Alter sterben, haben die Eltern im Normalfall ja auch das intuitive Einfühlungsvermögen, um ihre Kinder angemessen in dieser Erfahrung zu unterstützen. Sobald sie selbst betroffen sind und die Angst »Was passiert mit meinem Kind, wenn ich sterbe?« im Vordergrund steht, werden diese intuitiven Fähigkeiten erschüttert. Dann müssen die Eltern ihre Kompetenzen wieder entdecken und die Erfahrung machen: Ich bin durchaus in der Lage, mein Kind in dieser Situation zu begleiten.

Eine andere wichtige Frage ist: Wie gehen die Eltern selbst mit der Situation um? Finden sie einen Umgang damit, ohne psychisch zusammenzubrechen? Manchen gelingt es trotz Krankheit, sich an den schönen Dingen zu erfreuen, andere klammern sich an die Hoffnung und blenden die Möglichkeit zu sterben aus, wieder andere hängen nächtelang im Internet und googeln Krankheitsdetails, um ihre Angst besser bewältigen zu können. Es gibt ein breites Spektrum sogenannter Coping-Strategien. Und wenn nun Kinder mit einer traurigen Botschaft konfrontiert werden, fahren sie ihre Antennen aus und erfühlen, wie ihre Eltern damit umgehen. Diese Strategie erleben sie dann als Modell, an dem sie sich orientieren können. Und genau diesen Mechanismus greifen wir in der professionellen Beratung auf, indem wir ergründen: Was hilft dem Patienten? Wo tankt er Kraft? Hilft es ihm, seinen Partner an der Seite zu haben, an seinem Glauben festzuhalten oder mit Freunden zu reden? Wenn sich das herauskristallisiert, kann er seinem Kind das vermitteln. Und das ist eine gute

Voraussetzung dafür, dass bei den Kindern kein »Knacks« zurückbleibt. Kinder entfalten Kräfte, die uns anrühren!

Sie setzen sich seit 1999 mit dem Thema auseinander. Haben Sie auch Beobachtungen zu den langfristigen Auswirkungen einer Kindheit mit einem körperlich kranken Elternteil gemacht? Wie geht es den Betroffenen als Erwachsene?
Aus der Beratung weiß ich, dass ehemals betroffene Erwachsene oft sagen: »Was Sie hier anbieten, hätte ich früher gut brauchen können! Ich war mit dieser schweren Erfahrung verdammt alleine!« Erwachsene, denen es gut geht, geben als Grund dafür an, dass sie in ihrer Kindheit, egal wie schlimm sie war, einen Fels in der Brandung hatten. Jemanden jenseits des kranken Elternteils, der ihnen Halt gab. Das ist der wichtigste Faktor. Fehlt dieser Fels in der Brandung, entstehen Ohnmachtsgefühle gegenüber Belastungssituationen. Das ist der Kern dessen, was wir Trauma nennen. Das Grundvertrauen in die Überwindbarkeit von Problemen bricht weg. Das kann Angststörungen, Sucht oder Depressionen zur Folge haben. Solche Menschen fragen sich ständig: Kann mir wieder etwas passieren, das ich nicht bewältigen kann?

Was wir noch über die langfristigen Auswirkungen wissen, ist, dass Menschen, die als Kinder kranker Eltern aufgewachsen sind, als Erwachsene überproportional häufig in helfende Berufe gehen, in denen sie ihre früh erworbene soziale Verantwortlichkeit als Ärzte, Therapeuten, Erzieher oder Pflegekräfte einbringen.

Welche Forschungsansätze zum Thema Eltern kranker Kinder sehen Sie für die Zukunft?
Der Zusammenhang zwischen der Erkrankung der Eltern und den Auswirkungen auf die Kinder ist gut nachgewiesen, und in den letzten 15 Jahren sind Beratungsangebote wie Pilze aus

dem Boden geschossen. Das ist auch sehr lobenswert. Doch es läuft noch viel über therapeutische Intuition und über Therapeuten, die ihre Erfahrung an andere Therapeuten weitergeben. Nun müssen diese Beratungsangebote wissenschaftlich überprüft werden: Was hilft wirklich? Da stehen wir noch am Anfang, bisher haben wir vorwiegend klinische Erfahrungen. Wir brauchen definierte Qualitätsstandards und nachvollziehbare Vorgehensweisen sowie Belege für deren Erfolg. Im Rahmen unseres Beratungskonzepts COSIP haben wir ein entsprechendes Handbuch vorgelegt, das als Beispiel dienen kann.

Auch zu den langfristigen Auswirkungen müssten wir mehr forschen: Wie geht es einem 30-Jährigen, der im Alter von acht Jahren seine Mutter verloren hat? Biografische Interviews wären dazu die passende Methode. Und auch in der Resilienzforschung gibt es noch viel zu tun: Was hat Kindern unter den ungünstigsten Umständen geholfen? Warum schaffen es manche Kinder, psychisch gesund erwachsen zu werden, obwohl sie keinen Fels in der Brandung hatten, und andere nicht? Es gibt sicher so etwas wie ein genetisch bedingt besonders robustes Nervenkostüm, aber es gibt sicher auch andere Faktoren, von deren Verständnis wir für die Weiterentwicklung unserer Beratungskonzepte noch viel lernen können.

Ein weiteres Problem, mit dem wir uns auseinandersetzen müssen, ist, dass unsere Beratung vor allem die besonders reflektierten Eltern der akademischen Mittelschicht erreicht. Nur in gebildeten Schichten entsteht bislang eine Bereitschaft, vorausschauend psychologische Hilfe in Anspruch zu nehmen, wenn ein Kind noch keine Symptome zeigt. In bildungsferneren Schichten muss meist schon ein gravierendes Problem greifbar sein, bevor professionelle Hilfe in Anspruch genommen wird. Das Problem haben aber nicht nur wir, das ist mit Präventionsangeboten beim Zahnarzt genauso.

Wichtig wäre, die Mitarbeiter in Schulen und Kitas für

das Problem zu sensibilisieren, sodass Eltern angesprochen und auf Hilfsangebote aufmerksam gemacht werden können. Jugendliche ab zwölf Jahren aufwärts müssen wir zielgruppenorientiert im Internet direkt erreichen – das ist definitiv ausbaufähig. Und erwachsene Betroffene müssen wir als Multiplikatoren einsetzen, um Schamgefühle abzubauen. Es ist ja nicht so, dass Krankheit in unserer Gesellschaft per se tabuisiert ist. In der Generation der Großeltern ist es sozial sehr akzeptiert, freimütig über seine Krankheiten zu sprechen. Doch wenn ein 45-jähriger Vater mit kleinen Kindern Leukämie hat und seinen Freunden davon erzählt, muss er darauf vorbereitet sein, diese trösten zu müssen, weil sie so schockiert sind. Und genau das ist den Betroffenen zu viel. Genau darum behalten sie es lieber für sich. Wir brauchen hier eine gesellschaftliche Sensibilisierung für dieses Thema.

Und was schlagen Sie dem Gesetzgeber vor, um die Situation von Kindern kranker Eltern zu verbessern?
Da sind wir auf einem guten Weg. Es gibt ein Modellprojekt der Kassenärztlichen Vereinigung und der AOK in Bayern, das jetzt in Westfalen-Lippe in ähnlicher Form wiederholt wird: Wenn ein Elternteil eines minderjährigen Kindes schwer erkrankt, bezahlt die Krankenkasse sechs bis acht Gesprächstermine bei einem Kinder- und Jugendtherapeuten. Das ist vom Aufwand her vergleichbar mit den probatorischen Sitzungen im Vorfeld einer kassenfinanzierten Psychotherapie. Nur mit dem Unterschied, dass bei dieser Beratungsleistung für Kinder kranker Eltern für das Kind keine psychiatrische Diagnose dokumentiert werden muss, damit die Gesprächstermine von der Krankenkasse bezahlt werden. Ideal wäre, wenn wir so etwas flächendeckend hinbekämen. Mit diesen sechs bis acht Terminen wären frühzeitige Verarbeitungshilfen möglich, mit sehr guten Chancen, Langzeitfolgen zu vermeiden.

»Das Verhältnis zwischen meiner Mutter und mir ist wie das zwischen Patient und Pfleger«

Nicole (19), Tochter einer Multiple-Sklerose-Patientin

Vor neun Jahren wurde bei Nicole (19) Multiple Sklerose diagnostiziert. Ihr merkt man die Krankheit aber noch nicht an. Im Gegensatz zu ihrer Mutter, die an einer sehr aggressiven Form der MS leidet und einen Rollstuhl benötigt. Nicole pflegt ihre Mutter, erzieht ihren jüngeren Bruder, entlastet ihren Vater und engagiert sich nebenbei in den Social Media und persönlich für die Aufklärung von frisch diagnostizieren Jugendlichen mit MS. Sie ist eine hübsche, zurechtgemachte junge Frau, die als Hobbys »Weggehen, Party machen und im Internet surfen« angibt.

Als es meiner Mutter vor einem Jahr sehr schlecht ging, habe ich gedacht, ich versuche mal, ein Zeichen zu setzen. Vielleicht kann ich ja wirklich etwas erreichen, nicht nur für meine Mutter, sondern für alle Menschen, die Multiple Sklerose haben! Es war der Welt-MS-Tag, das Motto lautete »Mein Leben mit MS wäre leichter, wenn …«. Jeder Betroffene sollte diesen Satz für sich vervollständigen. Ich formulierte: »Mein Leben mit MS wäre leichter, wenn ich wüsste, dass alle den Mut hätten, dagegen anzukämpfen« und ließ meinen Spruch auf ein T-Shirt drucken, machte ein Foto und postete es bei Facebook. Die Reaktionen waren überwältigend! Es gab so viel positives Feedback, viele Likes. Ich saß mit meinen Eltern zu Hause und das Handy hörte nicht mehr auf zu klingeln. Wir hatten alle Tränen in den Augen. 40 Jahre ältere Menschen sagten zu mir: »Hut ab! Ich wäre gern so mutig wie du!« Die Deutsche Multiple Sklerose Gesellschaft wurde auf mich aufmerksam und wählte mich als Botschafterin. Viele Medien bekamen den Trubel mit und wollten Interviews mit mir.

Ich war in den Nachrichten und hatte mehrere TV-Auftritte. Leute sprachen mich auf der Straße an und sagten: »Ich habe dich in der Zeitung gesehen! Toll, was du machst!« Und jetzt mache ich sogar bei diesem Buchprojekt mit. Ich habe eine Website, eine Jugendsendung, die einmal im Quartal läuft, und einen Youtube-Kanal mit Tipps für Kinder mit Multipler Sklerose gestartet. Das T-Shirt habe ich übrigens immer noch. Ich trage es gern als Schlafanzug. Es hat mir so viel gebracht.

Wenn ich ein Jahr zurückdenke, hätte ich nie gedacht, dass ich so weit kommen würde. Es ist viel passiert. Die Aktion war auch mein großes Outing in meinem Freundeskreis. Viele kannten meine Geschichte vorher nicht. Meine Mutter ist, seit ich auf der Welt bin, krank. Mit 21 Jahren bekam sie Multiple Sklerose, mit 24 Jahren bekam sie mich. Heute ist sie 43. Ich erinnere mich, dass es ihr anfangs noch relativ gut ging. Sie konnte noch in ihrem Beruf als Steuerfachgehilfin arbeiten und nahm mich in den Ferien mit ins Büro. Sie fuhr mich zum Handball und zu Freunden. Aber sie hat eine sehr aggressive Form von MS. Die Schübe kommen schnell hintereinander und die Schäden, die zurückbleiben, sind groß. Gleich bei einem der ersten Schübe erblindete meine Mutter zum ersten Mal. Später ein zweites Mal, und sie war auch zweimal querschnittsgelähmt. Das passiert, weil die Krankheit die Nerven im Gehirn angreift. Cortison hilft dagegen, es kann die Knoten wieder lösen. Aber es bleibt jedes Mal etwas zurück, und tendenziell wird es immer schlimmer.

Wir mussten uns also überlegen, was wir machen. Wir bauten ein Haus im Garten meiner Großeltern. Mein Papa, meine Mutter, mein Bruder und ich zogen dort ein. Früher hat mein Papa alles gemacht, hat meine Mutter zum Beispiel jahrelang gespritzt, weil sie das nicht selbst konnte. Irgendwann habe ich gesehen, wie viel er leistet und dass er nicht mehr konnte. Er hat ja den ganzen Tag gearbeitet, dann kam er nach Hause und kochte für uns. Und da hab ich ihn zur Seite geschubst und gesagt: »Ich mach das!« Jeder Mensch hat seine Grenzen. Mein Papa kann meiner Mutter nicht den Arsch abwischen. Da kippt der mir weg! Also mache ich das.

Als ich merkte, dass sich meine Mutter immer mehr zurückzog, je kränker sie wurde, fing ich an, mich um meinen Bruder zu kümmern. Wir haben im vergangenen Jahr eine extrem enge Bindung zueinander aufgebaut. Er war immer ein Mamakind, sie fehlt ihm sehr. Das ist echt traurig. Mein Bruder kam früh in die Pubertät und blieb lange darin stecken. Er hat mich oft gefragt: »Warum kannst du Sachen, die Mama nicht kann, obwohl ihr beide dieselbe Krankheit habt?« Ich habe alles für ihn gemacht und mache es bis heute – das ist für mich normal geworden. Nur als ich ihn zum Thema Sex aufklären musste, war mir das unangenehm. Ich möchte, dass er mit mir ein Mutter-Sohn-Verhältnis erleben kann, weil ich das nicht erleben durfte. Ich bin streng zu ihm. Meine Eltern sagen zwar immer »Er ist doch der Kleine.« Aber ich weiß, irgendwann werde ich ausziehen, und dann muss er stark sein. Ich gehe zu seinen Elternsprechtagen, organisiere Schulfeiern und fahre zur Konfirmandenfreizeit mit. Mein Vater fängt schließlich um halb sechs an zu arbeiten und ist erst um vier wieder zu Hause. Ich kann verstehen, dass er dann keinen Bock mehr auf einen Elternabend hat. Er will ja auch Zeit mit meiner Mutter verbringen, weil sie sich sonst beschwert. Ich zieh echt den Hut vor meinem Papa: Wie viele Männer hätten sich umgedreht und wären gegangen – angesichts einer kranken Frau und eines kranken Kindes?

Entspannen kann ich mich nur, wenn ich mich abends mit einer Tüte Chips ins Bett lege und Fernsehen gucke. Meine beiden Chihuahuas helfen mir beim Runterkommen. Sie kuscheln sich an mich oder legen sich auf mein Gesicht und wollen gekrault werden.

Heute ist das Verhältnis zwischen mir und meiner Mutter eher wie das zwischen Patient und Pfleger statt Mutter und Tochter. Es ist irgendwie auch unterkühlt. Sie sitzt im Rollstuhl und kann nicht mehr gehen. Ihre Beinmuskeln sind komplett unbrauchbar. Sie muss viel mit dem Oberkörper arbeiten, zum Beispiel, um sich die Hose runterzuziehen. Anfang des Jahres war sie in der Klinik, aber wir hatten den Eindruck, dass es ihr dort überhaupt nicht gut ging. Sie hat psychisch am Rad gedreht, nur noch rumgenörgelt und konnte plötzlich gar nichts mehr alleine machen. Sie hat zwölf Kilo zugenommen. Na, mein Rücken hat sich vielleicht bedankt! Ich muss sie ja in den Rollstuhl setzen. Außer wenn der Pflegedienst kommt.

Wir haben sie also aus der Klinik zurück nach Hause geholt. Ich wollte sie in eine Spezialklinik bringen, in der ich auch schon war. Für mich war es dort nichts, weil ich zur Ruhe kommen und nicht noch mehr Scheiß über meine Krankheit erfahren wollte. Aber für schwere Fälle wie für meine Mutter wäre es genau das Richtige. Nur wollte sie nicht hin. Ich rede dann mit ihr, als wäre sie mein Kind. Manchmal mach ich sie richtig zur Sau: »Ich mach dir jetzt einen Termin in der Spezialklinik! Da diskutiere ich überhaupt nicht mehr!« Ich habe ohnehin die Vollmacht, für Mama alles zu unterschreiben, weil sie es nicht mehr kann. Eine Woche später konnte sie in die Spezialklinik und danach ging alles wieder besser. Manchmal sollte man eben doch auf seine Kinder hören.

Ich kann meine Mutter ja verstehen. Sie würde gern genauso viel können wie ich. Aber sie ist eben nicht mehr so stark und sie lässt sich auch hängen. Es tut mir in der Seele weh zu sehen, wie sie ewig braucht, um mit einer kleinen Gabel ein Stück Kuchen zu teilen. Sie ist eifersüchtig auf Papa und mich, denn wir sind wie Arsch auf Eimer, zwischen uns kommt nichts. Ich rede mit ihm über alles. Wir sitzen abends zusammen und überlegen, was wir machen können.

Ich wohne offiziell noch zu Hause, bin aber die meiste Zeit bei meinem Freund. So versuche ich, Abstand zu gewinnen. Aber so richtig funktioniert es nicht. Vor einigen Monaten ist meine Oma gestorben. Ich bin zu meinem Freund gefahren und wollte das in Ruhe verarbeiten. Aber dann habe ich es doch nicht ausgehalten, dass ich mir da einen schönen Tag machte, obwohl es zu Hause so viel zu tun gab. Mein Freund regt sich oft über meine Familie auf. Er findet es nicht gut, dass ich so viel mache. Aber meine Mama ist nun mal mein Sorgenkind. Außerdem hat er seine eigenen Baustellen, auch wenn er das nicht zugeben will. Er hilft seinem Opa ständig. Dann sitze ich samstags von 8 bis 18 Uhr alleine rum.

Seit dem Tod meiner Oma pflege ich zusätzlich meinen Opa, weil die erste Haushaltshilfe permanent krank war oder eine Fresse gezogen hat. Mein Opa hat offene Beine. Aber viel schlimmer ist, dass meine Oma eine Vollbluthausfrau war, die wirklich alles gemacht hat. Niemand durfte auch nur einen Teller abwaschen. Mein Opa ist es also überhaupt nicht gewöhnt, etwas selbst zu machen. Er erwartet alles von mir. Zum Glück bekommen wir jetzt eine neue Haushaltshilfe, die ich gerade einarbeite. Ich hatte im Gemeindeblättchen eine Annonce geschaltet, in der ich geschrieben habe, dass ich gern jemanden aus der Region hätte. Eigentlich muss ich froh sein, dass ich in dieser Zeit keinen Job hatte, das hätte ich gar nicht geschafft. Aber ich würde so gern wieder arbeiten! Leider ist meine schulische und berufliche Laufbahn bisher ein ziemlicher Hindernislauf gewesen. Ich bin ein Mobbingkind. Ich wurde in der Schule geschlagen. Da habe ich gelernt, meine Klappe aufzureißen und mich zu wehren. Viele denken »Püppchen«, wenn sie mich sehen. Aber ich kann auch anders!

Der Grund dafür, dass die anderen Kinder mich nicht mochten, war meine Krankheit. Als ich während meines ersten und einzigen Schubes länger nicht in die Schule gehen konnte, haben die Kinder zu mir gesagt: »Du schwänzt!« Dabei hatten meine Eltern den Lehrern alles erklärt. Das Mobbing wurde so schlimm, dass ich versucht habe, mich umzubringen. Meine Eltern haben mich dann von der Schule genommen. Sie kauften mir zum Trost einen Hund. Dann kam ich auf eine andere Schule und hatte mich gerade gut eingelebt und erste Freundschaften geschlossen, als die Lehrer zu meinen Eltern meinten, ich sei wegen meiner Krankheit nicht tragbar für die Schule. Dabei hatte ich zu dem Zeitpunkt gar keine Einschränkungen mehr. Das hat mich total zurückgeworfen. Es war schwer, mitten im Schuljahr eine neue Schule zu finden. Unsere örtliche Hauptschule war dann meine Rettung. Die Schulleiterin hat zu meinen Eltern gesagt: Bringen Sie Ihre Tochter am Montag vorbei und bringen Sie gleich Schulsachen mit! 2012 habe ich dann dort meinen Abschluss gemacht und bin auf die Berufsfachschule gewechselt. Ich wollte den zweijährigen Wirtschaftszweig machen, doch schon nach einem Jahr bekam ich einen Ausbildungsplatz. Zwei Monate vor der Abschlussprüfung schmissen sie mich raus, weil ich mehrere Monate am Stück wegen einer Medikamentenumstellung krankgeschrieben war. Meine Ausbilderin tauchte bei uns zu Hause auf und fragte meine Eltern: »Hat die wirklich MS oder schauspielert sie?« Da bin ich seelenruhig zum Kühlschrank gegangen, habe mir ein Bier herausgenommen und zu ihr gesagt: »Verlassen Sie mein Haus!« Ich habe doch einen Schwerbehindertenausweis. Die Krankheit ist per MRT und Gehirnwasseruntersuchung nachgewiesen.

Ich bin aber seit neun Jahren schubfrei – und das trotz des ganzen Stresses. Darauf bin ich stolz wie Oskar. Ich glaube fest daran, dass ich die Krankheit mit meinem starken Willen wegdrücken kann. Das ist wie beim Boxkampf. So lange meine Deckung oben ist, kann sie mich nicht erwischen. Ich habe keine Ahnung, woher meine Kraft kommt. Ich glaube, mein kleiner Bruder ist der Grund. Für ihn würde ich über Leichen gehen.

Ich setze mich viel mit Jugendlichen auseinander, die gerade die Diagnose MS erhalten haben. Wenn sie mir schreiben und im Umkreis von 50 Kilometern wohnen, besuche ich sie. Und ich lade sie zu mir ein, damit sie die 1000 Gesichter der Krankheit kennenlernen können. Ich will weder falsche Hoffnungen wecken, noch alles schwarz malen. Meine Mutter und ich haben beide MS und uns kann keiner vergleichen.

Es macht mir auch nichts aus, mit anderen darüber zu reden. Im Gegenteil, ich bin fasziniert, was für Fragen mir gestellt werden, weil es für mich doch alles so normal ist. Ich habe nur ein Problem damit, wenn mich jemand so therapeutenmäßig durchbohren will. Das hat noch keiner geschafft! Ich weiß, irgendwann wird ganz viel aus mir rausbrechen, aber jetzt möchte ich das noch nicht.

Im Moment bewerbe ich mich um einen neuen Ausbildungsplatz. Aber ich bekomme viele Absagen. Alle sehen nur die Schwerbehinderung und sortieren mich gleich aus. Der Gutachter der Agentur für Arbeit hat mich als arbeitsunfähig eingeschätzt, ohne mich persönlich zu kennen. Letzte Woche habe ich bei meinem Berater angefangen zu heulen, als er sagte, er könne mir nur eine Behindertenwerkstatt anbieten. Ich hab gesagt: Ich bin voll arbeitsfähig! Ich bin schon mit 16 Jahren zehn Stunden am Tag zur Ausbildung gegangen. Jetzt kämpfe ich dafür, dass ich ein neues Gutachten bekomme. Ich würde so gern arbeiten. Ich möchte wieder einen geregelten Alltag haben. Ich möchte mein eigenes Geld verdienen. Als Beruf habe ich mir Kauffrau für Büromanagement ausgesucht. Das ist eine Absicherung für später, denn diesen Beruf kann ich auch im Rollstuhl noch machen. Außerdem liebe ich es zu managen und zu planen.

Wenn ich mein eigenes Geld hätte, würde ich wohl nicht sofort von zu Hause ausziehen. Erst mal bin ich eh die meiste Zeit bei meinem Freund in seiner Wohnung und beteilige mich an seiner Miete. Den Rest würde ich lieber sparen für später, damit ich gut was auf der hohen Kante habe. Außerdem würde es mir aber auch schwerfallen, zu Hause auszuziehen, solange mein Bruder noch dort wohnt. Ich würde es nicht machen, bevor er nicht seine Pubertät hinter sich hat. Dann würde ich schauen, wie die Situation ist.

Irgendwann möchte ich auch eine Familie gründen. So klassisch mit zwei Kindern und einem Haus. Mit meinem Freund habe ich lange darüber gesprochen. Ich bin vom Charakter her stärker als er. Er darf ruhig das Gefühl haben, die Hosen anzuhaben. Aber bei Sachen, die mir wichtig sind, setze ich mich durch. Ich möchte sehr gern mit ihm zusammenbleiben. Er ist mein erster Freund und ein paar Jahre älter als ich, 24, das ist entscheidend für mich. Männer in meinem Alter benehmen sich wie 16. Da merkt man definitiv einen Unterschied. Mein Freund steht mitten im Leben. Ich will wirklich nicht noch ein Kind an meiner Seite haben, um das ich mich kümmern muss. Und ich will nicht solche teenagermäßigen On-Off-Beziehungen wie meine Freundinnen. Mein Freundeskreis hat sich in letzter Zeit sehr verändert. Vorher war ich immer diejenige gewesen, die für alle da war. Aber jetzt verbringe ich meine Zeit eben mit meinem Freund. Meine Freunde haben dafür kein Verständnis. Aber da habe ich gesagt: »Jetzt bin ich mal dran!«

Das wäre auch mein Tipp an andere Jugendliche, die kranke Eltern haben: Sucht euch einen Rückzugsort, einen Ausgleich. Das kann Sport sein oder eben eine Partnerschaft. Opfert euch nicht komplett auf! Und wenn ihr überfordert seid, gesteht euch das ehrlich ein! Man kann nicht über die eigene Grenze gehen. Ich selbst bin noch nicht an meine gekommen. Ich dachte zum Beispiel immer, ich könnte meine Mama nicht waschen. Aber ich habe mich getäuscht. Als es nicht anders ging, konnte ich es. Man funktioniert in dem Moment. Man weiß: Es gibt keinen anderen Weg, du musst das jetzt machen. Ich wünsche mir trotzdem kein anderes Leben. Das, was ich erlebt habe, macht mich zu dem, was ich bin. Wenn ich es nicht erlebt hätte, wäre ich nicht ich. Ich wünsche mir etwas anderes: weniger Diskriminierung für Menschen mit einer Krankheit oder Beeinträchtigung. Ich wünsche mir mehr Rücksicht auf die familiären Hintergründe von Kindern. Da müsste das Jugendamt schneller reagieren. Es müsste geschaut werden, ob die Kinder in einer Familie mit einem kranken Elternteil überhaupt richtig versorgt werden können und ob sie nicht zu sehr darunter leiden. Ich bräuchte auch mal wieder mehr Ruhe. Ich wünsche mir, dass Opas Haushaltshilfe bald alleine klarkommt. Dass meine Mama in die Klinik geht und Kraft schöpft und ich hier meinen Frieden habe, um alles schaffen zu können, was ich schaffen muss. Ich wünsche mir, dass mein Bruder sich schnell auf der weiterführenden Schule einlebt. Und dass das grobe Ganze wieder rundläuft.

»Pflegende Kinder gibt es seit dem 18. Jahrhundert«

Gespräch mit Anneliese Gottwald, Initiatorin des Projekts superhands der Johanniter Österreich

Das Projekt superhands (superhands.at) wurde im Herbst 2012 gegründet und verfolgt drei große Ziele: Erstens, die Öffentlichkeit auf die Belastung von pflegenden Teenagern aufmerksam zu machen. Zweitens, die pflegenden Teenager durch Beratung in ihrem Pflegealltag zu entlasten. Und drittens, Hilfe von au-

ßen in die Familien zu holen und so den Kindern ihr Recht auf eine Kindheit ohne Pflegeverantwortung zu ermöglichen.

Frau Gottwald, wie kamen Sie auf die Idee zu dem Projekt superhands?
In meinem Arbeitsalltag als diplomierte Gesundheits- und Krankenschwester im Pflegedienst der Johanniter sind mir immer wieder Kinder und Jugendliche aus Familien mit einem Elternteil begegnet, die in der Pflege zu Hause mithalfen und große Verantwortung übernahmen. Ich habe mich immer gefragt: Was geht in diesen Kindern vor? Wer begleitet und entlastet diese Kinder, nicht nur ein paar Wochen lang, wenn der ambulante Pflegedienst vor Ort ist, sondern darüber hinaus?

An die betroffenen Kinder heranzukommen ist schwierig, das geht eigentlich nur, wenn bei einem kranken Elternteil ein sogenanntes Familienassessment, also die ausführliche professionelle Erfassung und Auswertung der Familiensituation, durchgeführt wird. Es ist eine große Aufgabe und wir stehen noch ganz am Anfang.

Immerhin scheint das Thema pflegende Kinder und Jugendliche in Österreich in der Politik angekommen zu sein – das Bundesministerium für Arbeit, Soziales und Konsumentenschutz hat 2012 eine Studie beauftragt, nach der es 42 700 Betroffene im Land gibt. Macht das die Arbeit für Sie leichter?
Wir bekommen jedes Jahr eine kleine Förderung vom Bundesministerium für Arbeit, Soziales und Konsumentenschutz, die wir jährlich neu beantragen müssen. Damit solche Formen der Unterstützung langfristig erhalten bleiben, ist es wichtig, das Thema der pflegenden Teenager weiterzuverfolgen und im gesellschaftlichen Bewusstsein zu verankern.

Am Beispiel Deutschland haben wir gesehen, wie das läuft: Vor rund zehn Jahren, als die ersten Forschungsarbeiten zum

Thema erschienen sind, war die Aufmerksamkeit groß, Projekte wurden gestartet. Doch dann liefen die Förderungen aus und die Weiterbetreibung der Projekte wurde schwierig. Es gibt immer nur eine Anschubfinanzierung. Auch ich stecke ehrenamtliche Stunden in das Projekt, um es am Leben zu erhalten, weil es mir wichtig ist.

Derzeit läuft am Institut für Pflegewissenschaft der Universität Wien die dritte Studie zum Thema Kinder und Jugendliche als pflegende Angehörige *Entwicklung und Pilot-Testung eines Unterstützungsangebots für Familien mit pflegenden Kindern* unter der Leitung von Dr. Martin Nagl-Cupal. Darin geht es darum, die Gesundheit und das Wohlergehen pflegender Kinder und Jugendlicher zu verbessern und eine alters- und entwicklungsbedingt unangemessene Pflegerolle von Young Carers zu vermeiden. Wir erhoffen uns dadurch neue Impulse auch für superhands.

Zudem bemühen wir uns, das Thema im öffentlichen Bewusstsein zu halten: Wir präsentieren *superhands* in Schulen, in Krankenpflegeeinrichtungen bei sozialen Dienstleistern und in Jugendeinrichtungen in Form von Workshops. Jährlich am »Internationalen Tag der Pflege« am 12. Mai starten wir eine öffentliche Aktion. Im Jahr 2015 haben wir gemeinsam mit einer Wiener Schule einen Flashmob organisiert: 240 Schülerinnen und Schüler gingen in der Mittagspause auf die Straße, klatschten in die Hände, riefen »superhands!« und hängten Pflegehandschuhe an eine Wäscheleine. Das gab richtig gute Aufmerksamkeit!

Das beeindruckt in der Tat, Sie gehen das Thema mit den Flash mobs sehr zeitgemäß an, betreiben auch eine superhands Facebookseite. Die Gestaltung der Website superhands.at *ist jung und cool, die Sprache einfach und eingängig …*

Wenn man mit Kindern und Jugendlichen arbeitet, muss man

dahin gehen, wo sie sind – ins Internet, auf Facebook. Sie können nicht Fachchinesisch mit ihnen sprechen. Der Text muss flott und cool wirken, medizinische Diagnosen müssen einfach erklärt werden. Wir haben das gemeinsam mit einer Medienpädagogin formuliert, die Diagnosen heruntergebrochen. Natürlich hat es eine Ärztin auf inhaltliche Richtigkeit geprüft.

Um allerdings wirklich erfolgreich zu sein, müsste in den Social Media noch viel mehr passieren. Wir haben fast tausend Klicks im Monat auf *superhands.at.* Auf unserer Facebookseite ist rund um die Flashmobs einiges los, doch danach flaut es wieder ab. Man müsste jeden Tag etwas Peppiges posten, aber dazu haben wir nicht die Zeit. Doch dafür, dass wir das zu zweit machen, passiert wahnsinnig viel.

Was mir aufgefallen ist: Einerseits engagieren Sie sich dafür, dass Kinder nicht mehr als Pflegekräfte missbraucht werden, andererseits geben Sie auf Ihrer Website konkrete Pflegetipps nach dem Motto »So lege ich meiner Oma einen Kopfverband an«. Wie passt das zusammen?

Wir wissen spätestens seit der Studie der Universität Wien, dass es pflegende Kinder und Jugendliche gibt, die täglich Pflegetätigkeiten durchführen. Für diese Kinder ist superhands die erste Anlaufstelle, weil sie von uns dort abgeholt werden, wo sie sich gerade befinden – nämlich in einer konkreten Pflegesituation. Daher vermitteln wir ihnen, worauf sie jetzt besonders achten sollen, damit sie morgen nicht zu große Folgeschäden davontragen, wie zum Beispiel Erkrankungen der Wirbelsäule, die durch das intuitive Heben, Stützen oder Tragen entstehen können. Deshalb geben wir auf unserer Website diese Pflegetipps und Anleitungen – nicht, um die Kinder und Jugendlichen zu Pflegekräften auszubilden. Unser wichtigstes Ziel ist es, in Zukunft keine pflegenden Kinder und Jugendlichen mehr in Österreich zu haben.

Sie bieten drei Beratungsmöglichkeiten an: per Telefonhotline, per Internetforum und per Onlineberatung. Was wird am meisten genutzt?
Das Forum wird noch nicht aktiv genutzt. Telefonisch melden sich hauptsächlich Personen aus dem Umkreis der Betroffenen: Lehrer, das Pflegeentlassungsmanagement oder Sozialarbeiter. Die Onlineberatung funktioniert gut, es kommen immer wieder anonyme Anfragen, bei denen wir nicht wissen, ob das die Kinder oder die Eltern schreiben. Wir antworten so schnell, einfühlsam und umfangreich wie möglich.

Es sind meist sehr konkrete Fragen und Fallgeschichten, die wir jede ganz individuell bearbeiten müssen. Kürzlich schrieb eine erwachsene Frau, die sich Sorgen um das Kind aus erster Ehe ihres Mannes machte. Die Mutter des Mädchens war an Krebs erkrankt und das Kind zeigte bereits Anzeichen einer seelischen und emotionalen Belastung. Die Ratsuchende überlegte nun, das Kind zu sich zu nehmen. In so einem Fall versuchen wir herauszufinden, in welcher Region die Person wohnt, ohne ihre Anonymität aufzudecken, um konkrete Anbieter wie Hospize oder Palliativbetreuung vorschlagen zu können. Es geht darum, dass die Betroffenen erst mal an professionelle Hilfe andocken.

Wie kann man als Elternteil einschätzen, ob die zumutbare Belastungsgrenze für ein Kind überschritten ist und es Hilfe braucht?
Es gibt offizielle Definitionen für Young Carers, an denen wir uns orientieren. Ein Faktor ist, dass das Kind regelmäßig und über Jahre Pflegeverantwortung übernimmt, also nicht nur kurzzeitig aushilft. Die Eltern sollten sich bewusst sein, welche Verantwortung auf den Kindern lastet, wenn sie ein Familienmitglied pflegen – auch wenn es »nur« darum geht, einmal die Woche Mittagessen zu kochen oder in die Apotheke zu gehen, um Medikamente zu holen oder einfach nur zu Hause zu

sein, damit jemand da ist. Solche Aufgaben daheim zu übernehmen, kann sich für ein Kind gut anfühlen, weil es spürt, es wird gebraucht und es ist wichtig für die Familie. Gleichzeitig kann es aber ein Kind auch seelisch belasten, Ängste und Sorgen auslösen oder dazu führen, dass sich Stresssymptome entwickeln. Unser Tipp für die Erwachsenen lautet: Sprechen Sie mit Ihrem Kind und achten Sie darauf, dass es trotz der Pflege und Betreuung zu Hause auch seinen eigenen Freiraum hat, eine Zeit, in der es seine Verantwortung für andere ablegen kann, in der es Kind sein, Verschiedenes ausprobieren und auch Fehler machen darf. Und sprechen Sie mit anderen Erwachsenen darüber, vielleicht ergeben sich durch Gespräche neue Möglichkeiten und Erkenntnisse, wie Sie sich Unterstützung holen können. Sprechen Sie auch mit Pflegeorganisationen und achten Sie darauf, dass es professionelle Unterstützung in der Pflege und Betreuung zu Hause gibt.

Hat sich die Situation für die betroffenen Kinder und Jugendlichen geändert, seit Sie superhands anbieten?
Oh ja, es hat sich einiges bewegt, es gibt mehr Sensibilität in der Öffentlichkeit. Auch in den Beratungskonzepten der Sozialarbeiterinnen, der Pflegedienste und der Palliativdienste merke ich, dass zunehmend an Kinder und Jugendliche als pflegende Angehörige gedacht wird.

Lange Zeit war das ein Tabuthema – oder eher noch ein Thema, über das es sich nicht zu sprechen lohnte, weil es als »normal« galt, dass Jugendliche sich um ihre Eltern kümmern, wenn sie krank sind. Ich habe, gerade in ländlichen Regionen, oft gehört, dass der Mann im Haus sagte: »Das muss die Tochter machen. Sie kann jetzt keine Ausbildung machen, sie muss für ihre Mutter da sein.« Dieses Denken gibt es auch heute noch. Manche nennen als Grund dafür ihren christlichen Glauben, also die Nächstenliebe. Aber diese Nächstenliebe darf nicht zu Lasten eines Teenagers gehen. Es muss auch hier Grenzen geben. Heute gibt es Minderjährige, die sagen: »Ich mach das nicht mehr!« Dieses Aufbegehren wühlt die Familien auf und führt zu Konflikten, die aber notwendig sind. Nur so kann ein Umdenken in der Gesellschaft stattfinden.

Ist das jetzt normal? – Kinder psychisch kranker Eltern

Julia (33), deren Mutter an einer Persönlichkeitsstörung leidet, hat sich als Zehnjährige immer im Badezimmer eingeschlossen, wenn ein Freund des Vaters zu Besuch kam, erzählt sie auf *Welt Online*: »Meine Mutter hat mich wieder und wieder gewarnt, dass Männer nur sexuelle Übergriffe im Kopf hätten. Sogar meinen Vater hat sie verdächtigt, mich belästigen oder gar vergewaltigen zu wollen.« Dass diese Gefahr nur im Kopf der Mutter bestand, realisierte Julia erst viel später. Als Kind jedoch suchte sie die Schuld bei sich, wenn ihre Mutter wieder einmal drohte, sie werde in der Gosse landen, oder sie davon abhielt, das Haus zu verlassen.

Selina (22) wuchs mit einem Vater mit einer Bipolaren Störung auf. Himmelhochjauchzend, zu Tode betrübt – dieser Volksmund beschreibt die abwechselnden Stimmungsphasen des Erkrankten sehr gut. Selinas Vater fühlte sich in der manischen Phase super, begann jede Menge neuer Projekte am Haus, am Auto, im Garten. Er kam zum Beispiel auf die Idee, sämtliche Haushaltswaren und Kleidungsstücke in den Schränken, Schubladen und Kommoden der Familie umzusortieren. Anstrengend war nur, dass er mittendrin alles liegen ließ, weil ihn eine andere Idee noch viel mehr begeisterte. Und dass die Begeisterung leicht in Aggressivität umschlug, wenn etwas nicht so klappte, wie er es sich vorgestellt hatte. Selina beichtete mir, dass sich die ganze Familie immer heimlich gewünscht habe, die manische Phase würde schnell vorbeigehen und von der depressiven Phase abgelöst werden. Denn dann lag der Vater still auf dem Sofa. Das schlechte Gewissen trug sie mit sich herum, weil es ihm dabei schlecht ging.

Franzi (19) musste ihre Kleidung im Gefrierschrank aufbewahren, weil die Mutter eine krankhafte Angst vor Läusen entwickelt hatte. Auf *Deutschlandradio Kultur* beschreibt sie, wie die Wohnung exzessiv mit einem Dampfstaubsauger gereinigt wurde und die Mutter ihr die Haare bis drei Uhr nachts auskämmte. »Ich hätte gern ein leichteres Leben gehabt mit vierzehn und hätte das alles lieber mehr genossen«, sagt Franzi in der Sendung *Zeitfragen*. »Ich bin ziemlich schnell erwachsen geworden, was insofern seine Vorteile hat, dass ich jetzt ziemlich selbstständig bin.« Den Haushalt und die Wäsche machen gehörte zu ihrem Alltag, Kochen auch, denn die Mutter war ja mit der Jagd auf die Läuse beschäftigt und der Vater kam aus beruflichen Gründen nur am Wochenende nach Hause. »Ich war früher oft der Meinung: Ich will das nicht mehr, können wir nicht einfach jetzt hier weg? Und er ist immer sehr ruhig geblieben und hat gesagt: Franzi, wenn wir jetzt gehen, dann ist deine Mutter verloren.« Mit der Notfallnummer des psychiatrischen Notdienstes ausgerüstet, überstand Franzi ihre Jugend und wiegelte ab, als ein Lehrer nach ihren Problemen zu Hause fragte. Erst als sie zusammenbrach, ließ sich die Mutter behandeln.

Die elterliche Krankheit als Risikofaktor

Wer in solchen Extremzuständen aufwächst wie Julia, Selina und Franzi, muss damit rechnen, dass das Spuren auf der eigenen Seele hinterlässt. Kinder psychisch kranker Eltern erleben manchmal Selbstmordversuche ihres kranken Elternteils mit und eine Überforderung beim gesunden Elternteil. Manchmal ist ihnen todlangweilig, weil ihnen keinerlei kindgerechte Beschäftigung angeboten wird, dann wieder sind sie völlig überfordert mit den Aufgaben, die sie übernehmen müssen, oder mit den Stimmungsschwankungen der Eltern, denen sie ausgesetzt sind. Dazu kommen Aspekte, die an anderer Stelle schon genannt wurden: Parentifizierung, das »Schweigegelübde« der Familie und viele weitere, auf die die Experten in den folgenden Kapiteln noch eingehen werden.

Prof. Dr. Albert Lenz von der Katholischen Hochschule Nordrhein-Westfalen, der mehrere Fachbücher zum Thema veröffentlicht hat, stellte in einem Vortrag bei der Evangelischen Gesellschaft Stuttgart zahlreiche Forschungsergebnisse aus verschiedensten Studien zusammen. Darin ging es um das erhöhte Risiko, das Kinder psychisch kranker Eltern haben, selbst psychisch zu erkranken. Zwischen 17 und 21 Prozent der Kinder psychisch kranker Eltern erleiden demnach noch im Kindes- und Jugendalter eine psychische Störung. Das Risiko ist gegenüber Kindern aus unbelasteten Familien drei- bis vierfach erhöht. So werden beispielsweise Kinder mit einem depressiven Elternteil sechsmal so häufig selbst depressiv wie Kinder gesunder Eltern. Das Risiko, dass Kinder dieselbe psychische Störung entwickeln wie ihre Eltern, ist besonders hoch, doch auch andere Probleme können auftreten: 61 Prozent der Kinder von schwer depressiven Eltern bekommen noch in ihrer Kindheit oder Jugend Angststörungen, Störungen im Sozialverhalten, Leistungsprobleme in der Schule oder Bindungsängste.

Darüber hinaus ist auch der Verlauf der elterlichen Erkrankung von Bedeutung für die Auswirkung auf die Kinder. Prof. Lenz fasst verschiedene Studien zusammen, nach denen das Risiko für Kinder von depressiven Eltern, selbst psychisch krank zu werden, umso höher ist, je häufiger die Eltern in

Behandlung sind, je mehr Suizidversuche sie unternommen haben, je häufiger und je länger die depressiven Episoden auftreten beziehungsweise dauern. Dazu kommt, dass es bei schweren und chronischen Krankheiten öfter zu finanziellen Schwierigkeiten und zur Scheidung der Eltern kommt – Faktoren, die das Erkrankungsrisiko für Kinder noch einmal erhöhen. Besonders kritisch ist es, wenn Kinder in solchen Situationen mit ihren kranken Eltern alleingelassen werden. »Bis heute erhalten 30 bis 40 Prozent der Kinder psychisch kranker Eltern selbst keine professionelle Hilfe«, resümierte Prof. Wiegand-Grefe von der Medical School Hamburg, eine führende Forscherin zum Thema, noch 2013 auf *Welt Online*.

Unterstützung und Hilfe

Immerhin sind im Vergleich zu den Unterstützungsangeboten für pflegende Minderjährige die Angebote für Kinder psychisch kranker Eltern zahlreicher gesät: von bundesweit operierenden Initiativen wie der Bundesarbeitsgemeinschaft Kinder psychisch erkrankter Eltern bis zu regionalen Ansprechpartnern wie beispielsweise Seelensteine, der spezialisierten ambulanten Erziehungshilfe in Halle/Saale, oder dem Kinder- und Jugendprojekt Auryn in Trier (zahlreiche weitere Ansprechpartner siehe Anhang). Sie bieten Selbsthilfegruppen, Beratung, Freizeitangebote für betroffene Kinder, Telefonhotlines, Therapie und vieles mehr. Dabei wissen die Fachkräfte in den professionellen Anlaufstellen, dass betroffene Familien unterschiedliche Formen von Unterstützung brauchen. Die Beratungsstelle FIPS für Familien mit einem psychisch belasteten Elternteil des Bezirkskrankenhauses Günzburg legte eine Auswertung vor: Von 29 Familien, denen innerhalb eines Jahres geholfen werden konnte, wurden je nach Bedarf einige zum Jugendamt geschickt, andere in die Kinder- und Jugendpsychatrie, zur Erziehungsberatung, zur Eheberatung oder zum Kinderarzt, anderen wurde empfohlen, Kontakt mit den Lehrern oder Erziehern der Kinder aufzunehmen. Ein Unterstützungsangebot, das viel Aufmerksamkeit erhalten hat, ist das Interventionsprogramm CHIMPs (Children of mentally ill parents) für Familien mit Kindern zwischen vier und 18 Jahren, das Silke Wiegand-Grefe, Autorin mehrerer Fachbücher zum Thema und Professorin für Klinische Psychologie an der Medical School Hamburg gemeinsam mit zwei Kolleginnen entwickelt hat. Zunächst wurden rund 120 betroffene Familien befragt, welche Form von Unterstützung sie gebrauchen könnten. Das daraus entwickelte Interventionsprogramm wird derzeit (im Projektzeitraum 2014 bis 2016) an fünf psychiatrischen Kliniken in ganz Deutschland in der Routineversorgung eingebaut, die Ergebnisse werden ausgewertet. Ziel ist es, die psychische Gesundheit und Lebensqualität der Kinder und Jugendlichen von psychisch kranken Eltern zu verbessern. Die ganze Familie wird bei der Krankheitsbewältigung unterstützt, sodass die Beziehung der Familienmitglieder untereinander und das soziale Netzwerk um die Familie herum gestärkt werden kann. Konkret sieht das so aus, dass in einem Zeitraum von einem halben Jahr acht Gesprächssitzungen mit qualifizierten Diplompsychologen, Ärzten oder Psychotherapeuten stattfinden, darunter ein Familienvorgespräch, zwei bis drei Elterngespräche, ein Gespräch mit jedem Kind oder Jugendlichen der Familie und drei Gespräche mit allen Familienangehörigen gemeinsam. Mit Fragebögen und diagnostischen Interviews werten die Profis nachher aus, wie hilfreich die CHIMPs-Intervention für die teilnehmenden Familien war und was noch verbessert werden kann. Beim Pilotprojekt von Prof. Wiegand-Grefe und ihren Kolleginnen am Universitätsklinikum

Hamburg-Eppendorf zeigte sich, dass sich die Situation für die teilnehmenden Familien durch die CHIMPs-Gespräche verbesserte. Das berichteten die Patienten, ihre Partner, die Kinder und die begleitenden Therapeuten übereinstimmend.

Um die psychischen Auffälligkeiten der Kinder psychisch kranker Eltern vorher und nachher einzuschätzen, arbeiten die CHIMPs-Profis mit von Experten entwickelten Checklisten, die zum Beispiel »Child Behavior Checklist« oder »Youth Self Report« heißen. Eine andere Checkliste, mit der sich messen lässt, wie groß die Not der Kinder in der jeweiligen Familie ist und ob Hilfe geholt werden muss, gibt es in dem Standardwerk *Nicht von schlechten Eltern – Kinder psychisch Kranker* von Fritz Mattejat und Beate Lisofsky. Diese sogenannte »Checkliste zur Risikoeinschätzung« ist online zu finden (*http://bit.ly/1OtLYhB*) und kann auch ohne psychologische Vorbildung genutzt werden, um die Situation in der eigenen Familie einzuschätzen. Darin wird durch Fragen zur Erkrankung der Eltern, zum Umfeld und zur Lebenssituation der Familie ermittelt, wie hoch das Risiko für ein Kind ist, ebenfalls psychisch zu erkranken. Demnach ist das Risiko für Kinder aus Familien, in denen beiden Eltern erkrankt sind, höher als für Kinder, bei denen nur ein Elternteil oder andere Angehörige erkrankt sind. Kinder aus Familien, in denen offen über die Krankheit der Eltern gesprochen wird, haben ein geringeres Risiko als Kinder aus Familien, in denen die Krankheit totgeschwiegen wird. Positiv wirkt es sich auf die Kinder aus, wenn sie in gesicherten wirtschaftlichen Verhältnissen leben, wenn die Familien sich in Vereinen engagieren oder an kulturellen Veranstaltungen in ihrem Heimatort teilnehmen und wenn die Lehrer oder Erzieher des Kindes informiert sind. Negativ wirken sich zum Beispiel ein Umzug oder Schulwechsel aus, der Tod eines Elternteils oder seine Einweisung in eine psychiatrische Einrichtung sowie Eheprobleme oder eine Scheidung der Eltern. Je jünger ein Kind ist, wenn ein Elternteil krank wird, desto höher ist das Risiko, selbst psychisch zu erkranken, und wenn die Mutter erkrankt, ist das Risiko höher, als wenn der Vater erkrankt.

Auswirkungen auf das Erwachsenenleben

Auch wenn es durch die Intervention von Fachkräften gelingt, die Kinder in den betroffenen Familien aufzufangen und eine psychische Erkrankung abzuwenden, bleibt es nicht aus, dass sie ein Leben lang die Prägung durch ihre Erfahrungen spüren. Anne (47) ist mit einer Mutter mit Borderline-Persönlichkeitsstörung aufgewachsen. Auf *FAZ Online* erzählt sie von den unberechenbaren Reaktionen ihrer Mutter, und wie sie sich daran gewöhnte, durch die Wohnung zu schleichen und flach zu atmen, um möglichst unsichtbar zu bleiben. Über die Folgen für ihr Leben als Erwachsene sagt Anne: »Wenn ich mit Freunden unterwegs bin und wir unterhalten uns nett, dann denke ich manchmal: ›Das ist jetzt normal? So macht man das? So gehen Freunde zusammen weg?‹« Dass keine unvorhersehbaren emotionalen Ausbrüche geschehen, ist ungewohnt für sie, und sie rechnet unbewusst jederzeit damit. Deshalb fällt es ihr schwer, auch nur zehn Minuten am Stück mit jemandem zu reden: »Ich muss dann wirklich gehen. Erklär das mal jemandem!« Experten nennen das die »Habachtstellung«, wenn Betroffene ihr Gegenüber ständig prüfend »abscannen«, ob Gefahr droht oder merkwürdige Verhaltensweisen abgefedert werden müssen.

Auch Selina (22), Tochter eines manisch-depressiven Vaters, kennt dieses Bedürfnis, ihre Freunde und Menschen, die sie neu kennenlernt, genau zu beobachten. Bei ihr wirkt es sich allerdings positiv aus. Sie sei viel geduldiger mit Menschen als andere. »Oft ist es ja so, dass man neue Leute kennenlernt, an denen einem etwas Komisches auffällt. Andere sagen dann schnell: ›Der hat ja 'ne Macke!‹ und beschäftigen sich nicht weiter mit der Person. Ich warte erst mal ab und schaue genau hin: Wie ist der Mensch wirklich? Und wenn er tatsächlich eine Macke hat, ist mein nächster Gedanke: ›Ja, ist halt so. Lass ihn doch.‹ Meine Toleranzgrenze ist wesentlich höher als bei anderen.«

Leonard (25) erzählt mir am Telefon, wenn er andere Menschen beobachte, habe er einen guten Blick dafür, wie es ihnen wirklich gehe. Schon an der Körperhaltung erkenne er, wenn etwas nicht stimme. Leonard wird Kinderpfleger – wie so viele Kinder kranker Eltern möchte er anderen betroffenen Kindern das geben, was er selbst nicht bekommen hat: Verständnis. Erwachsen zu sein, fällt ihm schwer. Nicht das Organisieren und der Haushalt – darin hat er Übung, schließlich ist er mit einer alleinerziehenden psychisch kranken Mutter aufgewachsen und hat sich jahrelang um seine drei Geschwister gekümmert. »Es fällt mir leicht, für Probleme eine Lösung zu finden. Wenn einer meiner Freunde kommt und nicht weiß, wie er dies oder jenes regeln soll, ist das für mich gleich klar. Ich habe mich schließlich als Kind schon darin geübt, ohne Geld und Unterstützung Lösungen zu finden.« Womit er Probleme hat, das ist der soziale Umgang mit anderen Menschen. Das sei für ihn »etwas ganz arg Schweres«, sagt er. Immerzu wolle er sich um alle und alles kümmern. »Es fällt mir unheimlich schwer, mich einfach mal zu entspannen. Einfach alles liegen zu lassen. Ich muss immer in Aktion sein, immer etwas erleben und erledigen. Denn als Kind habe ich ja auch ständig geprüft, was ich meiner Mutter Gutes tun kann.« Erst seine neue Partnerin helfe ihm, ruhiger zu werden. Noch vor einem Jahr sei es schrecklich für ihn gewesen, ein ganzes Wochenende mit ihr zu Hause zu verbringen – inzwischen gehe es. »Aber auch heute muss ich immer für andere da sein, während ich mich selbst zurücknehme. Ich lebe immer noch mit einer starken Fassade, damit das Zerbrechliche in mir nicht erkannt wird. Ich kann nicht im Hier und Jetzt leben wie andere 25-Jährige«, erkennt Leonard.

Nicht alle erwachsen gewordenen Kinder psychisch kranker Eltern erkennen wie Leonard schon mit Anfang, Mitte 20 die Tragweite der Auswirkungen ihrer Erfahrungen. So sprach ich mit einem jungen Mann, dessen Vater psychisch krank ist. Wenn er von seinen Liebesbeziehungen zu Frauen erzählt, die eine nach der anderen in die Brüche gehen, weil ihm die Frauen »zu streitsüchtig« erscheinen, stelle ich als Außenstehende unwillkürlich die Verbindung zu etwas her, was der junge Mann an ganz anderer Stelle erwähnt hat: Dass er Streit und Disharmonie nicht ertragen kann, weil Meinungsverschiedenheiten mit seinem Vater aufgrund der Erkrankung regelmäßig eskaliert sind. Möglicherweise wird das Finden einer Balance zwischen dem verständlichen Wunsch nach Harmonie und den unvermeidbaren Konflikten in einer Beziehung irgendwann ein Thema für den jungen Mann werden. Dabei gälte es dann, gegenseitig voneinander und miteinander zu lernen: ein angemessenes Konfliktverhalten und gegenseitiges Wohlwollen im Umgang mit dem Partner. Das wäre nicht ungewöhnlich. Für viele Betroffene wird ihre problematische Kindheit erst im fortgeschrittenen Alter zum Thema. Das bestätigt auch Diplom-Psychologin Johanna Schams, Leiterin einschlägiger Selbsthilfegruppen. Auf *Welt Online* berichtet sie von einem »Mittfünfziger, der es als Jugendlicher geschafft hatte, die Probleme seiner Mutter auszuklammern – sie litt unter einer Bipolaren Störung und nahm sich das Leben, als er 20 war. Doch erst als später seine eigene Partnerin schwer erkrankte und Gefühle von Ohnmacht und Wut ihn überwältigten, setzte er sich mit seiner Kindheit auseinander. Seine

Wut galt in Wirklichkeit der kranken Mutter, die nie für ihn dagewesen war.« Katja Beeck, Initiatorin von Netz und Boden, erzählt auf *Welt Online* von einer 80-Jährigen, die erst kürzlich Beratung suchte, nachdem sie ihr ganzes Leben lang unter ihrer vom Krieg traumatisierten Mutter gelitten hatte.

Wenn Kinder von ihren Eltern getrennt werden

In Fällen, in denen das Kindeswohl gefährdet ist und die dem Jugendamt bekannt werden, werden Kinder psychisch kranker Eltern aus ihren Familien genommen. Michael, heute 43, hat das erlebt. Nachdem seine psychisch kranke Mutter ihn schwer misshandelt hatte, wurde er – inzwischen extrem verhaltensauffällig – nach mehreren Stationen und einigem Hin und Her mit fünf Jahren endgültig und langfristig in einer Pflegefamilie untergebracht. Heute lebt Michael mit Frau und zwei Kindern in einem kleinen Ort in Nordrhein-Westfalen. Da er kaum mit seiner Mutter zusammengelebt hat, meint er, dass ihn ihre psychische Erkrankung nicht wesentlich geprägt habe. Wenn er ab und zu ein Wochenende bei seinen Eltern verbrachte, habe sich hauptsächlich sein Vater um ihn gekümmert. Als der starb, sei auch der Kontakt zur Mutter abgebrochen. Heute denke er eigentlich nie an sie und sei froh, dass er nichts von ihr höre. Unter »Familie« versteht Michael seine Pflegefamilie, in der er aufgewachsen ist und die ihn gefördert hat.

Helga (50) verließ im Alter von sechs Jahren ihre Familie. Sie sagt, sie habe es ihrer psychisch kranken Mutter jahrelang zum Vorwurf gemacht, dass sie woanders untergebracht wurde. Der neue Mann der Mutter habe sie nicht zu Hause haben wollen. Sehr bald habe sie keinen Kontakt mehr zu ihrer Mutter gehabt und gewollt. Sie habe sie nur ganz selten besucht. Helga möchte heute nicht wissen, wie es ihrer Mutter geht. Sie weiß nur, dass die Mutter seit über 20 Jahren in einer Wohneinrichtung für psychisch Kranke lebt. Ihr eigenes Leben, sagt Helga, sei heute viel mehr von ihren Erfahrungen im Heim geprägt als durch die psychische Krankheit ihrer Mutter.

Auch andere Kinder psychisch kranker Eltern brechen den Kontakt aus eigenem Antrieb ab – manchmal bewusst, um sich seelisch freizuschwimmen, manchmal, um sich vor körperlichen Misshandlungen zu schützen, und manchmal auch erst im Erwachsenenalter. Susanne (43) will nichts mehr mit ihrer an Borderline erkrankten Mutter zu tun haben, seitdem diese vor 15 Jahren in einem Streit gewalttätig wurde. Nachdem sie sich endlich freigestrampelt hatte, war aber längst nicht alles gut. »Als die Zukunft da war«, sagt Susanne, die inzwischen promoviert, auf *FAZ Online*, »wusste ich nicht, wie ich damit umgehen sollte.« Sie habe ein Studium aufgenommen, aber nichts dabei gefühlt. Zu fühlen habe sie erst durch Sport und Beschäftigung in der Natur gelernt. Heute kann sie formulieren, was ihr Spaß macht: »Das kann ein Brot mit Erdnussbutter sein.« Susanne lebt in einer Partnerschaft und wundert sich selbst darüber. Denn »mit Freundschaften tue ich mich schwer, da bin ich äußerst misstrauisch, ich musste auch erst lernen, Grenzen zu setzen und meine Bedürfnisse zu benennen, und dass ich dann vielleicht Menschen verliere.« Vom Umgang mit solchen und ähnlichen Auswirkungen einer Kindheit an der Seite eines psychisch kranken Elternteils auf das spätere Erwachsenenleben berichten Expertinnen und Betroffene in den folgenden Kapiteln.

» *Ich bin heute noch erstaunt, wenn etwas wie geplant funktioniert«*

Vera (48), Tochter einer schizophrenen Mutter

Vera (48) ist Rechtsanwältin, selbst mit einer psychisch kranken Mutter aufgewachsen, und hat vor dem Familiengericht immer wieder mit Fällen zu tun, in denen es um Kinder mit einem psychisch kranken Elternteil geht und über eine eventuelle Kindeswohlgefährdung entschieden werden muss. Sie engagiert sich in einem Verband Angehöriger psychisch Kranker und hält Vorträge zum Thema.

Als meine Mutter kurz nach der Geburt meines Bruders an Schizophrenie erkrankte, war ich knapp drei Jahre alt. Sie verbrachte einige Wochen in einer Klinik und kam völlig verändert nach Hause. Plötzlich hörte sie Stimmen. Sie sprach mit Menschen, die ich nicht sehen konnte. Teilweise war sie sehr aufgeregt und schrie, dann wieder geistig völlig abwesend, stundenlang nicht ansprechbar. Meinen Bruder, der ja noch ein Baby war, behandelte sie nach Aussagen meiner Tante wie einen Gegenstand.

Ich habe tatsächlich auch eigene Erinnerungen an diese Zeit. Ich sehe meine Mutter auf dem Sofa sitzen, während ich davor hocke, und sie redet mit jemandem, der nicht da ist. Ich weiß noch, dass im Kindergarten Karneval war, ich kein Kostüm dabeihatte und die Kindergärtnerinnen genervt waren, weil sie eins für mich organisieren mussten. Ich habe mich geschämt, weil ich wegen meiner Mutter ständig im Fokus der negativen Aufmerksamkeit war. Deshalb achtete ich besonders darauf, nicht aufzufallen. Ich wurde dadurch sehr still, sehr schüchtern.

Mutters Krankheit war eine Dauerbelastung. Sie war nicht periodisch krank, sondern immer. Ihr Tag- und Nachtrhythmus war gestört. Sie vernachlässigte ihr Äußeres und den Haushalt. Durch ihre Krankheit lebte sie in ihrer eigenen Welt, von der ich ausgeschlossen war. Sie verhielt sich unberechenbar, Liebe konnte von einer Minute auf die andere in Aggressionen umschlagen. Ich war ständig unter Spannung, weil ich nicht wusste, wann normales Verhalten in bedrohliches umschlagen würde. Der Eindruck, dass nichts mehr sicher ist, dass von einem Tag auf den anderen alles umgeworfen werden kann, führte bei mir zu einem gewissen Fatalismus. Ich konnte mich noch so sehr bemühen, irgendetwas ging trotzdem schief. Ich bin heute noch erstaunt, wenn etwas wie geplant funktioniert.

Ich musste lernen, dass die Wahnvorstellungen meiner Mutter nicht real waren, und dass ich besser damit bedient war, auf meine eigene Wahrnehmung zu vertrauen. Das ist gerade für kleine Kinder sehr schwierig, sie wollen sich auf ihre Eltern verlassen. Aber ich merkte, dass das, was meine Mutter wollte, nicht immer gut für mich war. Das führte dazu, dass ich auch heute oft nur das mache, was ich selbst für richtig halte.

Mein Bruder war klüger als ich. Er reagierte mit Aggressionen, schlug sich mit anderen, legte sich mit Lehrern an. Man wurde auf ihn aufmerksam. Das hatte später sogar zur Folge, dass er in ein Internat kam. Dort wäre ich auch gern aufgewachsen! Als er elf war, fragte mein Bruder, was mit unserer Mutter los sei. Er konnte es nicht einfach als gegeben hinnehmen, so wie ich. Mein Vater antwortete ehrlich und nannte uns sogar den Fachbegriff für ihre Krankheit: paranoide Schizophrenie mit Erregungszuständen. Erst da wurde mir überhaupt bewusst, dass sie krank ist. Das hat einiges für mich geändert. Vorher habe ich mich immer gefragt, ob sie mich nicht mochte, ob ihr Verhalten etwas mit mir zu tun hatte. Jetzt wusste ich, dass ich nichts dafür konnte, und das war erleichternd.

Mir war klar, dass mein Vater auch litt. Er hatte einen anstrengenden Beruf als Unternehmensberater und war von 8 bis 20 Uhr unterwegs. Dafür wurde er gut bezahlt, und das war wirklich eine Erleichterung, dass wir bei all den Schwierigkeiten nicht auch noch von Hartz IV leben mussten. Ich habe bewundert, wie toll er das gewuppt hat – meine anstrengende Mutter, meinen anstrengenden Bruder, den anstrengenden Job. Er ist 1937 geboren und in den konservativen 1950er Jahren groß geworden. Er gehörte zu der Nachkriegsgeneration von traumatisierten Erwachsenen, die gelernt haben, die Fassade zu wahren. Es hätte sich ja auch alles von heute auf morgen wieder bessern können, und darauf hoffte er.

Ich hätte mir gewünscht, dass wir Unterstützung gehabt hätten: eine Haushaltshilfe, eine Familientherapie. Dann hätte ich vielleicht gelernt, Vertrauen in meine Mitmenschen zu haben. Aber mein Vater meinte, wir bräuchten nichts dergleichen. Ich habe mich oft allein gefühlt, zumal ich auch innerhalb der Familie allein war. Mein Vater kümmerte sich sehr um meine Mutter, die beiden führten eine fast symbiotische Beziehung. Wir Kinder liefen nebenher. Ein Grund waren die katastrophalen Zustände in den psychiatrischen Kliniken der 1970er mit 30-Betten-Schlafsälen und so weiter. Mein Vater brachte es einfach nicht übers Herz, meine Mutter ein zweites Mal dorthin zu bringen. Von uns Kindern forderte er viel Rücksichtnahme. Unserer Mutter wurde vieles damit entschuldigt, dass sie krank war. So hat sie zum Beispiel einfach Sachen von mir weggeworfen oder ist in mein Zimmer gekommen, um mich zu beschimpfen. Ich wusste mich damals nicht anders zu schützen, als ständig meine Zimmertür abzuschließen. Manchmal war nicht klar, ob unsere Mutter etwas tatsächlich nicht konnte, zum Beispiel den Haushalt führen, oder ob sie nur nicht wollte und ihre Krankheit als Ausrede benutzte. Die ständige Rücksichtnahme hat mir sehr geschadet. Erst viel später habe ich gelernt, Grenzen zu setzen. Nicht erst zu fragen, was mein Gegenüber will, sondern vorher zu erkennen, was ich selbst will.

Ungeschriebenes Gesetz war auch, dass kein Wort über die Erkrankung meiner Mutter nach außen dringen durfte. Mein Vater traf diese Entscheidung, weil psychisch Kranke damals noch mehr als heute stigmatisiert waren. Aber auch heute gibt es das noch. Wenn in den Medien über den Flugzeugabsturz in Frankreich berichtet wird, der von einem psychisch kranken Co-Piloten verursacht wurde, wirft uns das um Jahre zurück. Auch die vielen Krimis mit psychiatrieerfahrenen Mördern helfen nicht gerade. Menschen, die sich damit nicht auskennen, halten alle Betroffenen für gemeingefährlich und ziehen sich zurück. Und zwar nicht nur von dem psychisch Kranken, sondern von der ganzen Familie. Die Leidtragenden sind die Kinder. Ich merkte damals an den Reaktionen meiner Umwelt, dass es besser war zu schweigen. Da meine Mutter krank war, dachten einige Menschen automatisch, mit mir könne auch etwas nicht stimmen. Wahrscheinlich habe ich mich wirklich nicht wie ein normales Kind verhalten, da ich erst von anderen lernen musste, wie sich normale Menschen verhalten. Auf jeden Fall lernte ich zu schweigen. Mich ständig zu kontrollieren in dem, was ich sagte. So wurde ich sehr verschlossen.

Ich hatte ohnehin nicht viele Freunde. Weil ich gezwungen war, ihnen einen wesentlichen Teil meines Lebens zu verschweigen, bestand immer eine Distanz zwischen uns. Sie spürten ja, dass es etwas gab, von dem sie nichts wussten. Wenn möglich, ging ich sie besuchen, nach Hause brachte ich selten jemanden, weil ich damit rechnen musste, dass meine Mutter mich blamierte. Manche zogen sich deshalb von mir zurück. Einmal hatte ich eine Mitschülerin zum Mittagessen mitgebracht und meine Mutter erschien im Morgenmantel, weil sie gerade erst aufgestanden war. Eine warme Mahlzeit gab es natürlich auch nicht, und sie benahm sich komisch. Gott sei Dank hat meine Mitschülerin in der Klasse nichts davon erzählt, sonst hätte ich einen noch schwereren Stand gehabt.

Sehr belastend war auch, dass meine Mutter nicht einsah, dass sie krank war. Sie nahm ihre Medikamente nicht, und wir konnten sie nicht zwingen. Wir mischten sie ihr heimlich ins Essen. Der ständige Kampf, dass sie zum Arzt ging, um ihre Spritze zu bekommen, war sehr ermüdend. Genauso wie die vielen Aufgaben, die ich im Haushalt übernehmen musste. Statt einfach Kind sein zu dürfen, kümmerte ich mich um meinen jüngeren Bruder, führte den Haushalt zusammen mit meinem Vater und unserer Putzfrau. Ich kam mir vor wie die Mutter meiner Mutter. Total überfordert. Auch wenn ich aussah wie ein Kind, fühlte ich mich doch nicht wie eins. Meine kindliche Unbeschwertheit ging völlig verloren unter der ganzen Verantwortung.

Andere Kinder können mit ihren Eltern all die kleinen und großen Probleme besprechen, die man als Kind so hat. Ich musste allein Lösungen finden. Wenn ich Sport machen wollte, musste ich mir selbst einen Verein suchen und darauf achten, dass er zu Fuß oder mit dem Fahrrad zu erreichen war. Als ich mitbekam, dass andere Kinder Musikunterricht nahmen, ging ich zur Musikschule, um mich anzumelden, und kaufte mir ein Instrument. Alles, was ich wollte, musste ich mir organisieren, weil es sonst niemand für mich tat. Auch von Verwandten kam wenig Unterstützung. Im Gegenteil, sie machten mir noch Vorhaltungen. Von einer Tante bekam ich als 16-Jährige zu hören: »Du musst stark sein, dein Vater braucht dich!« Der einzige Vorteil war, dass ich sehr früh sehr selbstständig wurde.

Richtig schlimm wurde es, als mein Bruder auch noch erkrankte. Er entwickelte im Teenageralter eine Psychose. Mit

15 oder 16 kam er in die Klinik. Als er heimkehrte und die beiden Erkrankten aufeinandertrafen, wurde es richtig krass. Ihre Launen richteten sich oft gegen mich. Und da mein Vater die ganze Zeit arbeiten war, war ich dem komplett ausgesetzt. Das Verhalten meiner Mutter kannte ich, daran hatte ich mich gewöhnt. Aber mein Bruder hat mich erschreckt. Manchmal wurde er gewalttätig.

Ich begann schließlich ein Jurastudium, aber mehr aus Verlegenheit, weil ich nach dem Abitur nicht wusste, was ich machen sollte. Da mein Vater auch studierter Jurist war, ging ich davon aus, dass er mir würde helfen können, wenn ich Probleme bekäme. Wäre ich von meinen Eltern in meiner Berufsorientierung gefördert worden, hätte ich mich wahrscheinlich eher entschieden, zur Polizei zu gehen, Psychologie oder Medizin zu studieren. Heute denke ich, mein Beruf passt schon zu mir. Ich kann meine analytischen und sprachlichen Fähigkeiten einbringen. Ich muss mich nicht festlegen, sondern habe verschiedene Einsatzgebiete im Betreuungsrecht, Ehe- und Familienrecht, Erbrecht oder Miet- und Pachtrecht. Mein Job wirkt sogar therapeutisch, weil ich dort Dinge einfordern und lernen muss, mich von den Problemen anderer abzugrenzen. Bloß im Nachhinein denkt man eben: Was man nicht alles hätte machen können …

Bis zum ersten Staatsexamen wohnte ich zu Hause. Dann ging es wirklich nicht mehr, weil die Machtkämpfe zwischen mir und meiner Mutter unerträglich wurden. Sie war die Herrin des Hauses, aber sie war pflegebedürftig. Ich habe mich um sie gekümmert und hatte meine eigenen Vorstellungen, wie unser Alltag am besten funktionieren würde.

Nach meinem Auszug, zwischen Mitte 20 und Mitte 30, lastete ein enormer Leidensdruck auf mir. Ich merkte, dass mein äußeres Verhalten nicht mit meiner Persönlichkeit übereinstimmte. Ich war schüchtern, zurückgezogen, ließ kaum jemanden in meine Wohnung – das waren alles Nachwirkungen meiner belasteten Kindheit. Ich begann, mich zu fragen: »Warum kannst du nicht aus deiner Haut raus?« Ich wollte wissen, warum ich wie reagiere. Es war wirklich an der Zeit, dass ich etwas unternahm. Ich belegte mehrere Selbsterfahrungsseminare: kreatives Schreiben und vieles mehr.

Mit Anfang 30, kurz nachdem meine Mutter schließlich verstorben war, las ich einen Zeitungsartikel über eine Selbsthilfegruppe für Kinder psychisch kranker Eltern in meiner Nähe. Ab sofort ging ich einmal im Monat dorthin, vier, fünf Jahre lang. Diese Zeit habe ich gebraucht, um mich zu sortieren und eine Haltung zu meinen Erfahrungen zu finden. Ich fragte mich: »Bist du eigentlich die, die du sein willst?« und erkannte, dass ich viele Verhaltensweisen meines Vaters übernommen hatte, die eigentlich gar nicht zu mir passten. Er hat eine Helferpersönlichkeit – etwas, das ich für mich nicht will. Viele erwachsene Kinder berichteten in der Gruppe von Gefühlen wie Wut, Trauer und Selbstmitleid. Sie fanden es ungerecht, was mit ihnen passiert war. Sie waren wütend, weil sie von ihren Eltern im Stich gelassen worden waren. Sie waren traurig, weil ihre Eltern ihnen so unendlich fremd erschienen.

Heute würde ich sagen, dass meine Kindheit gut aufgearbeitet ist, weil ich mich ausführlich mit dem Thema beschäftigt habe. Ich bin einem Angehörigenverband beigetreten, habe mich zur Vorsitzenden wählen lassen und ein großes Wissen über psychische Krankheiten gesammelt. Ich sprach mit Ärzten, Verbänden und Politikern. Andererseits sind mir trotz aller Reflexion manche Verhaltensmuster erhalten geblieben. Zum Beispiel kann ich es überhaupt nicht ertragen, aus Gruppen ausgeschlossen zu werden. Das kommt daher, dass ich mich schon als Kind ausgeschlossen gefühlt habe – neben meinem Bruder und meiner Mutter, die die Krankheit vereinte, und im Kindergarten und in der Schule, wo niemand mit mir spielen wollte. Darum reagiere ich in solchen Momenten auch wie ein Kind. Ich bin bockig, beleidigt, schweige die Leute an, anstatt über meine Gefühle zu sprechen. Zum Glück kann ich mein Verhalten inzwischen analysieren. Ich weiß jetzt, was da in mir passiert.

Auch mit Partnerschaften hatte ich anfangs meine Probleme. Schuld war meine Angst vor Nähe. Ich versuchte, weitere schmerzhafte Erfahrungen zu vermeiden. Es fiel mir schwer, jemanden an mich ranzulassen, und meine Grenzen zu setzen. Ich habe mir unbewusst Partner ausgesucht, die mich auf Distanz gehalten haben, sei es in einer Fernbeziehung oder in einer Beziehung zu einem verheirateten Mann. In meinen Eltern hatte ich ein ganz schräges Vorbild dafür, wie Partnerschaften funktionieren. Ich musste mir von anderen erst mal abgucken, wie es normalerweise läuft. Je mehr ich jemanden liebte, desto größer waren die Verlustängste. Und ich bin immer noch sehr anpassungsfähig.

Zwischen Anfang und Mitte 30 hatte ich länger keinen Partner und nahm mir die Zeit, mich zu fragen, was ich mir eigentlich von einem Mann wünsche. Meinen heutigen Ehemann habe ich geheiratet, weil er gleich sagt, wenn ihm etwas nicht passt, anstatt mit Liebesentzug zu reagieren. Und weil ich meine Grenzen setzen kann, ohne Angst vor Zurückweisung haben zu müssen. Er verhandelt mit mir um Lösungen. Wir streiten uns kaum, weil wir jedes Problem sofort ansprechen.

Durch meine Kindheit habe ich auch manche Charakterzüge entwickelt, die mir im Leben weiterhelfen. So habe ich bis heute eine »Augen zu und durch«-Mentalität, einen »Ich manage das hier«-Stil. Wenn ein Problem auftaucht, löse ich es und hinterfrage es nicht. Ich kann gut durchhalten, auch lange durchhalten, weil ich mich nüchtern frage: Wie bewältige ich die akute Situation? Ich bin Krisenmanagement gewohnt.

Inzwischen habe ich ein gesundes Selbstbewusstsein. Und darum traue ich mich zu sagen, dass ich denke, man sollte eingreifen, wenn es in einer Familie einen psychisch kranken Elternteil gibt. Ich stelle in solchen Fällen sofort einen Antrag auf Sorgerechtsentzug. Ein Drittel aller Sorgerechtsentzüge beruht auf psychischen Krankheiten oder der Sucht eines Elternteils. Im Familienrecht hat man immer wieder damit zu tun. Und wenn ich in meinem Bekanntenkreis merke, dass Eltern überfordert sind, sage ich deutlich meine Meinung. Eine befreundete Mutter zum Beispiel ist alleinerziehend und mit drei Kindern an der Grenze der Belastbarkeit. Ich habe ihr gesagt: »Such dir einen Therapeuten!« Ich will die Kinder schützen.

Es gibt in unserem Grundgesetz ein starkes Elternrecht. Aber wenn die Eltern Borderliner oder schizophren sind oder eine schwere Depression haben, können sie sich einfach nicht angemessen um ihre Kinder kümmern. In solchen Fällen bin ich dafür, die Kinder auch gegen ihren Willen aus der Familie zu nehmen, insbesondere wenn sie sehr jung sind und sich nicht selbst versorgen können. Wenn ich als Kind gefragt worden wäre, ob ich von meiner Mutter weg will, hätte ich trotz aller Belastung natürlich Nein gesagt. Im Nachhinein betrachtet, hätte ich es gut gefunden, wenn man einfach entschieden hätte, dass es besser für mich ist. Denn das Recht des Kindes auf ein unbelastetes Heranwachsen und eine ungestörte psychische Entwicklung geht vor den Wunsch des erkrankten Elternteils, das Kind bei sich zu behalten. Manche professionellen Helfer halten es für therapeutisch sinnvoll, dass auch ein Schwerkranker seine Kinder bei sich behält. Kinder sind aber nicht dazu da, ihre Eltern zu therapieren. Sie können sich nicht wehren.

Wie auch immer, inzwischen lebt mein Bruder im Heim, und mein Vater, der jetzt 78 Jahre alt ist, kümmert sich um ihn. Wenn mein Vater pflegebedürftig wird, was jederzeit passieren kann, wird er das nicht mehr machen können. Dann bin ich wieder dran. Aber ich habe meine Entscheidung getroffen, wie ich mich dann abgrenzen werde. Ich werde mich vorrangig um meinen Vater kümmern und meinen Bruder einmal wöchentlich besuchen, auch wenn das für ihn schwierig werden wird. Ich weiß genau, was ich nicht mehr will: 20 Mal am Tag angerufen werden. Da habe ich meine Lehren gezogen. Diese Belastung, die ich so lange ertragen habe, will ich nicht mehr. Ich habe meinen Dienst an der Gesellschaft definitiv abgeleistet. Ich mache das nicht noch mal.

»Kindheit ist für niemanden ein krisenfreies Leben«

Gespräch mit Prof. Dr. Sabine Wagenblass, Erziehungswissenschaftlerin mit dem Forschungsschwerpunkt Kinder psychisch kranker Eltern

Prof. Dr. Sabine Wagenblass von der Hochschule Bremen widmet sich seit etwa fünfzehn Jahren der Forschung in Familien mit psychisch kranken Eltern. In ihren Veröffentlichungen geht es unter anderem um die Evaluation eines Patenschaftsprogramms für Kinder psychisch kranker Eltern, qualitative biografische Interviews mit Betroffenen und das Spannungsfeld zwischen Erwachsenenpsychiatrie und Jugendhilfe, in dem sich die Unterstützungsangebote für Kinder psychisch kranker Eltern bewegen. Prof. Dr. Sabine Wagenblass ist außerdem Sprecherin der Bundesarbeitsgemeinschaft Kinder kranker Eltern und macht in dieser Funktion Lobbyarbeit.

Frau Prof. Wagenblass, kann ein Kind eines psychisch kranken Elternteils eigentlich psychisch gesund aus seiner Kindheit hervorgehen?
Ich würde das Thema gern entdramatisieren: Es ist ein Irrglaube, dass eine Kindheit mit einem psychisch kranken Elternteil immer im Chaos enden muss. Die Wahrscheinlichkeit für uns alle, im Leben einmal eine psychische Diagnose zu erhalten (Angststörungen zum Beispiel sind weit verbreitet), ist laut Statistik so hoch, dass ja dann kaum jemand hoffen dürfte, psychisch gesund zu bleiben. Wenn man hört, dass eine psychisch kranke Frau ein Kind hat, gerät sie schnell in eine Negativspirale. Sie wird als Täterin abgestempelt, die sich nicht um ihr Kind kümmert. Dabei sollte man sich erst einmal die Situation anschauen: Wie bewältigt die Familie ihr Leben? Und man muss verstehen, dass psychisch kranke Mütter extrem darunter leiden, dass sie nicht so für ihre Kinder da sein können, wie sie es sich wünschen würden.

Wir müssen zwischen leichten und schweren psychischen Störungen unterscheiden. Beispielsweise kann eine leichte depressive Episode der Mutter oder des Vaters von einer intakten Familie gut aufgefangen werden. Schwierig wird es, wenn die Krankheit länger andauert, wenig finanzielle Ressourcen und Unterstützungsressourcen vorhanden sind, also das soziale Netzwerk fehlt. Wenn in so einem Fall ein Elternteil ausfällt, ist das schwerer zu kompensieren.

Aber psychisch kranke Eltern sind nicht nur ein Problem sozial schwacher Familien, oder?
Nein, nur wird das Problem in sozial schwachen Familien schneller sichtbar. Gut situierte Familien können eine Tagesmutter engagieren, sie müssen sich in dieser ohnehin schon schwierigen Situation nicht auch noch aufraffen, um beim Amt Gelder zu beantragen. Sie bleiben länger handlungsfähig.

Aber wenn man vom Kind ausgeht, erlebt es einen psychisch kranken Elternteil immer als Belastung, ob Geld da ist oder nicht. Psychische Krankheiten verändern den Menschen in seinen Emotionen, seinen Denkstrukturen, in seinem Verhalten und Erscheinungsbild. All das wirkt sich auf die Beziehungsebene aus – also auch auf die Beziehung zwischen dem kranken Elternteil und dem Kind.

Die Forschung hat gezeigt, dass es für die betroffenen Kinder sehr hilfreich ist, wenn sie über die Krankheit Bescheid wissen, wenn man ihnen erklärt, warum die Mutter oder der Vater so ist. Meine Forschungskollegin Prof. Wiegand-Grefe hat nachgewiesen, dass Familiengespräche zur sogenannten Psychoedukation positive Effekte haben. Denn dadurch können die Kinder besser mit dem veränderten Verhalten der Eltern umgehen, weil sie es einsortieren können. Sie können traurig sein, haben aber aktive Handlungsmöglichkeiten, um auf das Verhalten der Mutter oder des Vaters zu reagieren. Das Schlimmste ist für viele Kinder nämlich das Gefühl der Machtlosigkeit. Leider verschweigen viele Eltern ihren Kindern auch heute noch, was los ist. Auch wenn inzwischen viele Menschen zur Therapie gehen – psychische Erkrankungen sind immer noch ein Tabu.

Ich habe im Rahmen meiner Forschungen Betroffene interviewt, die im Alter von 40 Jahren zum ersten Mal über die Erfahrungen ihrer Kindheit mit einem psychisch kranken Elternteil gesprochen haben. Eine Frau empfand diese Erinnerungen so stark, dass sie sagte, sie fühle sich gar nicht mehr wie eine 40-Jährige, wenn sie über ihre Kindheit spreche, sondern in die Kinderebene zurückversetzt. Und das macht Angst.

Welche langfristigen Auswirkungen hat eine Kindheit mit einem psychisch kranken Elternteil auf das eigene Leben?

Das ist eine Frage, die man im Rahmen der sogenannten Risikoforschung gestellt hat, die bis vor 15 Jahren Tradition hatte. Man hat sich angeschaut, welche Probleme sich bei Kindern psychisch kranker Eltern zeigen und Wahrscheinlichkeiten daraus abgeleitet: wie viel Prozent erkranken an ADHS (Aufmerksamkeits-Defizit-Hyperaktivitäts-Störung), wie viel Prozent leiden später selbst an einer Depression. Bei Schizophrenie geht man von einem um 35 Prozent erhöhten Risiko für das Kind aus, ebenfalls an Schizophrenie zu erkranken, wenn ein Elternteil erkrankt ist, und von einem um 50 Prozent erhöhten Risiko, wenn beide Elternteile daran erkrankt sind. Wir haben die Fragestellung irgendwann umgedreht. Man kann ja auch sagen: Selbst wenn Mutter *und* Vater an Schizophrenie leiden, hat das Kind eine 50-prozentige Chance, gesund zu bleiben. So arbeiten wir heute. Denn die Genetik ist immer nur eine Seite der Medaille. Wir fragen heute: Was brauchen die Kinder, damit sich die genetische Vorbelastung nicht zu einer Krankheit entwickelt?

Ich lehne es auch ab, typische Lebenswege, Charakterzüge oder Beziehungsprobleme von erwachsenen Kindern psychisch kranker Eltern zu definieren. Es gibt keine Studie, die belegt: 30 Jahre nach dem Ende einer Kindheit mit psychisch kranken Eltern geht es einem Menschen so oder so. Oder: Weil meine Mutter schizophren war, lebe ich mit 50 immer noch allein. Natürlich kann man bindungstheoretisch argumentieren: Wenn Kinder früh die Erfahrung machen, dass man sich nicht auf seine Umwelt verlassen kann, und viel mit sich selbst aushandeln müssen, führen sie auch im Erwachsenenleben Beziehungen, in denen sie sich nicht auf den Partner einlassen können, weil sie nur auf sich selbst vertrauen. Aber grundsätzlich ist die psychische Entwicklung eines Menschen von so vielen Faktoren abhängig, dass man nicht sagen kann, ob dieser oder jener Charakterzug durch die Kindheit mit einer depressiven Mutter oder einem schizophrenen Vater kommt. Dieser Mensch hatte ja nicht nur die Rolle des Kindes einer kranken Mutter oder eines kranken Vaters inne, sondern auch die Rolle eines Mitschülers, einer Freundin und viele mehr. Jede Rolle hatte Einfluss auf ihn.

Die Resilienzforschung zeigt, dass Kinder besonders widerstandsfähig sind, wenn sie verlässliche Bezugspersonen haben. Ist nun die eigene Mutter oder der Vater psychisch krank, aber das Kind in einer gut funktionierenden Pflegefamilie untergebracht, kann es sich völlig normal entwickeln. Was man sagen kann, ist, dass die Belastung für viele Betroffene nicht mit dem 18. Geburtstag endet. Eine Frau, die ich interviewt habe, hatte ein Studium angefangen, nachdem sie ihre ganze Jugend hindurch das Familienleben organisiert hatte. Ihre Mutter litt an einer Psychose. Gerade als die junge Frau ausziehen wollte, sagte die Mutter: »Einer muss hier deine Brüder versorgen!« und zog selbst aus. Die junge Frau brach ihr Studium ab und kümmerte sich weiter. Mit 40 Jahren sagte ihr zum ersten Mal jemand: Du hast ein eigenes Leben!

Welche psychische Krankheit ist aus Sicht der Kinder die schlimmste?

Forschungsergebnisse gibt es dazu nicht. Das Borderline-Syndrom ist für die Angehörigen sehr schwierig, weil die Patienten ein sehr wechselhaftes Verhalten an den Tag legen. Mal suchen sie Nähe, mal schieben sie ihre Kinder von sich weg. Bei Depressionen erleben Kinder einen praktisch abwesenden Elternteil. Bei einer Psychose erleben sie Eltern, die in einer anderen Wahrheit leben als sie selbst. Wer will beurteilen, was für Kinder schlimmer ist? Da sind sich nicht einmal die Wissenschaftler einig. Die einen sagen, die Krankheit selbst habe einen großen Einfluss, die anderen sagen, viel wichtiger seien Faktoren wie die Häufigkeit der Episoden oder der Grad der

Beeinträchtigung der Kommunikationsfähigkeit. Für die Kinder sind die Symptome erst mal nur Fakten. Sie nehmen es hin, wie es ist. Und das ist ja auch gut so. Denn sie können die Krankheit nicht auflösen und ihre Eltern nicht austauschen. Sie können nur damit umgehen lernen.

Es gibt einen wichtigen Unterschied zwischen Familien, in denen Eltern mit einer psychischen Krankheit leben, und Familien, die andere Herausforderungen zu meistern haben wie zum Beispiel eine Armutslage, einen körperlich kranken oder alleinerziehenden Elternteil. Bei allen anderen Problemlagen kann man die Kompetenzen der Eltern oder des verbleibenden Elternteils durch Fachkräfte einschätzen lassen und einen Hilfeplan aufstellen. Eine psychisch erkrankte Mutter oder ein psychisch erkrankter Vater aber ist phasenweise und phasenweise nicht in der Lage, ihr oder sein Kind zu versorgen. Mal kommen sie ganz allein klar, mal brauchen sie eine Rundumversorgung. Darauf ist unser Hilfesystem nicht eingestellt. Dass man die Familien in Ruhe lässt, wenn es gut läuft, und vielleicht einmal die Woche anruft, um zu hören, ob alles in Ordnung ist. Dass man aber schnell in der Lage ist nachzujustieren, wenn es kritisch wird. Wir sind an dem Punkt, an dem wir wissen, dass wir das ganze Familiensystem stützen müssen, nicht nur das Kind.

Es ist nämlich auch ein Trugschluss zu denken: Wenn zwar die Mutter krank, aber der Vater noch anwesend ist, ist alles gut. Denn für eine Ehe ist ein psychisch kranker Partner auch eine große Belastung. Die gesunden Elternteile sind dann nicht mehr wirklich zur Unterstützung der Kinder da. Wenn eine verantwortungsvolle 13-jährige Tochter ihnen anbietet zu helfen, sind sie froh darüber und übergeben ihr gern die Verantwortung. Die unangemessene Form der Parentifizierung wird durch die gesunden Elternteile häufig unterstützt. Eine unserer Studien brachte diesbezüglich ein interessantes

Ergebnis: Ist die Frau psychisch krank, geht die Beziehung häufiger in die Brüche, als wenn der Mann psychisch krank ist. Aber wenn die Beziehung auseinandergeht, bleiben die Kinder häufiger bei der Mutter. Das führt dazu, dass viele Kinder mit alleinerziehenden, psychisch kranken Müttern leben, aber so gut wie nie mit alleinerziehenden, psychisch kranken Vätern.

Gibt es einen Zeitpunkt, zu dem man sagen kann: Dieses Kind ist heil aus der Kindheit mit einem kranken Elternteil hervorgegangen?

Es ist gut gegangen, wenn die Betroffenen als Erwachsene von sich sagen, dass sie ein zufriedenstellendes Leben leben. Manche formulieren es so: »Ohne diese Geschichte würde ich heute nicht da stehen, wo ich stehe.« Aber die Annahme »einmal resilient, immer resilient« gilt nicht. Es kann passieren, dass ich zehn Jahre lang wunderbar lebe und dann in einer Krise zusammenbreche. Allerdings passiert das nicht nur Kindern psychisch kranker Eltern, sondern Menschen mit jeder Art von Hintergrund. Jedes Kind erlebt Krisen mit seinen Eltern. Die einen lassen sich scheiden, die anderen werden arbeitslos. Kindheit ist für niemanden ein krisenfreies und unbeschadetes Leben. Wir alle müssen uns mit diesen Herausforderungen, die unsere persönliche Geschichte beeinflussen, versöhnen.

Der Medizinsoziologe Aaron Antonovsky versteht psychische Gesundheit als einen sich ständig entwickelnden Prozess. Er hat den Begriff der Salutogenese geprägt. Demnach brauchen wir, um uns psychisch gesund zu fühlen, ein Verständnis für das, was mit uns geschieht, und den Glauben daran, dass wir die Kraft und die Möglichkeit haben, dem aktiv zu begegnen. Eine Kindheit an der Seite eines psychisch kranken Elternteils ist also gut ausgegangen, wenn es dem Kind gelungen ist, eine aktive Bewältigungsstrategie zu finden. Und da sind die Kinder sehr kreativ. Eine Frau, die ich für meine Forschungen interviewt habe, ist mit 16 zu ihrem Freund gezogen und hat in seiner Familie den Halt gefunden, den sie brauchte. Die andere hat sich andere Bezugspersonen außerhalb der Familie gesucht und es »meine Wahlverwandtschaften« genannt. Beiden ist es gelungen, sich nicht als Opfer ihrer Geschichte zu sehen.

Was ich in meinen qualitativen Interviews mit Betroffenen festgestellt habe, ist, dass viele das Thema erst einmal hinten anstellen. Wenn sie ihre Kindheit mit einem psychisch kranken Elternteil hinter sich gelassen haben, gründen sie eine eigene Familie, leben ihr Leben. Erst wenn ihre Kinder selbstständiger werden oder aus dem Haus gehen, kommt der Zeitpunkt, an dem sie sich mit ihrer eigenen Kindheit auseinandersetzen. Jeder muss für sich den richtigen Moment dafür finden. Es wäre fatal, den Betroffenen den Rat zu geben: »Arbeite deine Kindheit unbedingt auf, bevor du eine ernsthafte Beziehung eingehst oder eine eigene Familie gründest.« Das funktioniert nicht für jeden, weil sich das Problemverständnis oft erst später entwickelt. Nur wenn jemand sehr stark traumatisiert ist und seine eigenen Bindungsängste nicht verarbeitet hat, kann die Geburt eines Kindes ein Trigger sein. Für solche Fälle gibt es ein Angebot in München, das heißt »SAFE – Sichere Ausbildung für Eltern« (*safe-programm.de*). Ein Lernziel des Kurses lautet: Wie kann ich verhindern, dass ich unbewusst eigene belastende Kindheitserlebnisse an mein Kind weitergebe?

In meinen Gesprächen mit den Ehepartnern und Kindern kranker Elternteile ist mir aufgefallen, wie sehr alle um den Patienten »herumtänzeln«, damit das labile Familiensystem nicht ins Wanken gerät und der häusliche Frieden erhalten bleibt …

Das habe ich teilweise auch beobachtet, und es ist nicht immer hilfreich. Man kann nicht alles mit der Krankheit entschuldigen. Es gibt eine beeindruckende ZDF-Reportage mit dem Titel *Mein verrücktes Leben: Von starken Kindern und kranken Müttern*, in der eine depressive Mutter, wenn sie aus der Klinik zu Besuch nach Hause kommt, sehr viel Zeit liegend auf dem Sofa verbringt. Eine Kollegin aus der Psychiatrie hat zu mir gesagt: »Die Mutter könnte auch sitzen! Und wenn sie säße, könnten sich die Kinder neben sie setzen und ihre Nähe spüren.« Die Idee der Besuche zu Hause ist, dass die Mutter schon einmal testet, welche Aufgaben sie wieder übernehmen kann. Wenn man den Patienten zu sehr schont, nimmt man ihm jegliche Verantwortung ab. Es ist immer ein Spagat zwischen zu hohen Erwartungen und Überforderung einerseits und zu wenig Einbeziehung und Entmündigung andererseits. Von den Kindern kann man nicht erwarten, dass sie selbst einschätzen, was sie einfordern können. Hier brauchen sie Unterstützung von Erwachsenen. Außerdem brauchen Kinder in belastenden Situationen ganz besonders einen stabilen Rahmen, um sich sicher zu fühlen. In der ZDF-Reportage gibt es auch eine Familie, die im ersten Jahr der Erkrankung der Mutter keine Geburtstage oder andere Feste mehr gefeiert hat. Regeln und Rituale sind aber gerade dann besonders wichtig.

Wie beurteilen Sie die Entwicklung der Situation von Kindern psychisch kranker Eltern in den vergangenen Jahren?
Das Thema ist definitiv aktueller geworden. 1999 gab es vielleicht zehn Hilfsangebote. Wenn wir Experten uns zusammensetzten, passten wir um einen Besprechungstisch. Inzwischen sind in der Bundesarbeitsgemeinschaft Kinder psychisch kranker Eltern über 100 Projekte organisiert. Zu unseren Jahrestagungen kommen in der Regel 150 Teilnehmer aus dem gesamten Bundesgebiet.

Es gibt also Hoffnung, aber es bleibt weiter mühsam. Die Kinder werden immer noch zu wenig oder zu spät erkannt. Gerade die Erwachsenenpsychiatrie oder die Kita und Schule sind wichtige Partner. Denn die Psychiatrie sieht die psychisch kranken Eltern, und die Kitas und Schulen sehen die betroffenen Kinder und Eltern. Ich würde auch nicht sagen, dass sie damit überfordert sind, denn beispielsweise muss es in jeder Kita nach Paragraph 8a SGB VIII eine Fachkraft geben, die sich mit Kindeswohlgefährdung auskennt. Die grundsätzliche Kompetenz ist da. Es ist nicht hilfreich, so lange zu warten, bis die Lage eskaliert und das Jugendamt nur noch als Feuerwehr eingreifen kann. Das Fachwissen über Kinder psychisch kranker Eltern ist allerdings noch nicht in den Schulen und Kitas angekommen. Die Kinder fallen ja oft nicht auf den ersten Blick auf. Es sind gerade die sensiblen, verantwortungsvollen Lieblingsschüler, die nicht stören – parentifizierte Kinder, die sich wie junge Erwachsene benehmen und ihre eigene Entwicklung hinten anstellen. Gerade diese Kinder bleiben auf der Strecke und müssen als Erwachsene die eigene Entwicklung nachholen.

Woran wir weiterarbeiten müssen, das sind Angebote für Jugendliche und junge Erwachsene. Prof. Johannes Jungbauer von der Katholischen Hochschule Nordrhein-Westfalen forscht gerade zu jungen Erwachsenen, die mit psychisch kranken Eltern aufgewachsen sind. Ansonsten gibt es inzwischen zwar viele Gruppenangebote für Kinder zwischen acht und zwölf Jahren, und die Bindungsforschung beschäftigt sich damit, wie sich psychische Krankheiten auf die Beziehung zwischen Mutter und Kleinkind auswirken. Aber Fragen wie »Was mache ich eigentlich, wenn ich 16 und in der Pubertät bin? Welche Entlastung brauche ich dann?« werden wenig gestellt.

Bezüglich aller Altersgruppen brauchen wir ein Umdenken in der Politik und im Hilfesystem: Bislang sind die Hilfen immer zeitlich befristet. Bis auf die Heimunterbringung oder Pflegefamilien gibt es keine langfristigen Konzepte der ambulanten Hilfe. Wir haben aber Familien, die möglicherweise zehn Jahre lang Unterstützung brauchen – bis die Kinder aus dem Haus sind. Da müssen zwei Hilfesysteme, die bisher wenige Berührungspunkte haben, die Erwachsenenpsychiatrie und die Jugendhilfe, zusammenarbeiten. Wir brauchen integrierte Hilfe aus einer Hand. Und eine einfachere Finanzierung.

Zum Schluss die Frage: Gibt es einen Fall, der Ihnen besonders in Erinnerung geblieben ist?
In einer Familie, die ich interviewt habe, gab es Zwillingsschwestern, die vorher nie miteinander über ihre Kindheit gesprochen hatten. Die eine Schwester war nur zehn Minuten älter als die andere und doch waren ihre Perspektiven völlig unterschiedlich. Die Mutter sagte immer: »Du bist die Ältere, du musst dich kümmern!« Die ältere Tochter erwischte sich selbst dabei, wie sie dachte: »Die ›Kleine‹ kann dies oder jenes nicht machen, nicht ertragen.« Dabei war die ›Kleine‹ doch nur zehn Minuten jünger! Das hat die ältere Tochter sehr geprägt und sie sagte zu mir: »Wäre ich nur zehn Minuten später geboren, hätte mein ganzes Leben anders ausgesehen.«

»Das Leben soll kein Durchhalten sein«
Jeanette (18), Tochter einer depressiven Mutter

Jeanette lebt bei ihrer alleinerziehenden Mutter, die wegen ihrer Depressionen schon zwei lange Klinikaufenthalte hinter sich hat. Ihre sieben Jahre ältere Schwester lebte zeitweise beim Vater und ist inzwischen ausgezogen, sodass Jeanette oft mit ihrer Mutter allein war und ist. Sie spricht ruhig und überlegt, antwortet in kurzen, klaren Sätzen, die unmissverständlich Grenzen setzen.

Es fing schon im Kindergarten an, dass ich keine Freunde gefunden habe, und in der Grundschule ging es weiter. Irgendwie kamen die anderen Kinder nicht so gut mit mir klar. Meine Mama war mit mir beim Psychologen, aber der hat nichts feststellen können. Vielleicht lag es daran, dass ich zurückhaltender bin als die anderen, mehr ein Nachdenker. Erst als ich in der achten Klasse sitzengeblieben bin und in eine andere Klasse kam, lief es besser. Dort habe ich Freunde gefunden und mittlerweile komme ich ganz gut klar. Vieles hat sich verbessert in den letzten zwei Jahren. Meine Mama nimmt jetzt Medikamente gegen ihre Depressionen.

Die hat sie, seit ich denken kann. Sechs Wochen nach meiner Geburt hatte mein Vater einen Motorradunfall und war danach querschnittsgelähmt. Es war damals eine schwierige Situation für meine Mama. Sie musste sich um meinen Vater kümmern, um ein Baby und um meine Schwester, die erst sieben Jahre alt war. Einen Hund hatten wir auch noch, und die Oma musste gepflegt werden. Mein Vater wurde mit der Zeit aggressiv, richtig cholerisch. Irgendwann haben beide entschieden, es sei besser für uns alle, wenn sie auseinandergehen. Als ich sieben oder acht war, ließen sich meine Eltern scheiden. Danach lebte ich mit meiner Schwester bei meiner Mama. Sie war oft traurig, hat nicht mehr so viel mit uns unternommen. Vorher waren wir noch häufig spazieren, im Schwimmbad oder im Kino. Jetzt war ihr alles egal, sie lag viel auf dem Sofa, sah gestresst aus. Sie hatte ja nie wirklich Zeit, die Geschichte mit meinem Vater zu verarbeiten. Nur konnte ich das früher nicht verstehen. Wir haben oft gestritten, sie hat viel geweint.

Heute weiß ich, dass ihre Antriebslosigkeit von der Depression kam. In den ersten Jahren wechselten sich die guten und schlechten Phasen noch ab, aber irgendwann waren es mehr schlechte als gute. Ich habe erst mit acht oder neun Jahren kapiert, was da los ist. Ich habe versucht, meine Mama von ihren traurigen Gedanken abzulenken, für sie da zu sein, sie fröhlich zu machen, aber das bringt nichts, wenn jemand Depressionen hat. Inzwischen weiß ich das. Sie hatte unverständliche Ängste, zum Beispiel dass wir aus der Wohnung ausziehen müssten, dass alles kaputtgeht, dass sie wertlos ist, dass ihr ganzes Leben zusammenstürzt. Ich habe ihr gesagt: »Du hast doch uns! Wir helfen dir, damit das nicht passiert!« Aber das hat nichts genutzt. Das Schlimmste war das Gefühl der Hilflosigkeit. Und ich habe mich für sie geschämt, weil sie sich nicht mehr pflegte.

Als ich vierzehn war, kam meine Mama zum ersten Mal in die Klinik. Meine Schwester und ich waren ein Jahr lang allein zu Hause. Das war sehr unvorteilhaft für uns. Denn meine Mama hatte einen Hausmeisterjob in unserem Mehrfamilienhaus, und wir mussten ihre Aufgaben übernehmen: die Treppenhäuser und Fenster putzen, den Gehweg sauber halten. Der Vermieter wusste, dass meine Mama im Krankenhaus war, aber er erwartete trotzdem, dass die Aufgaben erledigt wurden. Das meiste habe ich gemacht, denn meine Schwester ging schon arbeiten und brachte das Geld nach Hause, damit wir überhaupt von etwas leben konnten. Im Winter bin ich eine Stunde früher aufgestanden und habe vor der Schule

Schnee geschippt. In der Schule war ich dann müde und jeder hat mich schief angeguckt, weil ich total fertig aussah. Das war mir sehr unangenehm. Genauso wie wenn ich meinen Mitschülern erklären musste, warum meine Eltern nie die Elternbriefe unterschrieben. Sie haben keine Zeit, habe ich gesagt.

Das war auch das Jahr, in dem ich sitzengeblieben bin. Meine Lehrer wussten, was bei mir zu Hause los war und haben gesagt, ich könne zu ihnen kommen, wenn etwas ist. Aber ich frag meinen Lehrer ja nicht, ob er mir beim Staubsaugen hilft! Es wäre gut gewesen, wenn sie mir eine richtige Haushaltshilfe besorgt hätten.

Als meine Mama wieder nach Hause kam, änderte sich einiges. Eine Psychologin aus der Klinik kommt uns seitdem regelmäßig besuchen und redet mit ihr. Ich bin froh, dass sie jemanden zum Reden hat. Die Psychologin hat mir erklärt, dass meine Mama Depressionen hat und was das genau ist. Ich selbst habe es auch mal mit einer Therapie versucht, aber das bringt mir nichts. Da kann ich lieber mit meinen Freunden reden. Die hören einfach nur zu oder erzählen von ihren Problemen mit ihren Eltern, und das hilft. Auch mit meiner Mama habe ich über ihre Krankheit gesprochen. Sie nimmt jetzt ihre Medikamente zuverlässig und schmeißt auch den Haushalt wieder.

Trotzdem musste sie Anfang dieses Jahres wegen ihrer Depressionen noch mal für neun Monate in die Klinik. Da war ich dann ganz allein zu Hause, denn meine Schwester ist vor ein paar Jahren ausgezogen, als sie mit ihrer Ausbildung fertig war. Das ist auch gut so, denn vorher gab es nur Streit, sie hat einfach mit jedem herumgestritten. Seit sie weg ist, verstehen wir uns besser.

Diesmal habe ich zu meiner Mama gesagt, ich kann das mit dem Hausmeisterdienst nicht machen. Da hat sie dem Vermieter Bescheid gesagt, und er hat sich einen anderen Hausmeister gesucht. Ich weiß auch nicht, warum ich das beim ersten Mal nicht schon gesagt habe. Damals habe ich gedacht, es gibt keine andere Möglichkeit, ich muss das einfach machen. Und diesmal habe ich mir eben gedacht: Ich war die ganzen Jahre für meine Mama da, und jetzt reicht's. Da muss sie sich jetzt drum kümmern, das ist nicht meine Aufgabe. Es ist ja schon nicht selbstverständlich, dass eine 15-Jährige allein zu Hause ist, den Haushalt meistert, mit dem Hund Gassi geht, die kranke Oma und den kranken Vater besucht und mit ihnen einkaufen geht. Das habe ich ja alles weiterhin gemacht.

Mit meinem Vater habe ich oft über meine Mama gesprochen. Wenn sie zu viel getrunken hatte, habe ich ihm das erzählt, und wir haben uns gemeinsam darüber aufgeregt und versucht, eine Lösung zu finden. Anfangs trank sie nur manchmal, und ich kapierte gar nicht, dass das nicht normal ist. Erst als die Leute mich darauf ansprachen, und wir in der Schule im Biologieunterricht über Alkoholismus gesprochen haben, wurde mir alles klar.

Meine erste Erinnerung ist, dass meine Mama mit den Nachbarn einen auf unseren schönen Weihnachtsbaum getrunken hatte und danach noch mit ihnen ausgehen wollte. Ich war noch sehr klein und wollte nicht, dass sie wegging. Meine Schwester schlief schon, ich heulte und schrie. Da ist sie dann ausgerastet, hat mich geschüttelt und geschrien: »Ich hasse dich!« Und dann ist sie trotz meines Protests weggegangen.

Als ich zehn Jahre alt war, begleitete ich meine Mama regelmäßig in die Kneipe. Bis mitten in der Nacht saßen wir da, und ich sagte: »Mama, trink nicht so viel, komm, wir gehen jetzt, es ist schon vier Uhr früh!« Dann hat sie geantwortet: »Du bist eine Spaßbremse. Du bist nervig.« Aber das habe ich in Kauf genommen, denn ich wollte aufpassen, dass sie heil nach Hause kam, wenn sie nicht mehr geradeaus laufen konnte, und dass sie den Hund nicht von der Leine ließ. Wenn ich nicht mitgegangen wäre, hätte ich vor lauter Sorgen um sie eh nur wachgelegen.

Später machte ich im Nachbarort einen Tanzkurs, da fuhr sie mich hin. Manchmal nahmen wir meine Freundin mit. Vor ihr war es mir sehr peinlich, meiner Mutter sagen zu müssen, dass sie in der Spur bleiben soll. Dass sie auf dem nächsten Parkplatz anhalten und durchatmen soll. Zumindest lernt man so, dass man nichts trinken sollte, wenn man danach noch Auto fahren muss. Ich trinke nur an Geburtstagen. Anfangs habe ich gesagt, ich werde überhaupt keinen Alkohol trinken, aber dann habe ich mich langsam herangetastet und gemerkt, dass es nicht so schwer ist, seine Grenze zu kennen und einzuhalten.

Ich nehme meiner Mutter das, was passiert ist, nicht allzu übel, ich war nur schockiert, wenn sie mich so schlecht behandelte, weil sie doch sonst immer sagte, dass sie mich lieb hat. Heute ist sie klüger. Und ich habe gelernt, dass ich nicht auf sie aufpassen muss, und dass ich nicht schuld bin, wenn etwas passiert. Ich kann ihr nicht sagen, was sie tun und lassen soll. Wenn sie meinen würde, wieder trinken zu müssen, könnte ich da nichts machen. Sie müsste von selbst darauf kommen, dass es besser wäre aufzuhören. Das hat mir keiner gesagt, ich habe einfach mit der Zeit kapiert, dass jeder für sich selbst verantwortlich ist.

Durch meine Kindheit habe ich gelernt, geduldig zu sein. Wenn ich mit jemandem Streit habe, gehe ich nicht an die Decke, weil ich weiß, das ist unnötig. Ich versuche, den anderen zu beruhigen. Das kommt daher, dass ich früher immer aufpassen musste, dass meine Mama nicht ausrastet. Auch bei meinen Freunden bin ich heute der Streitschlichter.

Außerdem bin ich sehr verantwortungsvoll.

Als ich vierzehn war, hatte ich drei Jahre lang einen Freund. Es war sehr schwierig für mich, meine Gefühle körperlich auszudrücken, weil ich das von meiner Mama nicht gelernt habe. Ich konnte sie nicht umarmen und küssen, weil ich mich vor ihr geekelt habe. Mein Freund war sehr geduldig mit mir. Erst nach sieben Monaten haben wir uns zum ersten Mal geküsst.

Jetzt mache ich meinen Realschulabschluss und gehe ab nächstes Jahr auf die Oberschule. Ich möchte mein Abitur machen und dann Psychologie studieren und Neuropsychologin werden. Dafür interessiere ich mich sehr und habe schon viele Bücher darüber gelesen. Das kommt daher, dass ich immer versucht habe herauszufinden, was mit mir, meiner Mama und anderen Menschen los ist. Ich will wissen, wozu die Psyche imstande ist, wie Gefühle zustande kommen.

Ich würde gern von zu Hause ausziehen. Eilig habe ich es nicht damit, aber ich bin bereit. Ich muss nur noch überlegen, ob ich mir einen Nebenjob suche, damit es für eine eigene Wohnung reicht. Irgendwann möchte ich Kinder haben. Ein bisschen Sorgen mache ich mir, dass ich auch Depressionen bekommen könnte. Das kann jedem passieren. Und Kinder, die durch Eltern mit Depressionen geprägt wurden, sind anfälliger dafür.

Mein Tipp an andere Kinder und Jugendliche in meiner Situation ist: Versucht nicht durchzuhalten! Das Leben soll kein Durchhalten sein. Sucht euch gleich Hilfe, wenn ihr merkt, dass es zu anstrengend wird. Fragt den Nachbarn, ob er mal mit dem Hund gehen kann, fragt eure Freunde, ob sie euch helfen, die Wohnung zu putzen. Wenn ihr merkt, dass ihr keine Kraft mehr habt, ruht euch aus. Und versucht nicht zwanghaft, einem kranken Menschen, der ein falsches Bild von der Welt hat, etwas anderes einzubläuen. Depressive Menschen sehen oft in gar nichts mehr einen Sinn. Man kann versuchen, für sie da zu sein, aber nicht so sehr, dass man selbst nicht mehr weiterweiß.

Ich denke, ich habe gut aufgeholt und komme jetzt allein klar. Früher, als ich das alles nicht verstanden habe, war ich wütend. Aber jetzt ist da nichts mehr, was mich belastet. Ich bin froh, so wie es ist und wünsche mir keine andere Kindheit. Sonst wäre ich nicht der Mensch, der ich bin!

Wir Kinder kranker Eltern sind bestimmt anders als andere, aber das ist nichts Schlechtes. Es heißt immer, solche Kinder gehen unter, sie haben schlechtere Chancen, glücklich zu werden. Aber das stimmt nicht. Diese Kinder sind besonders gelassen. Sie sind nicht wie Menschen, die nie etwas Schlechtes erlebt haben und beim kleinsten Fingernagel, der abreißt, in Tränen versinken.

»Es ist ein großer Schritt, sich einzugestehen, dass man selbst ein Problem hat«

Gespräch mit Katja Beeck, Initiatorin des Vereins Netz und Boden

Katja Beeck hat die Initiative Netz und Boden 1999 als Anlaufstelle für Kinder psychisch kranker Eltern, aber auch als Möglichkeit der Vernetzung für Fachkräfte und Projekte gegründet. Im Laufe der Jahre hat sich der Schwerpunkt ihrer Arbeit auf die Fortbildung von Fachkräften aus Jugendhilfe und Psychiatrie verlagert. Außerdem berät sie betroffene Jugendliche und erwachsen gewordene Kinder, psychisch erkrankte Eltern und andere Angehörige sowie Fachkräfte und Träger, die Angebote für Kinder psychisch kranker Eltern ins Leben rufen oder weiterentwickeln wollen. Beim Berliner Jugendhilfeträger AMSOC e.V. leitet sie ein Patenschaftsangebot für Kinder psychisch kranker Eltern. Außerdem hat sie Selbsthilfegruppen für erwachsene Kinder psychisch Kranker angeleitet, initiiert und beraten.

Frau Beeck, zu Beginn dieses Buches haben Sie das Rollenverhalten von Kindern kranker Eltern erklärt. Welche Rollen sind Ihnen bei erwachsenen Kindern in den Selbsthilfegruppen begegnet?
In den Selbsthilfegruppen, die ich näher kennengelernt habe, tauchen vor allem erwachsene Kinder psychisch kranker Eltern auf, die die Heldenrolle innehaben. Das ist nicht verwunderlich, denn Hilfe zu organisieren haben diese Menschen von klein auf gelernt. Es sind überwiegend Frauen, fast alle die ältesten oder die einzigen Kinder in ihren Familien, die ganz viel Verantwortung übernommen haben. Sie sind meist überdurchschnittlich gut in der Schule und generieren als Erwachsene ihr Selbstwertgefühl durch Leistung. Für sie ist es wichtig zu lernen, dass sie auch ohne ihre Leistungen liebenswert sind, nur um ihrer selbst willen. Im Extremfall haben sie ein sehr geringes Selbstwertgefühl und große Schwierigkeiten, sich und ihre eigenen Bedürfnisse wahrzunehmen, sich von ihren kranken Eltern – in der Regel Müttern, die unter Psychosen leiden – abzugrenzen und ihr eigenes Leben zu leben. Viele haben das, was sie als Kinder gelernt haben, zum Beruf gemacht: anderen zu helfen. Sie sind zum Beispiel als Krankenschwester, Polizist oder Sozialpädagogin tätig.

Mit welchem Ziel kommen diese Frauen in die Selbsthilfegruppe?
Wer in die Selbsthilfegruppe kommt, hat in der Regel nicht nur erkannt, dass er Unterstützung beim Umgang mit seinem psychisch kranken Elternteil braucht, sondern auch, dass die Erfahrungen seiner Kindheit etwas mit ihm selbst gemacht haben. Dass die schwierige Beziehung zum kranken Elternteil Auswirkungen auf die Beziehungen hat, die er als Erwachsener eingeht. Das ist ein großer Schritt, sich einzugestehen, dass man nun selbst ein Problem hat, obwohl ursprünglich der psychisch erkrankte Elternteil eines hatte. Diese erwach-

senen Kinder haben sich bisher in erster Linie um andere gekümmert. Sie sind es daher nicht gewohnt, mit ihren Sorgen und Nöten im Mittelpunkt zu stehen. Das ist bei vielen ein ausgeprägtes Bedürfnis.

Um sich um sich selbst kümmern zu können, ist es den Betroffenen wichtig, sich von ihren kranken Eltern zu lösen – nicht nur räumlich, sondern vor allem innerlich Abstand zu bekommen, die Verantwortung für den Erkrankten wieder abzugeben. Das ist gar nicht so einfach, denn es kann bedeuten, einen schwer kranken Menschen sich selbst zu überlassen – mit all den Folgen, die das für ihn und in der Konsequenz auch für seine Familie haben kann. Auffällig ist, dass viele erwachsene Kinder trotz aller teilweise traumatischen Erlebnisse mit ihren psychotischen Eltern immer noch zu ihnen halten wollen. Oft sind diese Kinder zerrissen zwischen ihren eigenen Bedürfnissen und denen ihrer kranken Eltern.

Ihr innerlicher Ablöseprozess wird auch nach ihrem 18. Geburtstag von äußerlichen Umständen erschwert. Wie abhängig sie auch als Erwachsene noch von ihren Eltern ist, wurde zum Beispiel einer jungen Frau deutlich, als sie von ihrer kranken Mutter eine schriftliche Auskunft für den Wohngeldantrag und eine Bürgschaft für die Anmietung ihrer ersten eigenen Wohnung brauchte. Dabei ist gerade der Auszug von zu Hause wichtig und hilfreich, um zur Ruhe zu kommen. Von dort aus kann der lange Weg der innerlichen und emotionalen Abgrenzung beginnen. Gerade für Menschen, die früh viel Verantwortung für ihre Eltern übernommen haben, also die Heldenrolle innehatten, ist dieser besonders schwierig.

Mit welchen Fragen beschäftigen sich erwachsen gewordene Kinder psychisch kranker Eltern?

Wenn es gerade einen akuten Krankheitsschub bei dem betroffenen Elternteil gibt, selbst wenn es schon der zehnte ist, gibt es keine Routine. Dann geht es darum, was man machen kann, damit er möglichst schnell behandelt wird. Denn das ist aufgrund der aktuellen Gesetzeslage bei Menschen mit Psychosen gar nicht so einfach, wenn sie sich nicht selbst oder andere gefährden. Oft geht es den erwachsenen Kindern vor allem darum, aushalten zu lernen, dass sie nichts für den Erkrankten tun können.

Wenn es keinen akuten Krankheitsschub bei den betroffenen Eltern gibt, ist mehr Zeit, sich mit anderen Themen zu beschäftigen – zum Beispiel mit dem eigenen Kinderwunsch. Da stehen Fragen im Raum wie: »Habe ich die Kraft dafür? Will ich schon wieder Verantwortung übernehmen, nachdem ich es gerade geschafft habe, mich aus der Verantwortung für meine kranke Mutter zu lösen?« Den erwachsen gewordenen Kindern, die ihr Leben in einer Therapie reflektiert haben, ist sehr bewusst, dass ihre Kinder ein Recht darauf haben, Kind sein zu dürfen und emotional gut versorgt zu werden. Sie fragen sich, ob ihnen das besser als ihren kranken Eltern gelingen wird. Da es bei bestimmten psychischen Störungen wie Schizophrenie und Bipolarer Störung eine genetische Veranlagung gibt, machen manche sich Sorgen, dass ihre Kinder diese Veranlagung für die psychische Krankheit ihrer Großeltern geerbt haben könnten.

Oft wird die Doppelbelastung von außen nicht gesehen, unter der erwachsene Kinder mit psychisch kranken Eltern stehen, wenn sie selbst eine Familie gründen: Einerseits fehlt ihnen etwas, nämlich die wichtige Unterstützung durch die Großeltern. Wenn eine Mutter chronisch psychisch krank ist und schon ihre Mutterrolle nicht hinreichend ausfüllen konnte, gilt das wahrscheinlich auch für ihre Omarolle. Wenn ihre psychisch erkrankten Eltern noch leben, sind die Kinder zusätzlich belastet, weil sie ihre Eltern praktisch unterstützen müssen oder sich gerade im Ablöseprozess befinden. Und manchmal stellen andere Menschen auch noch den moralischen Anspruch, dass sie sich um ihre alten, kranken Eltern zu kümmern hätten. Das erschwert den Abgrenzungsprozess enorm. Dann hilft nur: Sich selbst die Erlaubnis zu geben loszulassen, selbst wenn andere Menschen, die oft gar nicht wissen oder nachvollziehen können, was die Betroffenen in ihrer Kindheit schon alles für ihre Eltern geleistet haben, sie dafür verurteilen.

Es gab ein Beispiel, das durch die Medien gegangen ist und mich bedrückt hat: Ein Mann sollte für seine pflegebedürftige, alte Mutter zahlen und ging bis zum Bundesgerichtshof, um sich dagegen zu wehren. Seine Mutter leidet an Schizophrenie und hatte ihn als Kind aus der Wohnung verwiesen und ihn in ihr Wahnsystem einbezogen. Als 13-Jähriger hatte er es dann geschafft, sich von ihr zu lösen und war zum Vater gezogen. Das halte ich für eine enorme Leistung. Und nun im Erwachsenenalter wurde ihm von einem Journalisten vorgehalten, die Mutter habe ihn nicht rausgeschmissen oder verlassen, er sei schließlich freiwillig gegangen. Darum sei es nun für ihn zumutbar, seine Mutter finanziell zu unterstützen, notfalls dafür auch sein Haus zu verkaufen.

Die Beweislast dafür, dass es für ein erwachsenes Kind unzumutbar ist, für seine bedürftigen Eltern finanziell aufzukommen, liegt meines Wissens beim Kind. Wenn es in seiner Kindheit Unterhalt von seinen Eltern erhalten, bei ihnen gewohnt hat und kein dokumentierter Fall von Kindeswohlgefährdung von damals vorliegt, wird es sehr schwierig für das Kind, dies nachzuweisen. Dabei ist die finanzielle Versorgung noch lange kein Indiz dafür, dass das Kind auch emotional von seinen Eltern versorgt wurde. Wenn ein Kind emotional in einem Maße unter seinen Eltern gelitten hat, dass es Auswirkungen auf sein ganzes Leben hat, und es das notfalls mit Gutachten und dem Nachweis über absolvierte Psychotherapien beweisen kann, sollte die Gemeinschaft ihm als Erwachsenen nicht noch aufbürden, für seine Eltern zu zahlen. Es geht dabei nicht nur um die finanzielle, sondern auch um die erneute emotionale Belastung: Menschen, die schon in ihrer Kindheit und Jugend die Elternrolle übernehmen und sich beispielsweise um einen schwer psychisch kranken Elternteil und vielleicht sogar noch jüngere Geschwister kümmern mussten, wird vermittelt, dass sie schon wieder zuständig seien und ihre Bedürfnisse zurückstecken müssen. Das erschwert den Menschen die innerliche Abgrenzung zum Erkrankten und die Verarbeitung des Erlebten enorm. Ich wünsche mir hier mehr Offenheit für Einzelfallentscheidungen.

Unter welchen Belastungen leiden Kinder psychisch kranker Eltern genau?
Das ist in jedem Einzelfall sehr unterschiedlich. Wie hoch die Belastung eines konkreten Kindes ist, hängt von verschiedenen Faktoren ab, die maßgeblich beim erkrankten Elternteil, aber auch im sozialen Umfeld des Kindes liegen. Welche Krankheit mit welchen konkreten Symptomen hat der psychisch erkrankte Elternteil und wie stark sind diese ausgeprägt? Verläuft seine Erkrankung chronisch oder heilt sie aus? Wie geht der erkrankte Elternteil mit seiner Erkrankung um, verdrängt er sie oder lässt er Unterstützung für sich zu? Sieht er, dass sein Kind von seiner Erkrankung mitbetroffen ist, verharrt er in Schuldgefühlen oder lässt er Unterstützung für sein Kind zu? Und ganz wichtig: Gibt es noch jemanden, der an der Seite des Kindes steht und dafür sorgt, dass dessen Bedürfnisse für eine körperliche und emotional gesunde Entwicklung ausreichend erfüllt sind? Kinder, die noch gesunde und sich hilfreich verhaltende Elternteile, Angehörige oder andere konstante Bezugspersonen haben, müssen also nicht zwangsläufig extrem belastet sein.

Kinder psychisch erkrankter Eltern sind nur in Ausnahmefällen körperlichen Übergriffen ausgesetzt, und es besteht auch nur in den allerwenigsten Fällen akute Lebensgefahr für das Kind. Doch ausgerechnet diese Fälle landen immer in den Medien. Dadurch entsteht ein sehr undifferenziertes Bild von psychisch erkrankten Menschen und den Belastungen ihrer Kinder. Häufiger leiden die Kinder darunter, dass sie emotional nicht ausreichend versorgt werden. Es kann auch zu verbalen Grenzüberschreitungen kommen, die weitreichende Folgen für das Kind haben, die leider oftmals unterschätzt werden. Eine erwachsene Tochter einer psychotischen Mutter sagte einmal zu mir: »Ich wünschte, meine Mutter hätte mich geschlagen, dann hätte vielleicht jemand mein Leid gesehen. Doch die Wunden meiner Seele, die sieht keiner.« Sie wurde von ihrer Mutter in deren Psychosen ordinär beschimpft und entwertet. Ich weiß von Kindern, denen ihr erkrankter Elternteil die Schuld an ihrer Krankheit gegeben hat und von Vätern, die sich selbst von der erkrankten Frau getrennt, aber ihrem Kind die Verantwortung für die kranke Mutter ausdrücklich übertragen haben. Diese Kinder mussten Aufgaben übernehmen, die selbst viele Erwachsene überfordert hätten.

Auffällig ist, dass sich in Selbsthilfegruppen für erwachsene Kinder psychisch kranker Eltern überwiegend Menschen treffen, deren Mütter eine Schizophrenie oder eine Bipolare Störung haben, die chronisch beziehungsweise schubweise chronisch verläuft. Und dass diese Menschen als Kinder überwiegend keine sich hilfreich verhaltende Bezugsperson konstant an ihrer Seite hatten. Diese Konstellation scheint sich besonders schwerwiegend auf Kinder auszuwirken. Diese Menschen haben als Kinder ihre engste Bezugsperson in Zuständen erlebt, in denen sie sich nicht mehr unter Kontrolle hatte. Eine Psychose verzerrt die Wahrnehmung des Erkrankten und stellt die gesamte Wahrnehmung des Kindes in Frage.

Können kranke Eltern etwas tun, um ihren Kindern die Situation zu erleichtern?
Unbedingt! Jede schwere chronische Krankheit eines Elternteils – egal ob somatisch oder psychisch – kann durch ihre weitreichenden Auswirkungen auf alle Familienangehörigen zu einer Familienkrise werden. Wichtig ist zu erkennen: Keiner kann etwas für die Krankheit. Keiner hat sie sich ausgesucht. Alle sind belastet. Darüber gemeinsam zu trauern, ohne Schuldzuweisung, kann für alle Beteiligten sehr reinigend sein. Danach gelingt es oft besser, sich zu fangen, neue Kraft zu schöpfen und zu sagen: »Wir machen jetzt alle das Beste aus der Situation.« Das wünsche ich allen Familien.

Wenn Eltern an dem Punkt ihrer Krankheitsbewältigung angekommen sind, an dem sie merken, dass ihr Kind durch ihre Erkrankung sehr belastet ist, entwickeln viele heftige Schuldgefühle. Diese ändern aber nichts an der Situation des Kindes und schaden nur dem Erkrankten. Hilfreicher ist zu versuchen, gut mit der belastenden Situation umzugehen. Eine psychische Erkrankung schränkt zwar ein, aber es ist trotzdem möglich, ein liebevoller, sorgender Elternteil zu sein. Das ist die ermutigende Botschaft, die ich allen betroffenen Eltern mitgeben möchte! Wichtig dafür ist, Verantwortung für den Umgang mit der Erkrankung und für die Erfüllung der Bedürfnisse minderjähriger Kinder zu übernehmen. Das bedeutet nicht, dass der Erkrankte die Bedürfnisse immer selbst erfüllen muss. Es reicht aus, wenn er dafür sorgt, dass es jemanden gibt, der sie mit ihm zusammen oder an seiner statt erfüllt. Es ist doch auch völlig normal, seine Kinder zur Schule zu schicken und die Aufgabe der Wissensvermittlung anderen Menschen zu überlassen. Ein psychisch erkrankter Elternteil kann genauso dafür sorgen, dass sein Kind auch von einer anderen Bezugsperson betreut wird, ein offenes Ohr bekommt und eine unbeschwerte Zeit verbringt.

Diese Person kann zum Beispiel ein Pate sein, wie er im Patenschaftsangebot von AMSOC e.V. vermittelt wird. Paten betreuen ein Kind regelmäßig und geben ihm einen Einblick in ihr Familienleben. Durch das Beziehungsangebot, das sie dem Kind machen, lernt es alternative Verhaltensweisen und Haltungen kennen. Bestenfalls hat das Kind bis zum Erwachsenenalter hilfreiche Verhaltensweisen und Einstellungen von seinen Eltern *und* von seinen Paten übernommen. In unserem Patenschaftsprogramm erleben wir immer wieder berührende Entwicklungen: Ein Patenkind war familiär sehr belastet. Seine schulischen Leistungen waren bereits abgesackt. Im Verlauf der Patenschaft wurden sie wieder besser – aber nicht, weil seine Paten ihm Nachhilfe gegeben hatten, sondern weil sie viele Jahre an seiner Seite gestanden und ihm neue Perspektiven aufgezeigt haben. Inzwischen ist das Kind volljährig und kann benennen, wie wichtig es für sein Wertesystem war zu erkennen, dass sich fremde Menschen um es gekümmert haben. Einfach so. Ohne Gegenleistung. Das ermöglichte ihm, Vertrauen zu anderen aufzubauen und einen positiven Blick auf die Gesellschaft und das Leben zu entwickeln.

Für junge erwachsene Kinder psychisch erkrankter Eltern, die kein hilfreiches Rollenvorbild als Kinder und Jugendliche hatten, kann es auch in ihrem Alter noch unterstützend sein, einen Mentor an die Seite gestellt zu bekommen, der sie unterstützt und ihnen hilfreiche Verhaltensweisen vorlebt, die sie übernehmen können. Denn viele von ihnen wissen leider nur, wie sie sich *nicht* verhalten wollen, aber das allein reicht nicht aus. Wichtig ist auch zu wissen, wie man sich stattdessen verhalten möchte.

Was können kranke Eltern noch tun?

Gern würden viele Eltern, deren psychische Krankheit schubweise auftritt, ihren Kindern versprechen, dass ihre Krankheit nie wieder kommt. Das können sie leider nicht. Sie können aber einen Notfallplan für sich und ihr Kind entwerfen und organisieren, dass ihr Kind gut versorgt wird, wenn es ihnen erneut nicht gut gehen sollte. Außerdem können sie einen »Notfallbrief« schreiben und dafür sorgen, dass jemand dem Kind diesen Brief gibt oder vorliest, wenn ihre Krankheit wieder ausbricht. In diesem Brief können sie ihrem Kind alles schreiben, was sie ihm so gerne in dieser Situation sagen würden, es nun aber krankheitsbedingt nicht können. Eine Mutter, die schubweise unter Depressionen leidet, erzählte mir, sie habe ihrem vierjährigen Sohn statt eines Briefes eine Nachricht mit dem Smartphone aufgenommen, weil er noch nicht lesen kann. So kann er auch ihre vertraute Stimme hören. Andere Eltern haben mir zurückgemeldet, dass es für sie erleichternd war zu wissen, dass es etwas gibt, was sie für ihr Kind tun können. Sie fühlten sich nicht mehr so hilflos.

Sollte ein erkrankter Elternteil erst spät erkennen, welche Belastung seine Krankheit für seine Angehörigen war, ist es ein großes Geschenk an sein erwachsenes Kind, wenn er sich auch im hohen Alter noch einmal bei ihm entschuldigt. Nicht für seine Krankheit, sondern für seinen Umgang damit. Dafür, dass er keine Unterstützung für sich und sein Kind geholt oder zugelassen oder verpasst hat, sein Kind einmal zu fragen: »Wie geht es eigentlich *dir*?« und »Kann ich etwas tun, damit es dir besser geht?« Eine ehrliche Entschuldigung macht zwar nichts ungeschehen und wird das erwachsene Kind nicht von allen Folgen befreien, aber sie erleichtert es ihm, seinem Elternteil zu verzeihen, zur Ruhe zu kommen und positiv in die Zukunft zu schauen.

Was hilft den Betroffenen, wenn sie merken, dass die Erfahrungen aus ihrer Kindheit sich auf ihr Erwachsenenleben auswirken?

Viele Menschen übernehmen Verhaltensweisen ihrer Eltern, obwohl sie als Kind selbst darunter gelitten haben. Vor allem, wenn sie wenige Handlungsalternativen kennengelernt haben. Wenn ich als Kind beispielsweise erlebt habe, dass ich unter Druck gesetzt wurde nach dem Motto: »Wenn du nicht das und das machst, dann passiert etwas!«, ist es wahrscheinlich, dass ich als Erwachsener in Situationen, in denen ich mich hilflos fühle und keine Handlungsalternativen kenne, selbst einen solchen Druck auf andere ausübe. Es ist schwierig und ein langer Weg, als Erwachsener ein emotionales Defizit auszugleichen und es nicht an seine Kinder weiterzugeben. Aber es ist möglich. Ein Psychotherapeut oder Coach kann dabei unterstützen.

Der erste Schritt ist zu erkennen und zu reflektieren: Was ist mir wiederfahren? Weshalb gehe ich wie mit anderen Menschen um? Dahinter stecken Überzeugungen, die wir in unserer Kindheit gelernt haben. Manche sind vielleicht nicht hilfreich und sollten durch hilfreichere Überzeugungen ersetzt werden. Allerdings sollte man seine Ansprüche an sich selbst nicht zu hoch setzen. Es wird niemandem gelingen, ein perfekter Mensch oder Elternteil zu sein. Das ist auch gar nicht nötig. Wenn es ein Mensch, der keine guten Startbedingungen hatte, schafft, zumindest ein paar seiner Einstellungen und Verhaltensweisen zu verändern, ist das eine enorme Leistung, auf die er sehr stolz sein kann. Dann ist ein guter Grundstein gelegt, dass psychische Gesundheit in die Familie einzieht.

Es gibt eine Übung für erwachsene Kinder psychisch Kranker, die beim Loslassen helfen kann: sich selbst einen Brief im Namen seiner Eltern zu schreiben. Schreiben Sie alles auf, was Sie schon immer gern einmal von Ihren Eltern gehört hätten. Als letzten Satz schreiben Sie: »Bitte verzeih mir, dass ich es nie geschafft habe, dir das zu sagen oder zu schreiben. Es liegt nicht an dir. Du hättest es verdient.«

Oma darf nichts wissen – Kinder suchtkranker Eltern

Laura (17) ist in einer gut situierten Familie groß geworden: der Vater Arzt, die Mutter Pädagogin, Geld und ein großes Auto waren immer da. Ihre Mutter fing an zu trinken, nachdem Lauras Großvater unerwartet starb – nicht lange danach trennte sich Lauras Vater von ihr. »Erst trank Mama heimlich, nachts, wenn ich schlief«, erzählt die 17-Jährige, die seit acht Jahren mit ihrer Mutter alleine lebt, auf *Spiegel Online*. Doch irgendwann hörte die Mutter auf, sich um ihr Äußeres zu kümmern und die leeren Flaschen zu entsorgen. Laura schämte sich und schaffte die »Beweisstücke« heimlich in der Schultasche aus dem Haus. Als sie vierzehn war, betrank sie sich zum ersten Mal mit ihren Freunden auf dem Dachboden des Elternhauses – an den Alkohol zu kommen, war ja kein Problem. »Meine Mutter hat nicht mal gemerkt, dass wir uns aus ihren Vorräten bedient haben.«

Melanie (Anfang 20) ist bei einer heroinsüchtigen Mutter aufgewachsen. Dass die zu Hause oft »Party machte« und Melanie viel draußen oder bei Freunden war, sei für sie normal gewesen, erzählt sie auf *shz.de* – ihr Hauptproblem lag woanders: »Für mich war es schlimm, dass ich in all den Jahren keinen Ansprechpartner hatte.« Streit habe es mit der älteren Schwester Nina gegeben, die Mutter spielte und von der sie sich nichts sagen lassen wollte. Umgekehrt übernimmt Melanie diese Rolle bis heute für die kleine Schwester Sophie. Sie holt sie von der Schule ab, trifft Absprachen mit Sophies Vater. »Ich versuche, eine schützende Hand über meine Schwester zu halten«, sagt die junge Frau, die damit versucht, ihrer Schwester das zu geben, was sie selbst nicht hatte. Von der Mutter spricht sie, wie sonst Eltern von ihren Kindern sprechen: »Sie hat zu Hause alles ganz gut im Griff.«

Eine 18-Jährige mit dem Pseudonym Sinemlikeag6 erzählt im Dezember 2014 auf *gutefragenet.de*: »Mein Vater ist spielsüchtig genau wie seine Freundin. Mein Vater hat eine Kneipe, die sehr gut lief, nur durch seine Spielsucht hat er sich in die Schulden gebracht. Mein Vater hat einen Hund gekauft, um den ich mich jetzt kümmern darf, obwohl ich nie einen Hund wollte. Wir haben nichts zum Essen und mein Ticket konnte er auch nicht zahlen. Der Hund atmet so schlecht, ich bitte und flehe meinen Vater an und sage, dass der Hund zum Tierarzt muss, und er sagt, ja machen wir. Aber das sind alles leere Versprechungen. Mich stresst das alles so. Papa oder seine Freundin machen auch nicht den Haushalt. Wir sind keine Asis, also eigentlich vernünftige Leute und haben auch eine schöne Wohnung. Mein Problem ist, ich will hier weg, ich will ›ne ordentliche Bude‹, in Ruhe meine Ausbildung machen, ich will eine warme Mahlzeit. Könnt ihr mir sagen, wie ich hier rauskomme?«

Viele zentrale Aspekte, die im Leben von Kindern suchtkranker Eltern eine Rolle spielen, klingen in diesen Geschichten bereits an: wie wenig sie von ihren Eltern wahrgenommen werden, weil diese mit ihrer Sucht beziehungsweise der Sucht des Partners beschäftigt sind, wie sehr sie ihre Eltern trotz allem lieben. Wie gerade Alkohol als Suchtmittel alle Gesellschaftsschichten durchzieht. Wie die Kinder den Haushalt und die Sorge für Geschwister übernehmen, wie sie selbst früh in Versuchung geraten, sich mit Suchtmitteln zu betäuben.

Nicht in jeder Suchtfamilie geht es extrem zu. Es gibt auch Fälle, in denen die kranken Elternteile immer wieder gute Phasen erleben, sich versuchen zusammenzureißen, über weite Strecken clean sind. Das Leid für die Kinder mindert das nur bedingt, da sie die gleiche Verantwortung spüren, häufig trotzdem nicht die ihnen gebührende Aufmerksamkeit bekommen und große Angst vor einem Rückfall der Eltern haben. Tareks (10) heroinsüchtige Eltern werden in einem Methadonprogramm betreut und sind derzeit stabil. Der Junge bekommt nur am Rande etwas von ihrer »Krankheit« mit, über die er nichts Genaues weiß. Er leidet eher darunter, dass er keine Spielkameraden, keine Hobbys und keine kindgerechte Freizeitgestaltung hat. Und doch gehören neben Kindern wie Tarek auch die extremen Fälle dazu und können nicht geschönt werden: Kinder aus Suchtfamilien erleben signifikant häufiger Gewalt und sexuellen Missbrauch als Kinder aus »normalen« Familien. Lisa (16) erzählt in der Sendung *Zeitfragen* auf *Deutschlandradio Kultur*, wir ihr alkohol- und tablettenabhängiger Vater sie mit Bierflaschen, Stühlen und Tischen bewarf: »Irgendwann hat er meine Handgelenke genommen und die so fest zusammengequetscht, dass die teilweise zwei, drei Wochen blau waren. Dann hat er mich die Treppe runtergeschmissen.« Damit ihre sechs Jahre jüngere Schwester nichts mitbekam, drehte Lisa den Fernseher im Kinderzimmer lauter.

Laut der Stiftung Deutsche Kindersuchthilfe neigen die betroffenen Kinder in der Folge schon in jungen Jahren zu Hyperaktivität, Aufmerksamkeitsstörungen und Störungen des Sozialverhaltens, fallen durch mangelnde Leistungen und unangemessenes Verhalten auf und werden fast doppelt so häufig wie andere Kinder wegen psychischer Störungen in Krankenhäuser eingewiesen. Immerhin gibt es für Kinder aus Suchtfamilien eine Reihe von Unterstützungsangeboten – wesentlich mehr jedenfalls als für Kinder körperlich kranker Eltern oder Eltern mit anderen psychischen Krankheiten. Das heißt noch lange nicht, dass diese auch alle Betroffenen erreichten oder die Probleme der Betroffenen dadurch kleiner würden. Doch zumindest theoretisch gibt es Ansprechpartner für jeden, der mit einem Alkoholiker zu tun hat: Kunsttherapie für minderjährige Kinder, die Alateen Selbsthilfegruppen für Jugendliche, Beratung für erwachsene Angehörige und Freunde und auch konkret für erwachsene Kinder aus Suchtfamilien. Außerdem Mutter-Kind-Kliniken für drogensüchtige Mütter und ihre Kleinen, gemischte Gruppen für Suchtkranke und Angehörige oder das »Münchner Modell der Früherkennung und Frühen Hilfen für psychosozial hochbelastete Familien«. Wie Dr. Sibylle von Bibra, Ärztin für Kinder- und Jugendpsychiatrie und Psychotherapie, auf der Website der Deutschen Liga für das Kind erklärt, arbeiten bei diesem Konzept die Drogen-, Jugend- und Geburtshilfe sowie die Kindermedizin eng zusammen. Kinderkrankenschwestern besuchen die Suchtfamilien bis zu drei Mal pro Woche. In regelmäßigen Abständen setzen sie sich mit Betreuern, Ärzten und anderen professionellen Unterstützern zusammen, um die Entwicklung des Kindes und die Erziehungsfähigkeit der Eltern zu besprechen. Eine ambulante Drogenberatungsstelle bietet permanent Ansprechpartner für die Mütter. Droht die Situation zu kippen, wird ein stationärer Entzug in Begleitung des Kindes organisiert. Nur als letzte Konsequenz werden die Kinder aus den Familien genommen.

Während Kinder körperlich kranker Eltern oder Kinder mit Eltern, die andere psychische Krankheiten außer Sucht haben, erst in den vergangenen zehn bis fünfzehn Jahren in den Fokus der Medien, der Fachwelt und der Forschung rückten, sind Alkoholismus und seine Auswirkungen auf die Angehörigen als Problem schon seit Jahrzehnten bekannt. Als Gründungsjahr der »Anonymen Alkoholiker« in den USA wird 1935 genannt, 1953 kam die Bewegung nach Deutschland. Bereits 1991 berichtete der *Spiegel* unter dem Titel »Oma darf nichts wissen« über damals »20000 bis 30000 Kinder drogensüchtiger Eltern – kaum jemand kann ihnen helfen«. Es handele sich um die erste Nachfolgegeneration seit Beginn der Drogenwelle Ende der 1960er Jahre. Die Junkies von damals hätten zwar mit einem bürgerlichen Familienleben eigentlich nichts zu schaffen haben wollen, dann aber trotzdem Kinder bekommen. Eines von ihnen, Andreas (damals 13), gibt in dem Artikel zu, dass er das Leben mit seiner drogensüchtigen Mutter manchmal gar nicht so schlecht gefunden hätte: »Wenn sie breit war, war's mir recht, ich konnte dann machen, was ich wollte.« Abends verlangte niemand von ihm, zu einer bestimmten Zeit zu Hause zu sein, zum Essen holte er sich Pommes vom Kiosk. Und wenn er Horrorfilme sehen wollte, hatte seine Mutter nichts dagegen, sondern brachte sie ihm sogar höchstpersönlich aus der Videothek mit.

Frühe Schäden

Eine Besonderheit von Kindern suchtkranker Eltern im Vergleich zu Kindern anderweitig kranker Eltern sind die unmittelbaren körperlichen Auswirkungen. Zwar beeinflusst auch die Depression einer Schwangeren die Mutter-Kind-Bindung ungünstig und können körperliche Krankheiten der Eltern vererbt werden, doch wenn Frauen in der Schwangerschaft Drogen oder Alkohol zu sich nehmen, drohen gravierende Sofortfolgen. In Deutschland kommen laut Aussagen der Drogenbeauftragten der Bundesregierung von 2010 jährlich rund 10000 Babys mit Alkoholschäden zur Welt, etwa 4000 davon mit dem Vollbild des Fetalen Alkoholsyndroms (FAS), einer schweren körperlichen und geistigen Behinderung.

Welche Gefahren andere Drogen für das ungeborene Kind bedeuten, erläutert die Bundeszentrale für gesundheitliche Aufklärung auf ihrer Website *drugcom.de*. Demnach gibt es Hinweise auf Folgeschäden wie ein geringeres Geburtsgewicht des Kindes oder spätere Verhaltensprobleme sowie auf eine erhöhte Wahrscheinlichkeit einer Risikoschwangerschaft, beispielsweise bei Cannabiskonsum während der Schwangerschaft. Für Ecstasy sei ein erhöhtes Risiko für Früh- und Fehlgeburten festgestellt worden sowie eine erhöhte Rate für körperliche Fehlbildungen. Und Kokain habe Durchblutungsstörungen der Gebärmutter und der Plazenta zur Folge, wodurch es zu einer Früh- oder Fehlgeburt kommen könne. Dr. Sibylle von Bibra erklärt auf *liga-kind.de*: »Wegen des herabgesetzten Körpergefühls nach Drogengebrauch wird eine Schwangerschaft oft erst sehr spät wahrgenommen, eventuell erst im siebten Monat. Dadurch oder überhaupt besteht eine schlechte Sorge um die Schwangerschaft. Immer noch häufig kommt es zu Frühgeburten mit entsprechenden Komplikationen.« In jedem Fall werden die Babys süchtig geboren und müssen erst mal einen mehrwöchigen Entzug durchmachen.

Nicht zuletzt lastet auf den Kindern suchtkranker Eltern eine ganz besondere Verantwortung: Die Schwangerschaft wird von vielen Frauen als neue Motivation oder gar letzte Chance betrachtet, ihrer Sucht den Rücken zu kehren und in die Normalität zurückzufinden. »Nach der Geburt haben die Mütter die besten, tief empfundenen Wünsche für ihr Kind: Das Kind soll es besser haben als sie, und sie wollen wirklich für ihre Kinder sorgen und alles für sie tun«, weiß Expertin Bibra. »Diese Wünsche sind wunderbar. Leider kontrastieren sie mit der Wirklichkeit: mit der Wirklichkeit der Drogenabhängigkeit, der mangelnden Frustrationstoleranz und der schnellen Erschöpfbarkeit der Mütter.« Selten geht der Wunsch in Erfüllung, zusammen mit dem Nachwuchs in ein neues, gesundes Leben durchzustarten. Stattdessen wird das Kind vom Hoffnungsträger zur leibhaftigen Verkörperung des Scheiterns – mit all dem psychischen Druck, den das mit sich bringt.

Spezifische Probleme von Kindern drogensüchtiger Eltern

Für Kinder von Drogensüchtigen kommen einige spezifische Sorgen hinzu. So berichtet Melanie (Anfang 20) auf *shz.de* von ihrer Angst, dass sich die Mutter aus Geldnot prostituiert: »Wie soll man seine Mutter fragen, ob sie auf den Strich geht?« Armut spielt viel stärker als bei anderen Familien mit kranken Elternteilen eine Rolle – denn die knappen Mittel gehen für die Drogen drauf. Während alkoholsüchtige Eltern eher ihre Sucht verheimlichen, verstecken drogensüchtige Eltern umgekehrt ihre Kinder – aus Angst vor dem Jugendamt. Laut *Spiegel* verbringen viele kleinere Kinder den ganzen Tag im Gitterbett. Sie werden von Anfang an schonungslos mit der Droge konfrontiert, wissen, wenn sie älter werden, wo die Spritzen liegen und bunkern für »Notfälle« kleine Mengen Heroin. Verwahrlosungserscheinungen sind demnach bei Kleinkindern aus dem Drogenmilieu besonders häufig. Die Kleinen kennten keine Spiele und Farben und wüssten nicht mit Schere und Papier umzugehen. Stattdessen spielten sie »Dealen« oder »Druck setzen« – das hätten sie sich von ihren Eltern abgeschaut. Viele Kinder müssten die traumatisierende Erfahrung machen, dass ihre Eltern plötzlich weg sind: im Gefängnis, in einer Entzugsklinik oder verstorben. Dann würden sie häufiger als Kinder anderweitig erkrankter Eltern fremduntergebracht, müssten sich an neue Bezugspersonen gewöhnen. Das alles bleibt nicht ohne Folgen: Entwicklungsverzögerungen bis hin zur kognitiven Behinderung und schwere emotionale Störungen wie Bindungsangst und vieles mehr. Sozialpädagoge Jan Rademann, Leiter der Beratungsstelle HiKiDra in Kiel, äußert auf *shz.de* eine interessante Beobachtung aus einer Präventionsgruppe für Grundschulkinder mit drogenabhängigen Eltern: »Geht es um Frust und Enttäuschungen, sprechen die Mädchen und Jungen meist in der dritten Person von sich. ›Das Kind von den Nachbarn spielt immer alleine im Hof‹, heißt es dann etwa. ›Sie benutzen Synonyme, um ihre Eltern zu schützen oder sich von Problemen abzugrenzen‹, erklärt Rademann. ›Aber sie meinen immer sich selbst.‹«

Spuren, die bleiben

Nicht nur Alkohol- und Drogenabhängigkeit, sondern auch andere Süchte wirken sich auf die gesamte Familie aus: Medikamentenabhängigkeit, die oben bereits erwähnte Spielsucht, Sexsucht, Arbeitssucht, Spekulationssucht und einige mehr. Diese Süchte haben nicht nur auf das unmittelbar anwesende minderjährige Kind Einfluss, sondern auch auf sein späteres Erwachsenenleben. B. (42), Sohn einer tablettenabhängigen Mutter, erzählt im Fachratgeber *Mutter, Vater, Sucht* von Waltraut Barnowski-Geiser, was der ständige Versuch, sich als Kind unsichtbar zu machen und keine Belastung für die Eltern zu sein, mit ihm machte: »Bis heute schlafe ich ein, wenn ich nicht arbeite. Wenn etwas aufregend ist, schlafe ich auch ein.« Seine Frau beschwere sich manchmal: »Sie sagt, es sei ihr, als sei ich oftmals gar nicht da. Ich rede wohl zu wenig mit meiner Frau.«

S. (29), Tochter einer drogenabhängigen Mutter, ergänzt ebendort: »Ich bin immer noch viel traurig, obwohl ich ja beruflich erfolgreich bin und gut für mich sorgen kann. Ich sitze, sobald Ruhe eingekehrt ist, da und fühle mich sehr allein und irgendwie komisch. Und dann denke ich: Du hast doch gar keinen Grund, dich schlecht zu fühlen!« Dass materiell versorgt zu sein nicht automatisch bedeutet, auch emotional versorgt zu sein, scheint Frau S. selbst als Erwachsene nicht zu differenzieren. K. (27), Sohn eines arbeitssüchtigen Vaters, sagt: »Eigentlich hatte ich gar keinen Vater, wirklich, und ich finde das entsetzlich! Und doch versuche ich bis heute, endlich beruflich etwas zu schaffen, damit er stolz auf mich sein könnte.«

Besonders für Kinder von Alkoholikern, aber auch für Kinder aus anderen Suchtfamilien liegen viele Erkenntnisse darüber vor, wie sich ihre Kindheitserfahrungen langfristig auf das Leben auswirken. Sehr aufschlussreich ist die PDF-Broschüre *Informationen für erwachsene Kinder aus Suchtfamilien* von NACOA Deutschland *(http://bit.ly/1iGNHGE)*: Demnach leiden die erwachsenen Kinder unter Einsamkeit, einem Mangel an Emotionalität oder emotionaler Verwirrung. Es fällt ihnen schwer, Entscheidungen zu treffen und ihr Leben aktiv zu gestalten – stattdessen nehmen sie eine passive und resignierte Opferrolle ein. Oder aber sie lenken sich mit wildem Aktionismus ab. Perfektionismus, Sucht nach Anerkennung und die Tendenz zur Unterordnung in Partnerschaften sind verbreitete Eigenschaften. Viele erwachsene Kinder abhängiger Eltern werden ebenfalls süchtig, suchen sich einen süchtigen Partner oder entwickeln zwanghafte Verhaltensweisen wie Magersucht, Bulimie, Selbstverletzungen, Depressionen, Sexsucht oder Beziehungsphobie. »Schmerzhaft wird vielen erwachsenen Kindern bewusst, dass ihre Kindheit nicht nur durch die elterliche Sucht überschattet wurde, sondern auch durch sexuellen und emotionalen Missbrauch und/oder körperliche Gewalt«, heißt es dort. »Die Erinnerungen an diese Erfahrungen sind oft seit der Kindheit verschüttet, weil sie zu unerträglich waren. Im Erwachsenenalter dringen sie oft blitzartig als sogenannte ›Flashbacks‹ wieder ins Bewusstsein und können schwere seelische Krisen auslösen. Erwachsene Kinder, die in der Kindheit solche Gewalterfahrungen machen mussten, haben besonders große Schwierigkeiten mit den Themen Liebe, Nähe, Partnerschaft und Sexualität.«

Für Erwachsene, die sich fragen, ob sie durch den Alkoholismus eines Angehörigen in Mitleidenschaft gezogen wurden, haben die Al-Anon-Selbsthilfegruppen für Angehörige von Alkoholkranken einen Fragebogen entwickelt, der Klarheit verschaffen soll. In 20 Punkten werden typische Verhaltensweisen von erwachsenen Kindern abgefragt: von »Ziehen Sie Menschen mit Problemen an?« über »Haben Sie Angst vor Kritik?« bis zu »Haben Sie Mühe, aus sich herauszugehen?«. Je mehr Fragen mit »Ja« beantwortet werden, desto wahrscheinlicher ist, dass die Kindheit mit einem suchtkranken Elternteil Spuren hinterlassen hat, die aufgearbeitet werden sollten – auch, wenn der Zusammenhang zwischen den Schwierigkeiten im Erwachsenenleben und der Alkoholsucht der Eltern nicht auf den ersten Blick ersichtlich ist. »Nach meinen Erfahrungen können erwachsene Kinder, auch wenn die Erfahrungen mit süchtigen Eltern schon Jahrzehnte zurückliegen, nur dann, wenn sie einen Blick auf das, was ihnen angetan wurde, wagen, ein wirkliches Verständnis für sich selbst, ihr Verhalten, ihr Fühlen und ihre Nöte entwickeln«, schreibt Musiktherapeutin, Heilpraktikerin und Dozentin Barnowski-Geiser, die seit vielen Jahren im Bereich der familiären Suchtbelastung arbeitet, in ihrem Fachratgeber. »Erst dann sind sie in der Lage, so zeigte sich in der Praxis, ihre Stärken zu würdigen.« Und Letzteres, da sind sich alle von mir befragten Experten einig, ist der wichtigste Schritt auf dem Weg der Verarbeitung: die Opferrolle zu verlassen und sich bei allem erfahrenen und dringend zu benennenden Leid auf die positiven Dinge zu konzentrieren, auf die eigene Selbstwirksamkeit und den freien Willen, mit dem wir bestimmen können, wie viel Einfluss wir unserer Kindheit auf unser Erwachsenenleben einräumen.

Melanie hat ihre Kindheit im Schatten trotz allem zunächst glimpflich überstanden. Nach dem Haupt- und Realschulabschluss hat sie ihr Abitur gemacht. Dass ihre Erfahrungen sie noch einmal einholen und der Weg in ein erfülltes Erwachsenenleben lang und steinig sein wird, ist so gut wie sicher. Doch als Opfer sieht sie sich nicht, sie hat jetzt erst einmal ein Studium begonnen – und die Unterstützung einer Beratungsstelle in Anspruch genommen.

B. ist heute Arzt, ist also wie viele Kinder kranker Eltern in einen helfenden Beruf gegangen. Er hat gelernt, selbst für Glücksmomente in seinem Leben zu sorgen, weil sie von allein selten kommen. Glücklich ist er, so berichtet er in *Vater, Mutter, Sucht*, beim Singen im Kirchenchor: »Da sind mir am Anfang jedes Mal vor Rührung die Tränen gekommen. Ich wusste nie, warum. Vielleicht, weil sich das so verbunden angefühlt hat, so ein Verstehen ohne Worte [...] Das sind Momente, in denen ich merke: Ich lebe.«

T. (61), die einen spekulationssüchtigen Vater hat, ist stolz, dass Geld für sie heute keine Bedeutung mehr hat: »Niemals ist Geldhaben für mich gleichgesetzt mit Glück – Glück ist für mich vielmehr innere Zufriedenheit, sich mit seinem Inneren verbinden, authentisch und echt sein«, sagt sie in *Vater, Mutter, Sucht*. »Geholfen hat mir eine mehrjährige therapeutische Aufarbeitung. Hier konnte ich meine eigene Wahrheit über meine Familie finden. Es war ein Geschenk zu bemerken: Ich bin nicht mein Status, ich bin mehr als mein Status.«

Autorin Barnowski-Geiser erprobt mit ihren Klienten erfolgreich das sogenannte AWOKADO-7-Schritte-Programm zur Verarbeitung einer Kindheit in einer Suchtfamilie. Es enthält sieben Übungen, die dazu befähigen sollen, besser auf seine eigenen Bedürfnisse zu achten, sich Schutzräume zu schaffen, Belastungen zu benennen und die eigenen Stärken zu würdigen, einen eigenen Standpunkt und Stabilität in sich selbst zu finden und sich Menschen, die einem guttun, zu öffnen.

» *Die Prägung ›Gegen Leistung gibt's Liebe‹ hat mich krank gemacht«*

Ulrike (51), Tochter von zwei Alkoholikern

Ulrike ist als Kind zweier Alkoholiker aufgewachsen. Ihre Mutter ist inzwischen an den Folgen ihrer Sucht gestorben, der Vater lebt noch und ist trocken, aber sie hat keinen Kontakt mehr zu ihm. Ulrike ist heute – wie ein Drittel der Kinder suchtkranker Eltern – selbst mit einer psychischen Diagnose erkrankt, zudem besteht die Verdacht auf Multiple Sklerose. Sie hat drei Kinder und lebt in zweiter Ehe.

Als ich noch als Radiologieassistentin im Krankenhaus gearbeitet habe, kam einmal ein fünfjähriger Junge zum Röntgen zu mir. Ein rappeldünner kleiner Kerl, eindeutig unterernährt. Er war von seiner drogenabhängigen Mutter misshandelt worden, sie hatte ihn gebissen und es war nicht klar, ob er Knochenfrakturen davongetragen hatte. Er ging mir nicht aus dem Kopf. Später las ich in der Zeitung, dass er in eine Pflegefamilie gekommen und dort resozialisiert worden war. Es ging ihm gut, er nässte nicht mehr ein, kam in der Schule klar. Doch dann beschloss das Jugendamt, ihn aus der Pflegefamilie zu holen, in der er doch offenbar glücklich gewesen war, und ihn zusammen mit seiner Mutter in einer therapeutischen Familie unterzubringen. Das ist eine Einrichtung, in der es Hauseltern gibt und in der die Mutter eine Therapie und andere Unterstützung bekam. Das ging prompt schief. Die Mutter brach die Behandlung ab und was mit dem Jungen passiert ist, weiß ich nicht, aber wahrscheinlich kam er in andere Pflegefamilien und erlebte noch mehr Unbeständigkeit.

Ich habe damals einen Leserbrief geschrieben, für den ich von meinem Arbeitgeber sogar eine Abmahnung bekam, weil ich meine Schweigepflicht verletzt hatte. Aber ich war so wütend! Das Jugendamt hatte der Pflegefamilie nicht mal Bescheid gegeben, dass der Junge aus dem Kindergarten abgeholt und zu seiner Mutter zurückgebracht werden würde. Man muss doch vorher mal überlegen, was so etwas mit einem Kind macht. Man kann das Kind doch nicht als Versuchskaninchen für solche Maßnahmen benutzen. Mich hat das sehr mitgenommen. Den Zeitungsausschnitt und meine Abmahnung habe ich bis heute. Ich denke immer noch an den kleinen Kerl. Er erinnert mich an mich selbst, als ich noch ein Kind war.

Meine Erinnerungen beginnen um meinen achten Geburtstag herum, als die Eltern sich scheiden ließen. Damals war es so, dass derjenige, der schuldig geschieden wurde, die Kinder nicht zugesprochen bekam. Da es der Mutter wichtig war, die Scheidung sehr schnell durchzuziehen, hat sie die Schuld auf sich genommen, auch wenn das bedeutete, dass sie meine Schwester und mich bei einem alkoholkranken Vater zurücklassen musste.

Zum Glück waren wir nicht allein – die Eltern meines Vaters, also unsere Großeltern, wohnten mit im Haus und sorgten für uns. Ich habe auch schöne Erinnerungen an die Zeit: Ich durfte im Garten helfen, durfte die Hühner und die Hasen füttern. Ich schaute meiner Oma beim Sockenstricken zu und durfte das ausprobieren. Sie las uns etwas vor. Was aber nicht so schön war: dass der Vater immer alkoholisiert nach Hause kam. Meine Oma schickte mich öfter, ihn aus der Kneipe zu holen. Das war für mich als Achtjährige sehr unangenehm mit den ganzen Männern dort und dem Zigarettenqualm. Heute denke ich, meine Großmutter hatte die Hoffnung, dass der Vater mit mir eher nach Hause kommen würde, als wenn sie ihn selbst holen gegangen wäre.

Ich kann mich an eine Situation erinnern, da war er sehr betrunken und hatte ins Bett gemacht. Alles war voll. Ich habe ihm geholfen, das Bett abzuziehen und sich zu waschen. Das war nicht sehr schön. Meine Schwester, auf die ich aufgepasst habe, ist fünf Jahre jünger als ich und kann sich an viele dieser Situationen nicht mehr erinnern. Sie war meistens schon im Bett. Die Hauptlast lag bei mir. Heute würde ich sagen, man hat die kleine achtjährige Ulrike total überfordert, aber ich wollte ja alles gut und richtig machen, ich wollte, dass man mich mag, und habe darum auch die unangenehmen Dinge erledigt.

Wir waren fünf oder sechs Jahre beim Vater, bis sich etwas geändert hat. Er hatte eine Frau geheiratet, die sehr unsympathisch war, die uns auch geschlagen hat. Ich trug die Haare lang, nun musste ich sie plötzlich abschneiden lassen. Das war keine schöne Zeit. Ich musste immer den Teller leer essen und durfte vorher nicht vom Tisch aufstehen. Aber wenn man eine Erwachsenenportion hingestellt bekommt, tut man sich als Kind schwer damit. Ich habe das Essen dann in den Backen gesammelt, bin ins Bad gegangen und habe alles wieder ausgespuckt.

Einmal hat die Frau meines Vaters mich so sehr misshandelt, dass mir die Haare in Büscheln in der Bürste hängengeblieben sind. Ich habe gedroht: »Jetzt geh ich zur Polizei!« Und dann gab es eine Wende, ich weiß gar nicht, warum. Ob sich das Jugendamt eingeschaltet hat? Dann stand jedenfalls meine Mutter vor der Tür und holte uns ab. Wir zogen mit ihr zu ihrem zweiten Mann. Dann bekam ich mit, dass auch sie zu viel trank. Natürlich habe ich mich nach dem Grund gefragt, aber Hinweise habe ich erst nach ihrem Tod von meinem Stiefvater erhalten. Vielleicht war es die Tatsache, dass sie sehr jung ungewollt mit mir schwanger geworden war. Vater war gerade mit der Berufsausbildung fertig geworden, Mutter bekam Prügel von ihrem eigenen Vater, der übrigens auch Alkoholiker war, als das mit der Schwangerschaft herauskam. Sie musste ihre Lehre abbrechen.

Ich habe versucht, die Flaschen zu leeren, während meine Mutter arbeiten ging. Irgendwann hat sie gar nicht mehr gearbeitet, sondern ihre eigene Mutter gepflegt und sich mit Alkohol beruhigt. Als ich den Stiefvater ansprach: »Du, die Mama trinkt viel zu viel Wein und Whiskey!«, bekam ich zur Antwort, ich solle mich um meinen eigenen Mist kümmern. Dann bleibt einem als Kind nichts anderes übrig als zuzuschauen. Damit einigermaßen Ruhe herrschte, habe ich gewaschen, gebügelt, geputzt, bin mit dem Hund rausgegangen. Wieder habe ich meine Schwester versorgt, habe mit ihr Hausaufgaben gemacht. Oft hatten wir nichts zu essen und nichts zu trinken. Ich habe funktioniert, damit alles gut war und es keinen Streit gab. Ich habe alles gemacht, was man als Kind so machen kann. Ich musste zuschauen, wie die Mutter kränker und kränker wurde. Mein Stiefvater hat mich derweil sexuell belästigt, hat blöde Sprüche gemacht, mich angefasst und gedrückt und versucht, ins Bad zu kommen. Ich habe dann immer abgeschlossen, damit er nicht reinkam.

Inzwischen ging ich auf die Realschule. Ich war so konditioniert: Gegen Leistung gibt es Liebe. Oder das, was ich für Liebe hielt, weil ich es nicht anders kannte. Wenigstens keinen Ärger. Also habe ich geleistet. Ich habe die Realschule gut abgeschlossen, bin mit 19 zu Hause ausgezogen.

Meine Schwester und ich haben uns in der Zeit viel unterhalten, weil wir gemerkt haben, dass etwas nicht stimmt.

Meine Mutter hatte immer erzählt, sie sei magenkrank, aber inzwischen hatte ich meine medizinische Ausbildung gemacht und wusste genau, dass ihre Symptome und Folgekrankheiten vom Alkohol kamen. Irgendwann habe ich es nicht mehr ausgehalten: »Ihr müsst aufpassen, was meine Mutter erzählt«, habe ich zu meiner Tante gesagt. »Sie ist Alkoholikerin!« Meine Tante hat es meiner Mutter erzählt und die hat mir die Mutterschaft gekündigt. Klar war das auch traurig, aber alles in allem war es das Beste, was mir passieren konnte, denn so hatte ich endlich Ruhe. Ich musste nicht mehr zu Pflichtgeburtstagen, musste mich nicht mehr kümmern, sondern konnte langsam anfangen, ein eigenes Leben zu führen. Eine Riesenlast fiel von mir ab. Mit meinem Vater hatte ich den Kontakt auch schon abgebrochen, denn es war ja gar nicht mehr möglich, mit ihm zu reden. Er war nur noch betrunken.

Ich empfand es als Erleichterung, mich um meine eigenen Bedürfnisse kümmern zu können. Ich war berufstätig, lernte einen Mann kennen, der eine sehr nette Familie hatte, und konnte vieles damit ausgleichen. Auf die Idee, mir Hilfe zu suchen, um alles zu verarbeiten, kam ich erst mal nicht. Heute gibt es die Möglichkeit, sich Hilfe zu holen, es gibt geschulte Leute, die in die Familien gehen. Aber um uns hat sich damals keiner gekümmert – keiner! Ich hätte als 16-Jährige gar nicht gewusst, an wen ich mich wenden kann, damit das aufhört. Und auch mit 19 habe ich nur gedacht: »Jetzt habe ich meine Ruhe, jetzt lebe ich mein Leben, wie ich will!«

Doch meine Vergangenheit hat mich bald eingeholt. Mit 20 wurde mir gesagt, ich sei manisch-depressiv und aktuell in einer depressiven Phase. Damit konnte ich gar nichts anfangen, man hat es mir nicht richtig erklärt. Ich dachte, ich bin doch im Moment nur etwas schlapp, sonst bin ich eine fröhliche junge Frau mit Hobbys und Freunden.

Ich glaube, die Abhängigkeit von Leistung, die ich aus meiner Kindheit mitgenommen habe, hat mich krankgemacht. Ich musste mühsam lernen, meine Einstellung zu ändern und daran zu glauben, dass man mich auch mag, wenn mal was schiefläuft. Damit ich nicht ständig über meine Grenzen hinweggehe.

Es wurde so schlimm, dass ich versucht habe, mich umzubringen, weil ich keinen Sinn mehr in meinem Leben sah. Damals wurde mir zum ersten Mal bewusst, was eigentlich alles in meinem Leben passiert ist. Dass ich als Kind total überfordert worden bin. Mit einem Mal war diese Wahnsinnsanspannung weg. Ich musste nicht mehr ständig befürchten, dass meine Mutter mich ins Gesicht schlug oder anschrie. Die Grabscherei vom Stiefvater hörte auf, als ich ausgezogen bin, endlich konnte ich auch hier meine Vorsicht loslassen. Doch komischerweise fiel ich, statt dass es mir richtig gut ging, in ein Loch. Aus dem habe ich mich mühsam selbst herausgekämpft. Habe meine Medikamente genommen und durchgehalten. Und als ich das geschafft hatte, ging es mir wieder gut. Ich bin normal arbeiten gegangen, habe meine Hobbys gepflegt und war mit Freunden unterwegs.

Dann bekamen mein Mann und ich zwei Kinder. Doch als ich 25 war, hat er mich wegen einer anderen Frau verlassen. Nach der Trennung war ich das erste Mal bei einer Therapeutin. Da haben wir aber nicht über meine psychische Krankheit oder meine belastete Kindheit gesprochen, sondern darüber, wie es weitergeht, allein mit zwei Kindern. Da hätte man mal in die Tiefe gehen und analysieren müssen, warum ich bin, wie ich bin.

Die Jahre vergingen. Eines Tages hatte ich ein pelziges Gefühl auf dem Auge. Ich ging zur Hausärztin, die überwies mich zum Neurologen und dort kam heraus, dass ich Multiple Sklerose habe. Das war ein Schock. Ich war seit zehn

Jahren wieder verheiratet, hatte inzwischen drei Kinder, stand mitten im Berufsleben. Was sollte aus den Kindern werden? Wie sollten wir ohne mein zweites Gehalt über die Runden kommen?

Aber anstatt einen Gang runterzuschalten – ich hatte ja nun Grund genug dazu –, habe ich noch mal einen Gang raufgeschaltet, immer noch in dem Modus »Du musst das schaffen!«, den ich aus meiner Kindheit kannte. Ich habe mir überlegt, was ich auf der Arbeit noch erreichen will, bevor die MS ausbricht, und mich dann für zwei Zusatzqualifikationen entschieden. Innerhalb von vier Jahren habe ich diese beiden Fortbildungen gemacht und nebenbei meine kranke Schwiegermutter gepflegt. Ich habe mich absolut überfordert. Also landete ich in der Psychiatrie.

Meine Kinder – heute sind sie 26, 25 und 21 Jahre alt, zwei Jungs und ein Mädchen – bekamen das alles mit. Zuerst war ich lebenslustig, fröhlich, gut drauf, dann steigerte sich das und schließlich bin ich einen Tag, bevor die Psychose ganz heftig wurde, nach Bremen zu einer Fortbildung geflogen. Und dort ist es dann passiert, weit weg von der Familie. Ich habe angefangen zu spinnen, mein zweiter Mann hat das am Telefon gemerkt. Da hat er sich ins Auto gesetzt, um seine Frau in Bremen zu suchen. Dabei wusste er gar nicht, wo ich war. Am Ende hat er mich am Flughafen gefunden, mich ins Auto gepackt und nach Hause gefahren. In der Nacht hatte ich schlimme Träume, mein Mann musste den Notarzt holen.

Als ich wieder klar war, haben wir mit der Familie ehrlich über alles gesprochen. Für die Kinder ist es natürlich nicht toll, wenn die Mutter in die Psychiatrie kommt. Die Jungs haben es gar nicht verstanden, weil sie immer dachten, ich sei einfach nur gut drauf. Meine Tochter hat gemerkt, dass etwas nicht stimmte, aber die Jungs und mein Mann haben zu ihr gesagt: »Ach, was hast du denn, Mama ist einfach gut drauf, lass sie doch!« Darunter hat sie sehr gelitten. Als sich dann herausstellte, dass sie Recht hatte, war sie furchtbar wütend. Ich habe immer gehofft, sie macht eine Therapie, aber bisher hat sie das abgelehnt. Meine Tochter ist nicht psychisch auffällig, ich merke aber, dass da tief in ihr drin etwas ist, das rausmuss. Aber ich kann sie nicht zwingen. Jedenfalls habe ich mein Bestes gegeben, um den dreien eine schöne Kindheit zu gestalten. Ich hätte nie zu ihnen gesagt: »Du musst dies, du sollst jenes.« Die beiden Großen haben Abitur gemacht und studiert und der Jüngste den Realschulabschluss und den Abschluss als Groß- und Außenhandelskaufmann. Das sind ganz normale Kinder. Wir haben eine ehrliche, offene Beziehung. Ich selbst wurde früher immer geschlagen, wenn ich offen und ehrlich etwas gesagt habe. Meine Kinder habe ich mit viel Liebe erzogen, sie aber auch gelehrt, dass man sich mal zoffen und etwas ausdiskutieren muss. Auch über die MS haben wir ehrlich gesprochen. Mein Sohn hat gesagt: »Mama, wann kommt denn endlich der Rollstuhl? Dann können wir dich damit rumfahren!« Da musste ich lachen.

Aber ich habe trotzdem Angst um meine Kinder. Neulich haben wir Geburtstag gefeiert und alle haben viel zu viel getrunken und alles durcheinander. Das tut mir weh. Ich sorge mich, dass sie das richtige Maß nicht kennen. Das sage ich dann auch. Sie antworten: »Ach Mama, mal am Geburtstag was zu trinken, ist doch nicht so schlimm!« Aber ich habe mir überlegt, wie das bei meinem Vater angefangen hat. Seine Eltern waren doch nette Menschen. Mein Großvater war Kriegsgefangener, aber als er nach Hause kam, hatten sie ein Haus, Grund und Boden, Obstwiesen und alles, es ging ihnen gut. Vielleicht kommt es vom Fußballverein. Mein Vater war Torwart, und ich kann mich daran erinnern, dass auf dem Sportplatz ordentlich gebechert wurde. Vielleicht fing es als Gruppenzwang an. Und meine Jungs spielen eben auch Fußball, darum mache ich mir Sorgen, dass es bei ihnen ähnlich laufen könnte. Aber man muss als Mutter auch loslassen können. Sie kennen die Geschichte meines Vaters, sie haben sie zum Teil hautnah miterlebt. Ich habe ihnen alles mitgegeben, was ich konnte, und jetzt muss ich einfach hoffen. Ich selbst trinke Alkohol in Maßen, ein Glas Wein oder ein Radler, wenn es heiß ist, aber mit Vorsicht. Ich habe Angst, es nicht kontrollieren zu können.

Ich habe viel über mein Leben nachgedacht. Ich bin ein ungewolltes Kind von zwei Trinkern, ich weiß nicht, was sich während meiner Entstehung in mir zusammengebraut hat. Außerdem ist eine meiner Tanten psychisch krank, meine Oma mütterlicherseits auch. Das steckt wohl auch in mir drin. Aber deswegen bin ich nicht wütend auf mein Schicksal. Ich schaue immer nach vorn. Und seit sechzehn Jahren bin ich Christin, das gibt mir sehr viel Halt. Ich weiß: Ich kann nie tiefer fallen als in Gottes Hand. Ich kann meine Sorgen bei Gott abladen. Auch das, was ich durchgemacht habe, waren wertvolle Erfahrungen, die ich weitergeben kann.

Deswegen habe ich eine Ausbildung zur Genesungshelferin gemacht, habe Kommunikationstechniken und Gesetze gelernt. Und Fachworte wie »recovery« – das bedeutet, dass jeder seinen eigenen Genesungsweg gehen muss. Oder »empowerment« – das heißt, dass die Kraft dazu von einem selbst ausgeht. Eine sehr interessante Ausbildung, mit der ich jetzt anderen helfen kann, ihr Leben in den Griff zu kriegen. So bekommt das Ganze einen Sinn. Ich engagiere mich in einem Projekt, in dem wir junge Menschen über psychische Krankheiten informieren. Ich erzähle ihnen aus meinem Leben, aber sie stellen auch viele Fragen: wie man sich das in der Psychiatrie vorstellen muss, ob man da überhaupt je wieder rauskommt. Da kursieren die wildesten Gerüchte. Ich hoffe sehr, nicht noch einmal hinzumüssen, aber wenn ich wieder eine

Psychose bekommen sollte, weiß ich, es gibt in der Psychiatrie Hilfe. Das beruhigt mich.

Mein größter Wunsch für alle Kinder, die ihre Erfahrungen mit ihren süchtigen Eltern aufarbeiten möchten, ist, dass sie in Zukunft schnell Hilfe bekommen. Auf einen Platz bei einem guten Therapeuten muss man oft ein Jahr warten. Das geht nicht. Oft kommen die Leute aus der Tagesklinik und haben keine Begleitung, nicht mal einen Sozialpädagogen. Das wäre mein Appell an die Politik, daran etwas zu ändern. Und dementsprechend wäre mein Tipp für Betroffene: Sucht euch professionelle Hilfe, am besten eine Familientherapie. In so einem Fall ist die ganze Familie betroffen und darum muss auch die ganze Familie therapiert werden. Versucht nicht, das allein zu händeln! Meine Schwester hat das schneller verstanden als ich. Wir reden heute noch immer wieder über unsere Kindheit. Sie hat psychosomatisch reagiert – mit Magen-Darm-Problemen. Ein Vierteljahr lang war sie in einer psychosomatischen Klinik und hat es tiefenpsychologisch aufgearbeitet. Sie ist aktiv rangegangen, während ich es lange verdrängt habe nach dem Motto: »Ich hab das nicht, ich brauch das nicht!« Mein persönlicher großer Wunsch ist es, mit meinem Mann 2017 nach Israel zu reisen. Ich würde gern sehen, wo Jesus gewirkt hat: Jerusalem, den See Genezareth. Aber selbst wenn das nicht klappen sollte: Wer mit offenen Augen durch die Welt geht, erlebt auch so jeden Tag neue Abenteuer.

»*Man kann den Kindern Schuld- und Schamgefühle abnehmen*«

Ein Gespräch mit Henning Mielke, Vorsitzender von NACOA Deutschland, der Interessenvertretung für Kinder aus Suchtfamilien

NACOA Deutschland wurde 2004 als Partnerorganisation der amerikanischen National Association for Children of Alcoholics (NACoA) gegründet und ist Mitglied im Paritätischen Wohlfahrtsverband. Ziel ist es, die öffentliche Aufmerksamkeit für diese Kinder zu erhöhen und damit auch die Chance, dass sie Hilfe erhalten. Denn das Problem ist groß: Fast jedes sechste Kind kommt aus einer Suchtfamilie. Ihr Risiko, als Erwachsene selbst suchtkrank zu werden, ist im Vergleich zu Kindern aus nichtsüchtigen Familien bis zu sechsfach erhöht. Auch haben sie ein erhöhtes Risiko für psychische Störungen und Verhaltensstörungen. Unter den Mitgliedern bei NACOA Deutschland sind viele, die Sucht in der Familie als Kinder selbst erlebt haben – so wie auch ihr Vorsitzender, Henning Mielke.

Herr Mielke, Suchtkrankheiten gehören zu den psychischen Krankheiten. Wirken sie sich ähnlich auf die Kinder der Betroffenen aus wie andere psychische Krankheiten?
Egal ob Sucht oder andere psychische Krankheiten: Die Auswirkungen auf die Familien sind recht ähnlich. Die Kinder leiden immer darunter, dass sie ihre Eltern emotional nicht erreichen können. Auch bei traumatisierten Eltern, zum Beispiel Flüchtlingen, ist das so. Und dann springen die Kinder in die Bresche. Sie spüren das Defizit der Eltern und gehen selbst in die Elternrolle. Genau das ist auf lange Sicht der schädigende Faktor für sie. Dazu kommt die wechselhafte Stimmung der Eltern. Alkoholiker haben Stimmungsschwankungen aus dem Nichts heraus. Diese Volatilität des Elternverhaltens, also

die Spannbreite ihrer Verhaltensweisen, überfordert die Kinder. Denn es sind extreme Stimmungen, ein ständiges Hin und Her. Und weil das bei suchtkranken wie bei anderweitig psychisch kranken Eltern ähnlich ist, gibt es Angebote wie Spiel- oder Gesprächsgruppen, die sich an Kinder aus beiden Betroffenengruppen richten.

Zu den unmittelbaren Folgen für die Kinder kommen die Spätfolgen. Was sind die Probleme von erwachsen gewordenen Kindern aus Suchtfamilien?
Es gibt den Spruch: »Die Festung des Kindes wird das Gefängnis des Erwachsenen.« Das bedeutet: In der Kindheit waren die Überlebensmuster und die Rollen, die sie angenommen haben, absolut lebensnotwendig, um in dem extremen System Suchtfamilie über die Runden zu kommen. Aber wenn sie erwachsen werden, sind genau diese Muster die Hemmschuhe, die ein erfülltes und erfolgreiches Leben verhindern. Menschen, die befürchten, dass jederzeit etwas Schlimmes passieren kann, die ein grundsätzliches Misstrauen gegen alles und jeden verspüren, haben enorme Schwierigkeiten, Freundschaften und Beziehungen aufzubauen oder im Beruf weiterzukommen.

Als Kinder suchtkranker Eltern haben wir außerdem gelernt, dass wir, um Liebe und Anerkennung zu bekommen, erst mal sehr viel leisten müssen. Wir haben auch die frustrierende Erfahrung gemacht, dass es nie reicht, egal wie sehr wir uns anstrengen. Denn ein Süchtiger findet immer einen Grund zu klagen, weil das ein Grund für ihn ist weiterzutrinken. Wenn ich aber als erwachsenes Kind aus einer Suchtfamilie mit der Einstellung durch die Welt gehe, dass ich nicht gut genug bin, ist das eine enorme Belastung, die in der Erschöpfungsdepression enden kann. Kinder suchtkranker Eltern haben außerdem eine starke Neigung, sich wieder einen süchtigen Partner zu suchen. Denn wir lieben, was wir kennen – auch wenn es schmerzhaft ist.

Auf der NACOA-Website schreiben Sie, erwachsene Kinder stellten oft den Zusammenhang zwischen der elterlichen Sucht und den eben beschriebenen Schwierigkeiten im Erwachsenenleben nicht her. Warum ist das so?
Das ist Verdrängung. So funktioniert die menschliche Psyche. Erwachsene Kinder aus Suchtfamilien beteuern oft viele Jahre lang: »Ich hatte eine glückliche Kindheit! War alles tutti bei uns!« Dass es viel Streit in der Familie gab, dass der Vater ständig betrunken war und die Mutter Tabletten genommen hat, war schlicht und einfach Alltag. Kinder hinterfragen so etwas nicht. Meist erst im Alter zwischen 20 und 30 Jahren tauchen Fragen auf: Ist es eigentlich normal, das Leben als Dauerkrise zu erleben? Ist es normal, dass man immer wieder an die gleiche Art von Partnern gerät, mit denen man immer wieder die gleiche Art von destruktiven Beziehungen lebt? Ist es normal, seinen Platz im Berufsleben ewig nicht zu finden und sich auf jeder Stelle als Fehlbesetzung zu fühlen? Könnte das Suchtproblem von Vater oder Mutter etwas damit zu tun haben, dass man einfach oft den »Code« nicht kennt, mit dem dieses Leben sich erschließt? Der Schmerz über das unerfüllte Leben in der »Gefängniszelle« der Suchtfamilie wird so groß, dass man plötzlich erkennt: »Das war *nicht* normal!« Auf diese Krise muss man hoffen. Denn sonst gibt es meist nur einen anderen Ausweg aus dem Schmerz: sich selbst eine Substanz zu suchen, mit der man sich betäuben kann.

Gibt es ein Schlüsselerlebnis oder wie kommt es zu diesem Wandel?
Das ist unterschiedlich. Der eine hat ein Erlebnis, das ihn an seine Kindheit erinnert und plötzlich das Tor aufstößt. Vielleicht sieht er ein Kind mit einem betrunkenen Vater auf der

Straße und die Art und Weise, wie der Vater mit dem Kind spricht, triggert die Erinnerung an die eigene Vergangenheit. Bei anderen geht der Erkenntnisprozess langsam voran. Bei mir war es so, dass ich einen Zeitungsartikel gelesen habe, in dem ein Buch über Kinder aus Suchtfamilien rezensiert wurde. Ich habe ihn mir ausgeschnitten und in eine Kladde getan. Dort hat er viele Jahre lang gelegen. Ich war noch nicht so weit, mir das Buch zu kaufen – aber ich wusste: Diesen Artikel hebst du dir auf! Und irgendwann, als der Leidensdruck groß genug war, habe ich das Buch bestellt. Darin wurde empfohlen, sich eine Selbsthilfegruppe zu suchen, und das habe ich getan.

Wieder andere bleiben ihr Leben lang im Verdrängungsmodus. Sie verfallen dann oft in die Opferrolle, sie jammern, weil sie vom Schicksal besonders gestraft sind, weil in ihrem Leben nichts funktioniert. Wer sich so fühlt und verhält, nimmt sich die Möglichkeiten, das eigene Leben zu gestalten. Dem könnte eine Selbsthilfegruppe helfen, um sich eine neue Einstellung zu erarbeiten.

Man kann ihn aber nicht zwingen, in eine Selbsthilfegruppe zu gehen, richtig?

Nein. Mit der Aufarbeitung ist es dasselbe wie mit der Sucht: Genauso wenig wie man einen Süchtigen zwingen kann, mit dem Trinken aufzuhören, kann man ein erwachsenes Kind aus einer Suchtfamilie zwingen, sich seinen Problemen zu stellen. Das ist für die Angehörigen oft tragisch. Die Kinder denken, wenn sie den Alkohol weggießen, wird der Papa nicht mehr trinken. Das ist ein hilfloser Rettungsversuch, der zum Scheitern verurteilt ist. Wir Menschen haben einen freien Willen – auch den freien Willen, uns selbst kaputtzumachen. Die eigene Kindheit ist für viele wie eine Büchse der Pandora, die sie mit sich herumschleppen, die sie nicht öffnen wollen und an die sie niemanden ranlassen wollen, weil das so wehtäte. Wenn das so ist, muss man das akzeptieren. Man kann als Partner nur aussprechen, was man beobachtet: »Du, ich habe den Eindruck, da ist etwas, das dich sehr belastet. Ich möchte, dass du dir Hilfe holst.« Und wenn man es nicht mehr aushalten kann, weil der andere Hilfe verweigert, muss man sich trennen. Nicht um damit zu drohen, sondern als Entscheidung: Ich liebe diesen Menschen, aber ich kann so wirklich nicht leben. Um meiner selbst willen muss ich ihn verlassen.

Braucht jedes Kind aus einer Suchtfamilie professionelle Hilfe bei der Verarbeitung oder kann man auch allein mit einer solchen Vergangenheit klarkommen?

Aus der Forschung wissen wir: Ein Drittel der Kinder aus Suchtfamilien entwickelt selbst eine stoffliche Sucht, ein weiteres Drittel bekommt psychische Schwierigkeiten und das letzte Drittel geht einigermaßen unbeschadet aus der Sache hervor. Es gibt durchaus Kinder, die sich sehr gut entwickeln – man nennt sie die resilienten Kinder. Die schaffen das aber auch nicht allein. Denn ihre höhere Widerstandsfähigkeit verdanken sie meist der Tatsache, dass sie eine erwachsene Vertrauensperson haben, mit der die Kinder die Erfahrung machen, dass sie gesehen werden. Wer spürt, dass man ihn mit allem annimmt – auch mit seinen Fehlern und Schwächen – hat eine gute Chance, sich stabil und gesund zu entwickeln. Resiliente Kinder erzählen dann als Erwachsene zum Beispiel: »Mein Papa trank oft. Aber irgendwie hat mich das nicht so berührt. Ich bin dann immer ins Nachbarhaus zu Frau Müller gegangen. Die hat mir einen Kakao gemacht und mir was vorgelesen.« Wichtig ist, dass die Bezugsperson den Kindern zu verstehen hilft, was mit ihren Eltern los ist. Dass die Stimmungsschwankungen kein Mysterium sind, sondern Symptome einer Krankheit. Es tut den Kindern gut zu hören:

»Deine Eltern sind nicht böse, du bist nicht böse, du hast das alles nicht verursacht und es ist auch nicht dein Job, diese Krankheit zu heilen. Deine Aufgabe ist es, Kind zu sein und dein Leben zu leben, so gut es geht. Du bist nur für dich selbst verantwortlich.« Das entlastet sie sehr. Allerdings darf man ihnen diese Information nicht einfach so überhelfen – einmal erklären und alles ist gut. Erst muss sich die tragende Beziehung entwickelt haben. Die Kinder müssen die entlastenden Botschaften von einer Person hören, der sie vertrauen.

Dann gibt es noch andere Faktoren, die die Resilienz der Kinder fördern: Wenn sie zum Sport, zu den Pfadfindern oder ins Schulorchester gehen, also wenn es ihnen ermöglicht wird, ihr eigenes Ding zu machen, vor allem in dem Alter, in dem sie sich vom Elternhaus lösen. Wenn sie Humor haben, kann eine ironische Distanz dabei helfen, sich vor belastenden Erfahrungen zu schützen. Was noch hilft, sind Familienrituale: Wenn trotz der Sucht ein Mindestmaß an Struktur in der Familie aufrechterhalten wird, wirkt sich das sehr positiv aus. Dazu gehören Gute-Nacht-Rituale, gemeinsames Feiern von Festen und Geburtstagen oder das gemeinsame Einnehmen der Mahlzeiten.

Gibt es eine Fallgeschichte, die Ihnen besonders im Gedächtnis geblieben ist?

Ich weiß von einem kleinen Jungen, der mit anderen Kindern aus Suchtfamilien in einem Kinderheim lebt. Er hatte eine Verabredung mit seiner Mama und freute sich wie immer sehr darauf, weil er seine Mama trotz allem liebte. Am Tag der Verabredung hatte er sich seine schicksten Sachen angezogen, gebürstet und gestriegelt und war voller Vorfreude auf einen schönen Nachmittag mit der Mama. Doch dann kam die Heimleiterin zu ihm und sagte: »Deine Mama hat angerufen und den Termin abgesagt.« Der Junge war am Boden zerstört.

»Ich bin ihr nicht wichtig«, weinte er, »sie liebt mich nicht, das ist alles meine Schuld!« Das sind so die Rückschlüsse, die Kinder ziehen. Die Heimleiterin setzte sich 20 Minuten mit ihm hin und vermittelte ihm entlastende Botschaften: »Deine Mama wollte sich bestimmt mit dir treffen. Sie liebt dich bestimmt! Aber sie hat der Sucht nicht widerstehen können und sie wollte nicht, dass du sie in diesem Zustand siehst. Sie hat sich sicher geschämt und darum hat sie abgesagt. Du kannst das nicht beeinflussen.« Das ist es, was ein Kind hören muss. Es hilft nichts zu trösten nach dem Motto: »Es wird alles gut, bestimmt hört deine Mama bald auf zu trinken.« 90 Prozent der Süchtigen kommen nicht von ihrem Stoff los. Da muss man realistisch bleiben.

Nach dem Gespräch ging der Junge zurück in seine Wohngruppe, stellte sich kerzengerade in die Tür und verkündete: »Ich bin nicht schuld!« Das ist eine sehr schöne Geschichte, weil sie deutlich macht, was möglich ist. Es ist *nicht* möglich, den Kindern die belastenden Erfahrungen mit ihren Eltern abzunehmen. Es sind und bleiben ihre Eltern. Aber man kann ihnen die Schuld- und Schamgefühle abnehmen, sodass sie es so sehen können: Meine Mutter hat mir mein Leben geschenkt, und ich darf das Geschenk annehmen und etwas Schönes daraus machen. Zu ihrer Krankheit nehme ich gesunde Distanz ein. Das ist das Beste, was man hoffen darf.

Verändern sich die Fallgeschichten im Laufe der Zeit?
Jede Substanz schreibt ihre eigenen Geschichten. Alkohol ist eine gesellschaftlich anerkannte Droge – man kann sich ins Grab saufen, ohne dass die Umwelt Notiz davon nimmt. Alkohol ist gut mit bürgerlicher Wohlanständigkeit zu vereinbaren. Illegale Drogen dagegen sind mit gesellschaftlicher Ächtung verbunden. Die Lebensumstände für die Kinder sind häufig viel schlechter und die Verelendung vollzieht sich schneller

und drastischer. Harte neue Drogen wie Crystal Meth bringen extreme Biografien hervor, mit extrem schnellem körperlichen Verfall, Einweisungen in die Psychiatrie und so weiter. Insofern werden die Geschichten in den letzten Jahren härter. Allerdings erregen Kinder drogenabhängiger Eltern auch schneller die Aufmerksamkeit von Jugendamt und Kinderschutz. Die Chancen auf Hilfe sind für diese Kinder höher.

NACOA bietet einen wöchentlichen moderierten Gruppenchat für Jugendliche an. Das klingt sehr zeitgemäß! Wird das genutzt?
Wenn wir Kinder und Jugendliche erreichen wollen, können wir nicht darauf hoffen, dass sie zur persönlichen Beratung kommen. Das tun sie nicht. Sie lieben ihre Eltern und sind absolut loyal. Und sie haben Angst, dass ihnen jemand das Jugendamt auf den Hals hetzt und sie dann Ärger bekommen. Darum werden die anonymen Beratungsformen, gerade E-Mail oder der Chat, gern genutzt. Es sind keine Massen dort unterwegs, aber das könnten wir auch gar nicht abfedern. Unser Gruppenchat ist auf zwölf Teilnehmer begrenzt. Acht bis zwölf Jugendliche sind meist dabei. Sie profitieren sehr davon. Bei 2,65 Millionen Betroffenen ist das ein Tropfen auf den heißen Stein, aber ich denke, es ist wichtig, dass es solche Angebote gibt. Ich hoffe, dass sie als Vorbild dienen, damit wir irgendwann eine halbwegs belastbare Infrastruktur der Hilfe für Betroffene haben. Das Thema muss deutschlandweit vorangebracht werden – allein schaffen wir das nicht.

NACOA Deutschland ist mit einer Profilseite und einer öffentlichen Gruppe bei Facebook und auch bei Twitter aktiv. Geht es darum, die akut betroffenen jungen Leute auch dort zu erreichen?
Nein, bei Facebook und Twitter machen wir Lobbyarbeit. Es eignet sich prima, um Fachleute aus der Sucht- und Jugend-

hilfe mit Informationen zu versorgen. Dass uns ein Kind über Facebook findet, halte ich für unwahrscheinlich. Sie googeln ja nicht »meine Eltern trinken«. Da sind wir wieder beim Thema Loyalität. Kinder kommen eher durch Mittelsleute zu uns, durch die Lehrerin, die sagt: »Du, ich kenne da eine tolle Website, schau dir das mal an, ob dir das bekannt vorkommt. Wenn ja, können wir darüber sprechen.« Kinder brauchen einfach die erwachsenen Bezugspersonen.

Auf Facebook kritisieren Sie den Drogenbericht der Bundesregierung vom 21. Mai 2015: »Mangelhaft! Im Bericht werden nur die 30 000 bis 60 000 Kinder genannt, deren Eltern von illegalen Drogen abhängig sind. Die 2,6 Millionen Kinder von Alkoholikern fallen unter den Tisch.« Hat sich die Sensibilität der Politik trotz Ihrer elfjährigen Vereinsarbeit überhaupt nicht verbessert?
Das, was im Bundesdrogenbericht über Kinder aus Suchtfamilien steht, ist sehr knapp und hat sich seit Jahren kaum geändert. Wir wünschen uns mehr Aktivität von der Bundesdrogenbeauftragten. Aber wir haben nach Erscheinen des Berichts mit ihr Kontakt aufgenommen, und ich bin guter Hoffnung, dass noch das eine oder andere passiert.

Es geht den meisten Kindern in Suchtfamilien immer noch sehr schlecht, weil die Sucht die Kinder als Geisel nimmt und die Familien dichtmachen. Was sich aber verbessert hat, ist die öffentliche Wahrnehmung des Themas. Viel mehr Menschen wissen heute, dass diese Kinder Hilfe brauchen. Und je mehr Menschen das wissen, desto größer ist die Hoffnung, dass die betroffenen Kinder identifiziert werden, dass mehr Kinder die korrigierende Erfahrung machen können: Meine Lehrerin hat mir das Gefühl gegeben, dass ich bei ihr auftanken kann. Sie hat mir alles erklärt. Das ist der einzige Weg, wie wir die Kinder erreichen können – über erwachsene Resilienzgeber.

»Die Kinder in ihrer Persönlichkeit zu stärken, ist das Wichtigste!« *Gespräch mit Maren Koch, Koordinatorin bei Vergiss mich nicht, einem Berliner Patenschaftsprogramm für Kinder suchtkranker Eltern*

Derzeit betreuen 18 Paten im Rahmen des 2008 gegründeten Programms Vergiss mich nicht Kinder aus Suchtfamilien. An einem festen Tag einmal in der Woche treffen sich die Patentandems und unternehmen etwas gemeinsam. Vorrangig geht es darum, eine schöne Zeit zu verbringen, damit das Kind die schwierige Situation zu Hause vergessen kann. Wenn das Kind möchte, spricht der Pate aber auch mit ihm darüber. Dabei sagen die Paten ihr Engagement für mindestens 18 Monate zu, damit eine langfristige Beziehung entstehen kann. Maren Koch ist Diplom-Sozialpädagogin und war von 2012 bis 2015 Projektkoordinatorin bei Vergiss mich nicht.

Frau Koch, wie bedeutend ist die Problematik, dass Kinder in Suchtfamilien aufwachsen?
Sie ist weit verbreitet. Jeder, der mit Kindern und Jugendlichen arbeitet, hat damit zu tun. Das Problem ist seit Jahrzehnten bekannt. Die ersten Gruppen für Kinder aus Suchtfamilien gab es schon in den 1990ern, die erste Literatur sogar noch sehr viel früher. Aber das Thema wird eher unter Fachkräften diskutiert als zum Beispiel in der Politik. Projekte wie unseres werden finanziell kaum unterstützt. Wir bräuchten eine Regelfinanzierung, um die Angebote dauerhaft aufrechterhalten zu können. Auch in der allgemeinen Öffentlichkeit ist das Problem noch nicht bekannt genug. Sucht ist ein gesellschaftliches Tabu, man beurteilt es als Versagen, süchtige Eltern gelten als schlechte Eltern. Das Klischee von den »Asozialen« von der Ecke wird bemüht. »Die könnten doch einfach aufhö-

ren zu trinken, wenn sie ihre Kinder lieb haben«, heißt es oft. Dass Sucht eine Krankheit ist, bei der man professionelle Hilfe braucht, wird nicht verstanden. Darum ist eins der mittelfristigen Ziele des Projekts auch, die Öffentlichkeit zur Thematik Kinder aus suchtbelasteten Familien aufzuklären.

Gibt es Fälle, die Sie besonders berührt haben?
Die Geschichten, die unsere Patinnen und Paten erzählen, berühren mich bei jedem Patentreffen erneut. Ein zehnjähriges Mädchen beispielsweise lebt schon immer allein mit seiner alkoholkranken Mutter zusammen. Der Mutter ist deutlich anzumerken, dass sie für sich und ihre Tochter nur das Beste will und sich sehr bemüht. Trotzdem ist die Krankheit immer wieder stärker und sie erleidet Rückfälle. Das Mädchen liebt ihre Mutter über alles und hängt sehr an ihr. Sie macht sich deshalb ständig Sorgen und kann kaum loslassen, nach der Schule unternahm sie bisher nur etwas allein mit ihrer Mutter, nie mit anderen. Seit über einem Jahr trifft sie sich jetzt einmal wöchentlich mit ihrer Patin. Die Mutter ist bei jedem Gespräch den Tränen nahe, weil sie sich so freut, dass die beiden so gut zusammenpassen und das Mädchen sich die ganze Woche auf den Patennachmittag freut. Im letzten Gespräch äußerte die Mutter, dass das Mädchen nun zum ersten Mal richtiges Vertrauen in eine andere erwachsene Person habe und auch die Mutter-Tochter-Beziehung dadurch viel entspannter sei. Es war auch schön zu sehen, wie das Mädchen seine Patin mit leuchtenden Augen anschaute.

Warum ist es so schwierig, den betroffenen Kindern zu helfen?
Um ihnen zu helfen, muss man verstehen, was in ihnen vorgeht. Ich habe mit den Organisatoren einer Jugendfreizeit gesprochen, zu der betroffene Kinder mitgereist waren. Nun sollte man annehmen, dass diese Reise den Kindern gut tun

würde, weil sie Abstand zum Alltag mit ihrem kranken Elternteil bekamen und sich einmal um sich selbst kümmern konnten. Doch die Verantwortlichen berichteten, dass die betroffenen Jugendlichen die ganze Zeit mit den Gedanken zu Hause waren, anstatt die Reise zu genießen, nach dem Motto: »Wenn ich Mama gerade telefonisch nicht erreiche, könnte ja etwas passiert sein.« Ein Kind musste sogar früher abreisen, weil es sich solche Sorgen machte, dass es nicht schlafen konnte.

Ich selbst hatte mit einem zehnjährigen Mädchen zu tun, deren Mutter manisch-depressiv war und regelmäßig Medikamente einnehmen musste. Eigentlich kam ein Hauspflegedienst, um das zu überwachen, doch das Mädchen konnte nicht darauf vertrauen. Sie musste es selbst kontrollieren.

Ihre Paten sind Psychologie-Laien, wissen sie überhaupt damit umzugehen?

Unsere Paten durchlaufen eine Schulung und zwei Einzelgespräche, bevor sie auf ihr Patenkind treffen. Sie werden durch monatliche Patentreffen und Supervisionsgespräche begleitet. Einerseits sind sie keine Therapeuten und sollen es auch nicht sein. Sie können das Kind so annehmen, wie es ist, so lange ihre eigenen Grenzen nicht überschritten werden. Gleichzeitig bereiten wir sie aber auch darauf vor, was passieren kann.

Wir hatten ein Kind, das die Heldenrolle angenommen hatte und besonders in der Schule damit gut ankam. Es kam immer pünktlich, verhielt sich in der Gruppe sehr sozial, übernahm Verantwortung und meldete sich immer als Erstes zum Tafelwischen. Dafür wurde es von den Lehrern gelobt und bestärkt. Niemand hat gesehen, dass es seine eigenen Wünsche gar nicht kannte und sich nur aufgrund seiner Vorgeschichte so verhalten hat.

Ein Lösungsansatz für den Paten wäre hier, das Kind immer wieder zu fragen, was es sich wünscht. Zum Beispiel:

Was sollen wir unternehmen? Die betroffenen Kinder können meist gar keine Antwort auf diese Frage geben, weil sie sie nie gestellt bekommen haben. Also führt man das Kind langsam heran. Man macht drei Vorschläge für Unternehmungen und daraus kann es dann wählen. Nach und nach lernt es, seine eigenen Bedürfnisse zu formulieren.

Es geht darum, dass die Kinder sich trauen, sich zu öffnen. Es gibt Kinder, die erzählen am Anfang gar nichts. Wir nennen das die »Mauer des Schweigens«. Die Suchtkrankheit wird als Familiengeheimnis bewahrt. Ich habe aber den Eindruck, dass suchtkranke Eltern, die schon Therapieerfahrung haben und nun vielleicht rückfällig geworden sind, heutzutage besser Bescheid wissen, wie sie mit ihren Kindern umgehen sollten. Solche Kinder sind dann auch ihren Paten gegenüber offener.

Allen betroffenen Kindern ist gemeinsam, dass ihnen ein Stück Selbstbewusstsein und Selbstwertgefühl fehlt. Wir achten darauf, zusammen mit den Paten herauszufinden, wie man die Kinder in ihrem Selbstbewusstsein und ihrer Persönlichkeit stärken kann, sodass sie als gesunde erwachsene Menschen ein selbstbestimmtes, suchtfreies Leben führen können. Das ist eindeutig das Wichtigste!

Es gibt eine Notfalltelefonnummer für die Paten. Was kann passieren?

Im Notfall, wenn es zum Beispiel zu Gewalt in der suchtbelasteten Familie kam, können mich die Paten auf meinem Diensthandy oder auch die Kinderschutzhotline erreichen. Auf diese Fälle bereiten wir die Paten vor, aber sie sind bisher noch nicht eingetreten. Was kürzlich passierte, ist, dass die Patin ihr Kind vom Kindergarten abholen wollte, doch das Kind war nicht da, keiner wusste, wo es war, und der alleinerziehende Elternteil war auch nicht auffindbar. Es stellte sich aber schnell heraus, dass das Jugendamt an dem Fall bereits dran war. Das ist dann nicht mehr unsere Aufgabe. Auch wenn das Kind Verhaltensauffälligkeiten hat und professionelle Hilfe braucht, erkläre ich den Eltern die Möglichkeit, beim Kinder- und Jugendpsychiatrischen Dienst kostenlos ein Gutachten erstellen zu lassen und zum Beispiel zur Spieltherapie zu gehen.

Sie führen zwei Vorgespräche mit den Paten, um zu prüfen, ob sie für die Aufgabe geeignet sind. Wann ist ein Pate nicht geeignet?

Ein Teil unserer Paten, allerdings weniger als die Hälfte, ist selbst betroffen – also als Kind eines suchtkranken Elternteils aufgewachsen. Das kann positiv sein, weil ein solcher Pate sein Patenkind gut verstehen kann, aber nur, wenn er seine eigenen Erfahrungen gut verarbeitet hat. Wir sprechen gemeinsam mit einem Suchtberater mit den Paten und versuchen herauszufinden, ob sie selbst stabil im Leben stehen. Und das gelingt uns auch sehr gut. Es gab auch eine Frau, die während unserer Schulung selbst gemerkt hat, dass sie ihre eigene Geschichte noch zu stark im Kopf hatte und dass das nicht gut für die Kinder wäre. Ein anderer Grund, aus dem wir uns gegen einen Paten entscheiden, kann mangelnde Sozialkompetenz sein. Natürlich muss auch das erweiterte Führungszeugnis in Ordnung sein.

Wie verhindern Sie, dass die Paten-Kind-Beziehung zu eng wird und die Eltern-Kind-Beziehung stört?

Grundsätzlich lieben die Kinder ihre Eltern trotz allem und möchten sie auch nicht ersetzen. Trotzdem probieren sie anfangs oft aus, wie weit sie gehen können. Dann fragen sie ihren Paten: »Kann ich bei dir schlafen?«, »Kann ich bei dir wohnen?« Darum muss es ganz klare Regeln geben: Das Patenkind darf nicht beim Paten übernachten, keiner von beiden darf den anderen zu Hause besuchen. Die Treffen finden nicht öfter als einmal in der Woche statt. Wenn diese Regeln eingehalten werden, verstehen die Kinder sehr schnell, was ihnen ihr Pate geben kann und was nicht.

»Suchtkranke Eltern sind nicht böse, sie wollen auch nur das Beste für ihr Kind«

Christian (29), Pate eines Kindes suchtkranker Eltern

Christian ist Rechtsreferendar in einer Anwaltskanzlei und engagiert sich ehrenamtlich als Pate im Patenschaftsprojekt Vergiss mich nicht für Kinder suchtkranker Eltern. Einmal in der Woche, immer freitags, trifft er sich für zwei bis drei Stunden mit Tarek, seinem zehneinhalbjährigen Patenkind. Tareks Eltern sind heroinabhängig, substituieren aber mit Methadon. Tarek weiß keine Details, er weiß nur, dass seine Eltern krank sind.

Über meinen Zivildienst habe ich Kontakt in den sozialen Bereich bekommen, ich habe ein Jahr lang einen Erwachsenen mit Behinderung betreut. Ich wollte zwar nichts in dieser Richtung studieren, aber mein soziales Engagement trotzdem weiterführen. Also habe ich mich beim Bezirksamt über Projekte informiert. Das Programm Vergiss mich nicht hat mich überzeugt, weil man mit wenig Zeit einen großen Effekt erzielt. Im Idealfall kann ich mit zwei bis drei Stunden Einsatz pro Woche verhindern, dass mein Patenkind drogensüchtig wird wie seine Eltern.

Ich weiß nicht mehr über Heroin als die meisten Menschen. Das ist aber auch nicht notwendig. Bei dieser Patenschaft steht das Kind im Mittelpunkt. Ich kenne die Eltern kaum. Wir wurden uns nur einmal vorgestellt und haben dann einen Vertrag unterschrieben. Ansonsten telefonieren wir, um die Termine zu vereinbaren, bevor ich Tarek abhole. Den Jungen habe ich zuerst zu zwei Probeterminen getroffen, bei denen wir uns kennenlernen und entscheiden konnten, ob wir zueinander passen. Inzwischen begleite ich ihn seit anderthalb Jahren.

Mein erster Eindruck von ihm war, dass er sehr schüchtern ist. Ich dachte, es könnte am Alter oder am Charakter liegen, aber es war wohl doch nur die anfängliche Scheu. Er wurde dann mit jedem Treffen lebhafter und meinungsstärker. Ich hatte gedacht, mit einem zehnjährigen Jungen würde es einfach sein, eine Beschäftigung zu finden – man könnte mit ihm Fußball oder Federball spielen gehen. Aber Sport mag Tarek nicht. Gesellschaftsspiele auch nicht.

Es hat mich überrascht, dass Tarek meine körperliche Nähe sucht, er hält sich immer an meinem Jackenärmel fest, obwohl er schon zehneinhalb Jahre alt ist. Anfangs war ich unsicher, weil ich nicht damit gerechnet hatte, und weil ich nicht wusste, ob das okay ist. Aber solche Fragen kann ich immer mit der Projektkoordinatorin von Vergiss mich nicht besprechen. Sie sagte, es sei okay, Tarek brauche ein Gefühl von Sicherheit. Aber es gibt Grenzen. Als er sich einmal bei mir auf den Schoß setzen wollte, musste ich sagen: Nein, das geht nicht, du bist kein Kleinkind mehr.

Ansonsten ist er manchmal etwas auffällig. Zum Beispiel wenn ihm etwas nicht passt, kann er das offenbar nicht artikulieren. Er fängt dann an zu quietschen oder zu miauen, um das zu überspielen. Er vermeidet Streit um jeden Preis, dann fängt er lieber an zu albern.

Ich fühle Verantwortung für Tarek, aber auch Freundschaft. Angst vor Krisensituationen habe ich nicht, denn durch meinen Zivildienst habe ich Erfahrungen damit. Meine einzige Sorge war, dass er sich losreißen und vor mir wegrennen könnte. Aber nun ist er ja eher anhänglich. Ich mache mir Gedanken über seine Zukunft – ob das gut gehen wird mit ihm. Ich verspüre schon den Impuls, auf ihn einzuwirken, ihn zu erziehen, aber das ist nicht meine Aufgabe. Er hat zum Beispiel Schwierigkeiten, in der Schule zu folgen. Meiner Meinung nach müsste er das, was er an Talent nicht hat, durch Fleiß wettmachen. Aber er hat keine Frustrationstoleranz. Wenn etwas nicht klappt, hat er auch keine Lust, sich hinzusetzen und es zu üben. Ich würde gern sagen: Komm, jetzt reiß dich zusammen! Es ist ein schmaler Grat zwischen motivieren und pushen. Ich darf keinen Druck ausüben. Den bekommt er in der Schule genug. Ich soll der Ausgleich sein, der Ruhepol. Das Problem von Kindern aus Suchtfamilien ist häufig, dass sie nicht unbeschwert Kind sein können. Ich soll ihm eine schöne Zeit verschaffen. Anfangs hatte ich Sorgen, etwas falsch zu machen, aber das Projektteam von Vergiss mich nicht beruhigte uns: Macht euch keine Gedanken, ihr seid keine Pädagogen und das sollt ihr auch nicht sein. Ihr sollt nur verlässlich sein, den Kindern ein anderes Lebensmodell zeigen und ein alternatives Rollenmodell als das, was die Eltern ihnen vorleben.

Also gehen wir auf den Spielplatz, zu den Sehenswürdigkeiten unserer Stadt, auf Straßenfeste. Straßenfeste sind optimal, denn Tarek kann sich nicht gut auf eine Sache konzentrieren. Da ist es gut, wenn man an den Ständen entlangschlendern und hier und dort schauen kann. Wir gehen ins Museum, ins Kino oder Puppentheater. Meistens schaue ich vorher, was an dem Tag los ist und frage Tarek zuerst, was er will. Aber in den anderthalb Jahren kam nur ein einziges Mal eine Idee von ihm. Da war ein Straßenfest in seinem Kiez, auf dem seine Schule einen Stand hatte. Er wollte, dass ich seine Lehrer kennenlerne.

Einmal haben wir einen Radioworkshop mitgemacht, der von Vergiss mich nicht angeboten wurde, aber Tarek war viel zu schüchtern dafür. Er hat ein geringes Selbstwertgefühl und traut sich vor anderen nichts zu sagen. Er hat große Angst vor negativem Feedback. Wenn man von den vier Rollenmustern ausgeht, die Kinder suchtkranker Eltern häufig einnehmen, dann würde ich ihn als den Typ Träumer bezeichnen. Er ist zurückgezogen. Aber er ist auch ein bisschen der Clown.

Manchmal testet Tarek Grenzen aus. Zum Beispiel hat seine Familie nicht viel Geld, die Eltern leben von Hartz IV. Darum fragt er mich alle zehn Minuten, ob wir Eis essen gehen. Es hat gedauert, bis er verstanden hat, dass das bei mir nichts bringt. Er isst ohnehin schon zu viel Süßes, darum will ich es mit dem Eis nicht übertreiben. Außerdem bekommen wir ein Budget von 20 Euro im Monat von Vergiss mich nicht. Er darf mit entscheiden, wie wir sie ausgeben. Aber sie sind für Unternehmungen gedacht. Tarek hat das falsch verstanden, er dachte, er darf sich für 20 Euro Spielzeug kaufen.

Er redet nicht viel von seinen Eltern, aber er weiß auch nicht, dass sie drogensüchtig sind. Sie haben ihm nur gesagt, dass sie krank sind. Er erinnert sich, dass er früher mit den Eltern zusammen im Krankenhaus war. Es fällt mir nicht schwer, dieses Geheimnis zu bewahren. Da er nichts davon weiß, stellt er diesbezüglich auch keine Fragen. Für alle Abweichungen im Alltag seiner Eltern vom Alltag der Eltern seiner Freunde oder Klassenkameraden hat er ja eine nachvollziehbare Erklärung, eben deren »Krankheit«. Er hat ja noch Glück mit seinen Eltern! Sie kümmern sich um ihn, sorgen dafür, dass er nicht verwahrlost. Sie geben ihm Kleidung und Essen und haben auch keine Entzugserscheinungen, da sie ja substituieren. Die drei verstehen sich gut miteinander. Nur unternehmen die Eltern nichts mit dem Jungen, melden ihn nicht im Sportverein an oder so. Wenn ich im Urlaub war und frage danach, was er gemacht hat, war er nur zu Hause und hat mit der Katze und dem Hasen gespielt. Die Eltern sind arbeitslos und kennen es vielleicht auch nicht anders. Ich glaube aber nicht, dass Tarek mehr zu Hause mit anpacken muss, als ich es früher musste. Hin und wieder wird er geschickt, um Besorgungen zu machen, mehr nicht. Ich habe da wirklich etwas dazugelernt: Auch Eltern mit Drogenproblemen vernachlässigen ihre Kinder nicht, weil sie irgendwie böse sind. Auch sie geben alles, was sie können, und wollen das Beste für ihr Kind. Sie sehen die Vernachlässigung gar nicht, denn meist war es in ihrer eigenen Kindheit genauso. Sie haben den Eindruck, sie kümmern sich sehr gut um ihr Kind.

Meine größte Hoffnung für Tarek ist, dass er später keine Drogen nimmt. Er lebt im sozialen Brennpunkt und wird dort früher oder später mit Kiffern in Kontakt kommen. Ich versuche, das Gespräch darauf zu bringen, wenn wir zum Beispiel einen Obdachlosen oder einen Betrunkenen in der S-Bahn sehen. Ich spreche mit ihm darüber, dass man aufpassen muss, nicht abzurutschen. Ich erkläre ihm, dass ein Bier am Abend okay ist, aber dass man aufpassen muss, nicht süchtig zu werden.

Allerdings darf man ihn mit solchen Themen auch nicht bedrängen, sondern muss einfach Gesprächsbereitschaft signalisieren. Im Vorbereitungsseminar für die Paten von Vergiss mich nicht haben wir gelernt, wie Kommunikation funktioniert, insbesondere mit betroffenen Kindern. Sie sagen nicht: »Mein Vater lag heute besoffen in der Ecke.« Sie äußern es zwischen den Zeilen, man muss es heraushören lernen. Da hilft es, sich mit anderen Paten auszutauschen. Wir treffen uns einmal im Monat, und das bringt sehr viel. Es war nicht so, dass ich vor dem ersten Treffen mit Tarek tausend Fragen hatte, aber im Umgang mit ihm tauchen immer welche auf. Zum Beispiel: Was macht man mit einem Kind im Winter, wenn es kalt wird, und der Spielplatz ausfällt? Die anderen Paten haben ähnliche Fragen. Jeder kennt die Problematik mit dem Geld, das die Patenkinder anders ausgeben wollen, als es gedacht ist. Manche Paten haben Probleme mit den Eltern der Kinder, die sich nicht an Verabredungen halten. Bei mir läuft das gut.

Alles in allem merke ich schon, dass ich einen positiven Einfluss auf Tarek habe. Mit seinem Selbstbewusstsein ist es etwas besser geworden. Anfangs waren wir mal auf einem Landwirtschaftsfest, auf dem ein Mann Süßigkeiten verteilte, doch Tarek traute sich nicht hinzugehen. Heute würde er sich so etwas trauen.

Ich will die Patenschaft laufen lassen, so lange es geht. Ich weiß natürlich nicht, wohin es mich nach meinem Referendariat verschlägt oder ob ich irgendwann selbst Kinder bekomme. Manchmal wird es schon etwas stressig. Rund um mein Examen habe ich fünf Wochen Pause gemacht mit den Treffen. Normalerweise geht es – wenn ich Tarek um spätestens 20 Uhr nach Hause bringe, kann ich mich immer noch mit Freunden treffen. Die finden es übrigens interessant, was ich da mache. Keiner hat Berührung mit der Drogenproblematik, keiner kennt jemanden, der ein Ehrenamt macht. Jahrelang habe ich auch nichts davon erzählt, aber jetzt mache ich das schon, denn ich möchte Werbung für das Patenschaftsprogramm machen. Meine Freunde sagen aber, sie könnten das nicht. Sie möchten sich auch nicht so lange Zeit verpflichten.

Ich denke, mit dreizehn oder vierzehn wird Tarek ohnehin keine Lust mehr haben, mich zu treffen. Das wird ihm dann langweilig werden, er wird lieber seine Freunde sehen wollen. Und dann wird unsere Verbindung zu einem natürlichen Ende kommen.

»Mit Christian zusammenzusein, ist das Schönste, was mir passiert ist!«
Tarek (10), Sohn heroinabhängiger Eltern

Tarek weiß nichts von der Heroinsucht seiner Eltern. Er weiß nur, dass sie krank sind. Als er jünger war, hat er sie bei Krankenhausaufenthalten begleitet. Seit zweieinhalb Jahren hat er einen Paten aus dem Vergiss-mich-nicht-Patenschaftsprogramm für Kinder suchtkranker Eltern. Zuerst traf er sich einmal wöchentlich mit einer jungen Frau, seit eineinhalb Jahren ist Christian (29) sein Pate.

In der Schule läuft es gut. Der Herr Neumeyer ist nett. Der ist kein Lehrer, sondern Sozialpädagoge. Der kommt, wenn man Hilfe braucht oder Streit hat. Mir hat er schon mit den Matheaufgaben geholfen. Auf den Herrn Neumeyer freue ich mich. Einen Lieblingslehrer habe ich nicht. Mathe kann ich nicht so gut, Deutsch kann ich gut. Die anderen Kinder sind doof. Sie ärgern mich und schubsen mich. Mehr möchte ich nicht über die Schule sagen.

Wenn ich um zwölf oder fünfzehn Uhr nach Hause komme, gehe ich Tiere knuddeln. Ich habe Kaninchen und eine Katze. Ich gebe ihnen Futter, zu trinken, streichele sie und werfe sie aus dem Fenster oder bade sie im Klo. Scherz! Meine Eltern pflegen die Tiere auch.

Mehr mache ich am Nachmittag nicht. Doch, Fernsehen. Wir haben zwei Fernseher, einen Röhrenfernseher im Schlafzimmer und einen Flatscreen mit Internet im Wohnzimmer. Manchmal spiele ich Super Mario auf dem Computer oder andere Jump'n'Run-Spiele. Ballerspiele mag ich nicht. Manchmal geht mein Vater auch mit mir raus. Dann gehen wir zu Saturn und gucken uns die Geräte dort an. Oder meine Mutter geht mit mir auf den Spielplatz. Leider ist der im Moment geschlossen, er wird umgebaut. Manchmal spielen wir »Mensch, ärgere dich nicht«.

Wir sind zu dritt: meine Mutter, mein Vater und ich. Wir schlafen alle in einem Zimmer. Ich gehe um 20 oder 21 Uhr ins Bett. Ein eigenes Zimmer habe ich nicht. Ich spiele überall, in der Küche, im Klo. Ich verstehe mich gut mit meinen Eltern. Ich mag es aber nicht, wenn ich ausgeschimpft werde. Mehr möchte ich nicht über meine Eltern sagen.

Christian ist cool. Er ist mein Freund und kommt mich besuchen, weil ich spielen will. Meine Mutter hat gesagt, sie holt jemanden, der mit mir spielt. Beim ersten Treffen fand ich ihn doof. Beim dritten Treffen habe ich gemerkt, dass er doch nett ist. Christian ist anders als meine Eltern. Er ist jünger. Meine Eltern sind 40. Christians Charakter ist anders. Vorher kam jemand anderes, um mit mir zu spielen, das war die Tatjana. Die war auch nett.

Also, der Christian klingelt und ich komme runter. Dann sind wir unterwegs. Wir waren am Brandenburger Tor im Microsoft Café. Das ist Unter den Linden 17. Da liegen Tablets auf den Tischen und man darf sie benutzen! Ich erzähle meinen Freunden von Christian, aber das interessiert sie nicht.

Ich habe viele Freunde: Carl, Leila und Mirco zum Beispiel. Manchmal sind sie respektlos zu mir, aber dann auch wieder nett. Jeder ist ja mal doof. Bei Mirco war ich schon mal zu Hause. Da ist es viel unordentlicher als bei uns. Es hängt sogar ein Schild an der Tür: »Bitte nicht erschrecken, bei uns ist es unordentlich!« Es gibt viel mehr Räume und viel mehr Menschen. Mirco hat drei oder fünf oder neun Geschwister. Aber ich bin lieber Einzelkind, dann nervt mich wenigstens keiner.

Wenn ich einen Wunsch frei hätte, würde ich gern reich sein. Bill Gates ist reich. Reiche Leute können sich mehr kaufen, zum Beispiel ein Hotel. Ich will später mal bei Microsoft arbeiten, denn ich interessiere mich für Technik und Computer. Ich will Programmierer werden. Bei Youtube habe ich schon gelernt, wie man Fehlermeldungen für den Computer schreibt. Meine Eltern arbeiten nicht. Dazu will ich aber nicht mehr sagen. Jedenfalls interessiert sich mein Vater noch mehr für Technik als ich. Bei Saturn ist mir manchmal langweilig, weil so sehr interessiere ich mich dann doch nicht dafür.

Vielleicht will ich doch nicht reich sein, sondern lieber ein ganz normaler Mensch, wenn ich groß bin. Nicht reich und nicht arm. Auch kein Promi-Star. Da hat man zu viel zu tun. Vielleicht möchte ich eine Frau und Kinder haben. Ich möchte in einer Wohnung in Berlin wohnen, ich mag das Multikulti. Ob ich später etwas anders machen möchte als meine Eltern, bin ich nicht sicher.

Mein schlimmstes Erlebnis war, als ich mich mal aufgeschürft habe. Ein Krankenwagen musste mich noch nie abholen. Sonst habe ich nichts Schlimmes erlebt, nur Schönes: Mit Christian zusammenzusein! Das ist das Schönste, was mir passiert ist.

Mehr möchte ich nicht sagen. Ich werde nicht so gern ausgefragt.

Das Leben meistern, auch wenn es schmerzvoll und schwer ist

Verschiedene Experten haben es in den Gesprächen in diesem Buch schon angedeutet: Man kann niemanden zwingen, sich den Problemen seiner Gegenwart oder Vergangenheit zu stellen. Und man kann niemandem vorschreiben, wann der richtige Zeitpunkt im Leben dafür gekommen ist. Da sind Erwachsene nicht anders als Kinder. Wenn ich meinen Söhnen anbiete, über unsere Familiensituation zu sprechen, kommt meist nicht viel. Vor allem nicht in den wenigen ruhigen Momenten, in denen Zeit dafür wäre. Wenn sie kommen, die Wut, die Traurigkeit und das Bedürfnis zu reden, dann kommen sie unvorhergesehen und zum unpassendsten Zeitpunkt. Mitten in der Nacht oder irgendwo unterwegs im größten Stress. Und dann muss man sehen, wie man das Unmögliche möglich macht. Denn wenn ein Mensch bereit ist, seine Seele zu öffnen, dann muss alles andere stehen- und liegenbleiben.

Manche Kinder kranker Eltern brechen noch als Minderjährige unter der Belastung zusammen und setzen sich in Therapien und psychiatrischen Kliniken mit ihren Erfahrungen auseinander, andere ziehen aus, gründen eigene Familien und sind erst, wenn der Nachwuchs aus dem Haus ist, bereit, sich mit den Schatten ihrer Kindheit zu beschäftigen. Oder im Angesicht des nahenden Todes der alt gewordenen Eltern kommen verdrängte Familiengeheimnisse noch einmal zur

Sprache. Dazwischen gibt es verschiedene klassische Zeitpunkte im Leben, in denen Menschen (und nicht nur solche, die mit einem kranken Elternteil groß geworden sind) ihre Herkunft zum Thema machen und ein inneres Bedürfnis entwickeln, ihrer Prägung und Vergangenheit nachzugehen: der Auszug von zu Hause, die erste Berufstätigkeit, die erste ernsthafte Partnerschaft oder Heirat, die Geburt des ersten eigenen Kindes, die erste Lebenskrise. Es wird auch erwachsene Kinder geben, die dem zentralen Thema ihres Lebens niemals die nötige Aufmerksamkeit zukommen lassen, doch sie sind mir nicht begegnet. Fakt ist: Wer sich seinen Problemen und Fragen nicht stellt, der läuft sein Leben lang Gefahr, dass sie ihn in den unpassendsten Momenten ungefragt einholen.

Mir hat die intensive Auseinandersetzung mit dem Einfluss der Krankheit meines ehemaligen Mannes auf unsere Kinder beim Schreiben dieses Buches sehr geholfen, die Dynamiken in unserer Familie zu verstehen. Ich glaube, dass ich jetzt besser ausgerüstet bin, meine Söhne durch ihr besonderes Leben zu begleiten. Meine Recherchen brachten zuerst die Erkenntnis, dass die beiden Jungs keine Außenseiter sind, weil es viele andere betroffene Familien gibt. Zwar sind wir auf den Wartestationen des Deutschen Herzzentrums Berlin schon gelegentlich anderen Familien mit Kindern begegnet und haben geahnt, dass sie wohl Ähnliches durchmachten wie wir. Aber es hat sich kein Kontakt ergeben, vielleicht haben wir ihn auch unbewusst vermieden, weil wir nicht in den Spiegel unserer Seelen blicken wollten. Die Rollentheorie, die ursprünglich für Kinder von Alkoholikern entwickelt wurde, hat mir vor Augen geführt, dass meine vage Eingangsvermutung richtig war: Auch mein älterer Sohn, der nach außen hin verantwortungsbewusst und frühreif wirkt, immer Verständnis hat und mir nie etwas vorwirft, extrem selten weint und sich zuverlässig um seinen Bruder kümmert, braucht Hilfe. Denn in der

Heldenrolle, die er wie aus dem Lehrbuch verkörpert, vergessen Kinder, Kind zu sein. Meine Aufgabe ist es, ihn daran zu erinnern. Wenn er seinen Bruder mal wieder im »Vater-Ton« zurechtweist, erkläre ich ihm jetzt, dass das nicht geht, weil er nicht der Vater ist. Als er neulich strahlte: »Verantwortung zu übernehmen, ist toll!«, nachdem ich erklärt hatte, dass er und sein Bruder am nächsten Morgen allein würden aufstehen müssen, weil ich sehr früh auf Dienstreise fahren würde, wurde ich hellhörig. »Es ist toll, dass du Verantwortung übernimmst, und damit hilfst du mir sehr!«, sagte ich zu ihm. »Und das ist auch gut für Kinder, wenn sie das lernen. Aber du sollst nie das Gefühl bekommen, dass unser Familienalltag ohne deinen Einsatz zusammenbricht. Wenn es dir zu viel wird, musst du das sagen!« »Und was passiert, wenn ich sage, mir ist das zu viel?«, fragte er ganz erstaunt zurück. Da wurde mir klar, dass er die Möglichkeit, einfach Nein zu sagen, tatsächlich nicht vor Augen hatte. Dass weniger im Anblick seines Vaters im Koma, sondern vielmehr hier in dieser Alltagssituation die Keimzelle für eine ungünstige Prägung lag. »Wenn du sagst, dass es dir zu viel ist, dann ist es meine Aufgabe, eine andere Lösung zu finden«, entgegnete ich. »Dann muss ich einen Babysitter suchen, der bei uns übernachtet, oder ich muss die Dienstreise absagen. Das wird nicht leicht, aber das ist dann meine Sorge und nicht deine.«

Meinen jüngeren Sohn dagegen, der die Rolle des schwarzen Schafs übernommen hat, kann ich jetzt mit etwas mehr Gelassenheit beobachten. Ja, er »macht Ärger«, ist neulich sogar einmal nicht in die Schule gegangen, ohne es mir zu sagen. Und wenn ich auf meiner Handyrechnung mit Erschrecken feststelle, dass jemand »aus Versehen« für 160 Euro im Playstore Spiele-Apps eingekauft hat, war das garantiert er. Er macht mir Vorwürfe, zeigt seine Wut und Traurigkeit exzessiv und ohne Rücksicht auf uns andere Familienmitglieder. Aber darin liegt auch etwas Gutes: Er kann sich abgrenzen, kann Nein sagen. Er gesteht sich selbst zu, Kind zu sein. Er zeigt, dass er Hilfe braucht. Und er benennt seine Bedürfnisse. Auch bei ihm ist es nicht der Anblick seines Vaters im Koma, der ihn am schlimmsten trifft. Viel schlimmer für ihn ist es, wenn ich ihn nicht zu Freunden gehen lasse, weil ich befürchte, dass diese Freunde dann am nächsten Tag bei uns auf der Matte stehen, wofür ich gerade keine Kraft habe. Kinder aus belasteten Familien brauchen Freunde – mein Sohn macht sehr deutlich, wie wichtig ihm »seine Gang« ist. Und es ist meine Angelegenheit, nicht seine, mit den anderen Eltern zu klären, dass ich es unheimlich zu schätzen weiß, wenn sie Luke zum Spielen mit zu sich nehmen, aber dass mich eine Gegeneinladung im Moment überfordern würde.

Da bin ich bei der Angst, als Mutter zu versagen, weil ich meinen Kindern nicht den Halt geben kann, den sie angesichts der schweren Krankheit ihres Vaters bräuchten. Weil ich ihnen nicht alle Bedürfnisse erfüllen kann. Prof. Dr. Georg Romer schreibt dazu, und das beruhigt mich ungemein: »Anders als im höheren Alter, in dem Erfahrungen mit Krankheit von vielen geteilt werden, sind Eltern minderjähriger Kinder psychisch meist nicht auf diese Situation vorbereitet. Dies wirkt sich auch auf die Elternfunktion aus.« Es ist nicht die Ausnahme, sondern der Regelfall, überfordert zu sein. Von Katja Beeck von der Initiative Netz und Boden habe ich gelernt, dass es nie zu spät ist, sich für das, was man falsch gemacht hat, zu entschuldigen. Dass Eltern nicht alles richtig machen müssen, sondern lediglich verpflichtet sind, verantwortungsbewusst mit ihren eigenen Schwächen umzugehen, und die kindlichen Bedürfnisse, die sie nicht selbst erfüllen können, von anderen erfüllen zu lassen. Ich bin als Mutter nicht gescheitert, wenn meine Kinder eines Tages eine Therapie brauchen sollten. Ich muss und darf akzeptieren, dass ich vielleicht nicht diejenige sein werde, mit der sie über ihren Vater sprechen wollen. Vielleicht werden sie es auch eines Tages mit ihren Partnern tun. Das alles nimmt Druck von meinen Schultern.

Dazu zählt auch die Tatsache, dass ich gelernt habe, dass es bei der Beurteilung meines Verhaltens als Mutter nicht nur richtig und falsch gibt, nicht nur schwarz und weiß. So hat zum Beispiel der Umstand, dass ich die ganze Zeit der extremen Belastung hindurch Vollzeit gearbeitet habe, sowohl ihr Gutes als auch ihr Schlechtes. Einerseits hat diese Arbeit uns als Familie die Existenz gesichert und mich davor bewahrt, vor lauter Sorgen den Verstand zu verlieren. Ohne meine Arbeit hätte ich womöglich all die Jahre von morgens bis abends auf der Intensivstation gesessen und den Kontakt zur »Welt da draußen« völlig verloren. Ich hätte keine Erfolge erlebt, die mich aufgebaut haben, und den Glauben an meine Selbstwirksamkeit verloren. Das wäre nicht gut gewesen. Andererseits hat mich die Arbeit zusätzlich zu meinen Aufgaben als alleinerziehende Mutter und Ehefrau eines Transplantationspatienten an die Grenzen meiner Kräfte gebracht und mir eine ganze Reihe an psychosomatischen Beschwerden eingebracht. Wer will da jetzt beurteilen, was besser gewesen wäre?

Mit Hilfe der Netzwerkkarte für belastete Familien von Prof. Dr. Sabine Wagenblass *(http://bit.ly/1QhWJEN)*, auf der durch Punkte für Unterstützungspersonen aus den Bereichen Schule/Beruf, Freunde/Bekannte, Familie, professionelle Beziehungen (Ärzte, Sozialpädagogen, Therapeuten o. Ä.) und Verbindungsstriche zwischen diesen Personen eindrücklich das Hilfesystem um die belastete Familie herum dargestellt wird, fand ich Folgendes heraus: Zwar habe ich ein soziales Netzwerk aufgebaut, das uns tragen soll, aber wenig konkrete, praktische Unterstützung zugelassen und angenommen. Mit Ausnahme meiner Mutter habe ich niemanden an uns herangelassen. Hier kann und muss ich nachbessern.

Mit der Checkliste zur Risikoeinschätzung aus dem Standardwerk *Nicht von schlechten Eltern – Kinder psychisch Kranker* von Fritz Mattejat und Beate Lisofsky habe ich herausgefunden, dass sich die Belastung in unserer Familie noch in Grenzen hält. Risikofaktoren, die aber auch bei uns vorhanden sind, kann ich nun besser einschätzen und beobachten: Von fünf A-Faktoren, die die Gefahr für meine Söhne, mit psychischen Langzeitschäden aus ihrer belasteten Kindheit hervorzugehen, sehr stark erhöht hätten, trifft bei uns keiner zu. A-Faktoren wären zum Beispiel gewesen: der Tod einer engen Bezugsperson, ein schlechtes Verhältnis zum gesunden Elternteil oder das Verschweigen der Krankheit in der Familie. Von 16 B-Faktoren, die das Risiko stark erhöhen, treffen bei uns zwei zu. Zum Beispiel wurden uns von der Schule bereits Verhaltensauffälligkeiten für unser Kind gemeldet. Von 18 C-Faktoren, die das Risiko mittelmäßig stark erhöhen, treffen bei uns vier zu (zum Beispiel chronischer Krankheitsverlauf und Schulwechsel), und von 19 D-Faktoren, die das Risiko etwas erhöhen, drei (zum Beispiel Umzug und Scheidung). Umgekehrt konnte ich viele Kreuzchen bei günstigen Faktoren machen, die die Belastung für unsere Kinder mindern: So haben sie im Sportverein einen von der Krankheit ihres Vaters unbelasteten Lebensbereich, feste Bezugspersonen außerhalb der Kernfamilie, die über unsere Situation Bescheid wissen, und leben in einer stabilen wirtschaftlichen Situation.

Die Ergebnisse der Copingforschung haben mir gezeigt, dass ich aufhören kann, nach einer Antwort auf die Frage zu suchen, was ich hätte besser machen können, um meine Ehe durch diese Prüfung hindurch zu retten und das Leben meiner Kinder durch die Trennung nicht noch schwerer zu machen. Denn die Antwort lautet: Ich hätte nichts besser machen können. Ich habe alles gegeben, wahrscheinlich sogar zu viel. Die verschiedenen Krisen-Bewältigungsstrategien, die mein ehemaliger Mann und ich schon lange, bevor wir uns kennenlernten, jeweils entwickelt haben, passen einfach nicht zueinander. Prof. Dr. Georg Romer schreibt in einer Veröffentlichung von 2007, dass Familien an solchen Ausnahmesituationen wachsen, vorübergehend zusammenbrechen und sich wieder erholen oder dauerhaft auseinanderfallen können. Jede Entwicklung ist auf gewisse Weise »normal« und erwartbar. Persönliches Versagen spielt weniger eine Rolle als die Stabilität des gesamten Systems. Henning Mielke von NACOA Deutschland hat mir die Augen geöffnet, als er sagte, wenn ein Mensch der Meinung ist, die Büchse der Pandora, die er mit sich herumschleppt, nicht öffnen zu wollen, weil es zu sehr wehtäte, muss man das akzeptieren. Also: Nicht einmal zum Wohle seiner eigenen Kinder hätte ich von meinem Mann verlangen können, in einer Eheberatung über unsere unterschiedlichen Erfahrungen rund um die Transplantation zu sprechen, um uns einander wieder anzunähern. Sein Trauma ist einfach noch zu frisch. Nach dem Gespräch mit Katja Beeck, die sagte, dass der gesunde Elternteil seine Kinder manchmal nur durch eine Trennung vom kranken Partner schützen könne, wage ich sogar diesen Gedanken: Vielleicht war die Trennung, so schmerzhaft sie für uns alle war, für das langfristige Wohlergehen unserer Söhne sogar ein guter, ein notwendiger Schritt. Weil sie so etwas mehr Abstand zu der Krankheit ihres Vaters halten und in stabileren Phasen Nähe bei ihm tanken können und weil ich den Teil meiner Kraft, den ich vorher für ihn reserviert hatte, nun für sie einsetzen kann.

Wie bei jedem Problem hat es gut getan, die Geschichten anderer Betroffener zu hören. Zu sehen, dass sie dieselben Fragen haben und dieselben Ängste. Dass sie alle ihr Bestes geben. Manche Betroffenen sprudelten trotz allem über vor Lebensfreude und Herzlichkeit, bei anderen lag eine tiefe Traurigkeit in der Stimme und man spürte die Last auf der

Seele. Viele Geschichten sind erschreckend vielschichtig in der Form der Belastung: Während in einer Familie der Vater eine Bipolare Störung und die Mutter eine lebensbedrohliche Autoimmunerkrankung hat, geht es im nächsten Protokoll um eine Frau, die nicht nur ihre Kindheit in einer Suchtfamilie verbracht und psychische Schäden davongetragen hat, sondern nun auch noch selbst an Multipler Sklerose erkrankt ist. Der erschütterndste Satz, den ich im Rahmen meiner Recherchen gelesen und gehört habe, kommt von David (9), dessen Eltern beide an eben dieser Krankheit leiden. Auf *Abendblatt Online* sagt er: »Wenn irgendwann ein Mensch etwas gegen diese Krankheit erfindet, dann erschieße ich ihn. Weil er es nicht früher erfunden hat.« Welche Hilflosigkeit aus seinen Worten spricht! Welche allumfassende Wut, die sich gegen alles und jeden richtet, sogar gegen potenzielle Retter!

Im Gegensatz zu David fiel mir bei den jüngeren Kindern, mit denen ich gesprochen habe, jedoch eher auf, wie normal sie das finden, was sie durchmachen. Wenn ich Fragen stellte wie: »Macht dich das wütend, dass dein Vater krank ist?«, »Hast du jemals gedacht: Warum muss ich immer helfen?« oder: »Wünschst du dir manchmal ein anderes Leben?«, dann wussten sie damit überhaupt nichts anzufangen. Sie schienen meine Frage nicht einmal zu verstehen, so wenig hatte sie mit ihrer Wahrnehmung zu tun. Oder aber: So wenig trauten sie sich, sich selbst diese Fragen zu stellen. Wenn ich allgemein nach ihrem größten Wunsch fragte, antwortete keines der Kinder: »Ich wünsche mir gesunde Eltern.« Alle wünschten sich stattdessen, dass die Krankheit ihrer Eltern besser würde oder stabil bliebe. Und wenn ich nachhakte: »Was ist denn dein größter Wunsch für *dich*?« Dann erwiderten sie: »Wenn es meinen Eltern besser geht, ist das auch für mich gut.«

Interessant war auch zu sehen, wie breit das Spektrum ist, in dem Menschen auf Belastung reagieren. Nick (11) und Tarek (10) sind fast gleich alt. Während Nick in seinem Protokoll erzählt, dass er sich manchmal älter als seine 12- oder 13-jährigen Klassenkameraden fühle und mit ihren Späßen nichts anzufangen wisse, erweckte Tarek den Eindruck, als sei er viel jünger. Als wir uns trafen, klammerte er sich am Arm seines Paten Christian fest und vergrub sein Gesicht in dessen Pullover. Auf dem kurzen Weg in ein nahe gelegenes Café trat er gegen einen Stromkasten, sodass die Tür aufsprang, fegte einen vollen Kaffeebecher von einer Mauer, zog an einer Markise, von der sich das gesammelte Regenwasser auf uns herab ergoss, und hüpfte übermütig über unsere Schatten. Im Café rutschte er nach wenigen Minuten auf der Bank herum und klagte über Schmerzen im Gesäß. Er verschüttete seine Fanta. Wenn ich einige Worte mit seinem Paten wechselte, kniff er nicht nur Christian, sondern auch mich, die er kaum kannte, piekste uns mit dem Finger in die Seite und pustete uns schließlich ins Gesicht, bis wir unsere Aufmerksamkeit wieder ihm zuwandten. Er fand es sehr aufregend, dass er interviewt werden sollte, konnte aber zu keiner Frage mehr als ein paar Worte sagen. Wenn ihm die Fragen nicht gefielen, was ständig der Fall war, machte er »Miau«. Mit dem 25-jährigen Leonard wiederum verbrachte ich einen angenehmen Abend in einem Biergarten und hatte den Eindruck, mich von der geistigen Reife her mit einem Menschen in meinem Alter (40) zu unterhalten.

Was kranke Eltern und ihre gesunden Partner tun können

Wie das eigene Kind aus der prägenden Erfahrung des Aufwachsens mit einem kranken Vater oder einer kranken Mutter hervorgeht, haben wir als Eltern nicht vollständig in der Hand. Es ist aber ein gutes Gefühl zu wissen, dass es durchaus Dinge gibt, die wir tun können. Vielen geht es wie der autoimmunerkrankten Katharina (58), die zu mir sagte, ihr größtes Ziel sei in all den Jahren gewesen, dass sich ihre beiden Töchter im Erwachsenenalter nicht von der Familie abwenden. Damit das gelingt, sind einige grundsätzliche Maßnahmen notwendig, die ich aus verschiedenen Quellen zusammengetragen habe und die sich in verschiedenen Quellen auch wiederholen:

- Holen Sie sich als gesunder und als kranker Elternteil selbst professionelle Unterstützung für die Verarbeitung dieser Erfahrung. Nur wenn die Eltern einen guten Umgang mit der Familiensituation gefunden haben, kann das auch den Kindern gelingen.

- Bauen Sie ein Unterstützungsnetzwerk aus Freunden, Nachbarn, Angehörigen und Fachleuten auf. Nehmen Sie die Hilfe dieses Netzwerks an, ohne sich zu schämen oder zu meinen, sie müssten sich umgehend revanchieren.

- Sorgen Sie für Stabilität in anderen Lebensbereichen jenseits der elterlichen Krankheit. Vermeiden Sie beispielsweise Umzüge und Schulwechsel, und wenn sie unvermeidlich sind, begleiten Sie Ihr Kind intensiv dabei.

- Suchen Sie eine verlässliche Bezugsperson außerhalb der Kernfamilie für Ihr Kind. Das kann ein Pate aus einem Patenschaftsprogramm sein oder ein Verwandter. Prof. Dr. Georg Romer schreibt: »Für minderjährige Kinder sind Großeltern in dieser Situation eine wichtige Verkörperung familiärer Unterstützung sowie generationenübergreifender Tragfähigkeit familiärer Beziehungen. Wenn Kinder kranker Eltern erleben, dass sich Großeltern mit um die eigenen kranken Eltern kümmern, stellt dies zudem ein

Modell dar, bei dem die ältere Generation für die jüngere sorgt. Dies schwächt den potenziellen ›Parentifizierungssog‹ zur Rollenumkehr zwischen minderjährigen Kindern und ihren Eltern ab.« Wichtig ist dabei allerdings, dass die Verwandten, die sich um das Kind kümmern, selbst einen gesunden Umgang mit der Krankheit des Elternteils gefunden haben. Selina (22) erzählte mir von ihren Großeltern, die zwei Straßen weiter wohnten und sich um sie gekümmert hätten, indem sie ihr Essen kochten. Bezüglich der Krankheit ihres Vaters seien die Großeltern allerdings keine Ansprechpartner gewesen, sondern hätten sie verdrängt und so getan, als wäre nichts. In diesem Fall fehlt dann immer noch die Bezugsperson, die ein offenes Ohr für die krankheitsbezogenen Sorgen der Kinder hat.

- Schaffen Sie Lebensbereiche für Ihr Kind, in denen die Krankheit des Elternteils keine Rolle spielt und es Kontakt zu anderen Kindern hat – sei es in einem Sportverein, einer Jugendgruppe wie den Pfadfindern oder einem kirchlichen Angebot. Kinder aus belasteten Familien brauchen Freunde und Spielkameraden.

- Halten Sie an Familienritualen fest und nehmen Sie an Ritualen in Ihrem Ort oder Ihrer Gemeinde teil. Egal ob Gutenachtgeschichte, Geburtstag, Erntedankgottesdienst oder Karnevalsumzug – feste Größen im Leben geben Halt.

- Sprechen Sie in der Familie offen und altersgemäß über die elterliche Erkrankung und informieren Sie Lehrer, Erzieher, Sporttrainer & Co. darüber. Halten Sie Kontakt zu diesen anderen Bezugspersonen, die Ihnen helfen, Verhaltensauffälligkeiten Ihres Kindes früh zu identifizieren und gegenzusteuern. Wenn Sie nicht die Kraft dazu haben, offen mit Ihrem Kind zu sprechen, oder wenn es aufgrund Ihrer Krankheit Momente gibt, in denen Sie dazu nicht in der Lage sind, schreiben Sie Ihrem Kind einen Brief.

- Verlangen Sie von Ihrem Kind nur altersangemessene und zeitlich begrenzte Unterstützung im Haushalt, bei der Betreuung von Geschwistern oder bei der Pflege des kranken Elternteils und holen Sie für alles andere Hilfe von außen (Pflegedienst, Haushaltshilfe, Babysitter, Familienhebamme).

- Sorgen Sie dafür, dass Ihr Kind regelmäßig in den Kindergarten, die Schule oder zur Ausbildung geht.

- Trauen Sie sich, in Ausnahmesituationen intuitiv und mutig zu handeln. Ein Vater erzählte mir, wie seine Tochter eines späten Abends mit der Türklinke in der Hand dagestanden und gesagt hätte: »Ich hau jetzt ab! Ich geh!« Er habe gewusst, so der Vater, dass jetzt etwas Außergewöhnliches passieren müsse, sonst würde er das Vertrauen seiner Tochter verlieren. Also habe er sich kurzentschlossen mit ihr ins Auto gesetzt und sei 250 Kilometer bis in die nächste Großstadt gefahren. Eine Stunde lang hätten sie kein Wort geredet – nicht über die psychische Krankheit der Mutter und auch sonst über nichts. Irgendwann hätten sie dann doch angefangen zu reden, wären Essen gegangen, in der Großstadt umherspaziert und anschließend wieder nach Hause gefahren. Die Tochter sei geblieben – weil sie gemerkt habe, es ist jemand da, der sie auffängt, wenn sie nicht mehr weiter weiß.

- Stärken Sie das Selbstwertgefühl und den Glauben an die Selbstwirksamkeit Ihres Kindes, indem Sie es nach seinen

Bedürfnissen fragen, Interesse an seinem Leben zeigen, gemeinsam mit ihm Pläne machen und diese einhalten, ihm Erfolgserlebnisse verschaffen (zum Beispiel im Sport).

- Ermöglichen Sie Ihrem Kind, seine Gefühle und Sorgen künstlerisch auszudrücken – in der Maltherapie oder im Töpferkurs, in der Trommelgruppe, im Gitarrenunterricht oder in einem abschließbaren Tagebuch, das Sie ihm schenken.

- Sprechen Sie, wenn Sie die Kraft dazu haben, mit Ihrem Umfeld über die Belastungssituation in Ihrer Familie, damit mehr Menschen auf die Probleme von Kindern kranker Eltern aufmerksam werden. Barbara Rübesam und Burkhard Mirsch, die Eltern des oben zitierten neunjährigen David, haben lange gezögert, auf *abendblatt.de* ihr Leben öffentlich zu machen. Die Furcht, wegen ihrer Behinderungen als schlechte Eltern wahrgenommen zu werden, war groß. »Aber wenn niemand darüber spricht, wird sich an der Situation von Familien wie unserer nichts verbessern, werden wir keine Unterstützung bekommen«, begründet Burkhard Mirsch seine Entscheidung, sich am Ende doch an die Medien zu wenden.

»Es ist nicht die Mission der Eltern, ihre Kinder vor Schmerz und Widrigkeiten zu schützen. Die Aufgabe ist vielmehr, den Kindern ein Beispiel zu sein, wie man sein Leben meistert, auch wenn es schmerzvoll und schwer ist.« Mit diesen Worten aus seiner Kolumne in der Onlineausgabe der österreichischen Tageszeitung *Der Standard* nimmt der renommierte dänische Familientherapeut und Autor von Erziehungsratgebern, Jesper Juul, den Druck von Eltern, die befürchten, angesichts einer schwierigen Familiensituation in der Erziehung zu versagen. Gleichzeitig bringt er das auf den Punkt, was für die Kinder in diesem Moment das allerwichtigste ist: ein Vorbild. Die Mutter eines achtjährigen Sohnes, deren Mann unter schwerem Asthma leidet, hatte um Rat gebeten. Während Papas Krankheit für den Jungen jahrelang normal zu sein schien, stelle er nun viele Fragen – wie schnell ein Krankenwagen kommen könne und ob die Mutter nicht lieber dem hustenden Vater helfen wolle, anstatt eine Gutenachtgeschichte vorzulesen. »Ich glaube, dass wir unsere Sorgen ganz gut verbergen können«, schreibt die Mutter. »Dennoch wissen wir nicht, ob uns das gut genug gelingt. Vor Kurzem hat uns unser Sohn darauf angesprochen und uns gebeten, mit ihm darüber zu reden. Sollen wir nun versuchen, so ehrlich wie möglich zu sein?« Jesper Juul erkennt Anzeichen der Parentifizierung – der Junge beginnt, sich über Gebühr für das Wohlbefinden seiner Eltern verantwortlich zu fühlen. Die Grenze ist nicht erst überschritten, wenn Kinder sich wirklich kümmern müssen, weil ohne ihre praktische Hilfe die Familie nicht mehr funktioniert, sondern wenn sie Entscheidungen, die ganz klar die Erwachsenen zu treffen haben (Braucht der kranke Vater in diesem Moment Hilfe?), zu ihren eigenen machen. »Bemerkbar macht sich dies, indem Kinder schon sehr jung wie Erwachsene sprechen«, erklärt Juul. Die richtige Reaktion in diesem Moment: dem Jungen klar machen, dass die Erwachsenen wissen, was zu tun ist, und er sich auf seine Gutenachtgeschichte konzentrieren darf. Oder aber, dass er Fragen zur Krankheit seines Vaters stellen darf, wenn ihm welche im Kopf herumgehen. Sich Sorgen zu machen und mit dem möglichen Tod eines Elternteils auseinandersetzen, seien Erfahrungen, die nicht von Kindern ferngehalten werden sollten, so Juul. Die Kinder überzubehüten, sie in Unwissenheit zu lassen oder ihnen die Gelegenheit vorzuenthalten, sich unbelastet und kindgerecht zu beschäftigen, dagegen schon.

»Mein Vorschlag ist, dass Sie und Ihr Mann jedes Mal alle Ihre Gedanken und Gefühle mit Ihrem Sohn teilen, wenn Sie sich sorgen, unglücklich oder ängstlich sind«, rät der Experte. »Hin und wieder, wenn Ihr Mann vielleicht in der Nacht einen heftigen Hustenanfall hatte, können Sie Ihren Sohn am nächsten Morgen fragen, ob er es gehört und Angst hatte. Ein anderes Mal, wenn Sie sehen, dass Ihr Sohn nachdenklich ist, fragen Sie ihn einfach, ob er gerade über die Krankheit seines Vaters nachdenkt. Seine Antwort sollte Ihrerseits nicht durch Trösten abgeschwächt werden, sondern eine zusätzliche Solidarität ihm gegenüber ausdrücken.« Alles richtig machen kann man als gesunder und kranker Elternteil nicht. Doch nach der Lektüre dieses Buches wissen Sie ein bisschen besser, wie die Bedürfnisse Ihrer Kinder aussehen.

Was Experten fordern

Einmal bin ich auf Überweisung unseres Kinderarztes mit meinem jüngeren Sohn bei einer Kinderpsychologin vorstellig geworden. Seine chronischen Bauchschmerzen, seine Wutanfälle, sein permanentes Gefühl, alle Welt wolle ihn provozieren, die blauen Briefe aus der Schule und die Zeichnungen von Blut pinkelnden Menschen, die er reihenweise anfertigte, machten mir doch langsam Sorgen.

Außenstehende können sich nicht vorstellen, was es für eine Familie mit einem kranken Elternteil für ein Akt ist, überhaupt Zeit für den Kinderarzt zu finden, um sich die Überweisung zu einem Kinderpsychologen zu holen. Der gesunde Elternteil, in unserem Fall ich, muss Vollzeit arbeiten, um die Familie zu ernähren, er muss (oder meint zu müssen) am Krankenbett sitzen, Wäsche und Vorräte ins Krankenhaus transportieren, Termine mit schwer greifbaren Oberärzten wahrnehmen. Er muss heulen. Er muss zu Hause den Haushalt schmeißen, Sozialkontakte pflegen, nicht um ein bisschen Spaß, sondern um im Notfall Hilfe oder eine Schulter zum Ausweinen zu haben. Er muss die Kinder viermal die Woche und am Wochenende zum Sport bringen, weil er weiß, sie brauchen Ablenkung, Routine und stabile Säulen im Leben außerhalb der instabilen Familie. Er muss zu Elternabenden gehen, Kindergeburtstage organisieren und wenn der Backenzahn so wehtut, dass es gar nicht mehr anders geht, auch irgendwann zwischendurch mal zum Zahnarzt. Die Minusstunden, die er dabei macht, muss er am nächsten Tag wieder nacharbeiten. Dann muss er zur Therapie rennen, weil er nicht durchdrehen will, und joggen gehen, weil das Stress-Adrenalin ihn sonst überhaupt nicht schlafen lässt. In seiner Logik muss er das alles tun, und es gibt nichts, was er bleiben lassen könnte, weil die mühsam organisierte und am Laufen gehaltene Welt zusammenbrechen würde, wenn er auch nur einen Moment locker ließe. Weil er Angst hat, dass er das Hamsterrad, wenn es auch nur ein wenig an Geschwindigkeit verliert, aus eigener Kraft nicht mehr angestoßen kriegt.

Wenn es also der gesunde Elternteil trotz allem geschafft hat, mit seinem verhaltensauffälligen Kind beim Kinderarzt, Jugendamt und so weiter vorstellig zu werden und um Hilfe zu bitten, dann hat dieser Fachmensch genau eine Chance, die Unterstützungsmaschinerie in Gang zu setzen. Wenn das nicht geschieht, werden Monate ins Land ziehen und noch viel schlimmere Dinge passieren, bevor man als Betroffener eventuell einen zweiten Versuch unternimmt, sich Hilfe zu holen. Insofern war die Kinderpsychologin, die zu mir meinte, es gebe in Berlin so viele Kinder, die schlimmer dran seien und schlimmere Symptome zeigten als mein Sohn, gelinde gesagt, nicht besonders hilfreich. Einen Platz in der Kindertherapie würde ich weder bei ihr noch in einer anderen Praxis in der

Stadt bekommen, meinte sie. Alles, was sie mir möglicherweise anbieten könne (das müsse sie aber noch mal prüfen), sei ein Elternberatungsgespräch mit einer ihrer Mitarbeiterinnen und zwei bis drei Termine in einer therapeutischen Spielgruppe (ebenfalls mit einer anderen Psychologin) im Abstand von jeweils drei Monaten für meinen Sohn. Aber das Konzept leuchtete mir nicht ein. Weder ich noch Luke hatten Lust, Kraft oder Zeit, unsere Story zum dritten Mal einem neuen Menschen zu erzählen. Spielgruppe klang in seinen Ohren ohnehin nach etwas für Babys und überhaupt hatte er jetzt schon die Nase voll davon, von einer Praxis in die nächste zu rennen und sich »unnormal« zu fühlen. Wie sollte ein verwirrter Junge wie er Halt finden in einem Angebot, das er alle paar Monate mal besuchen kann? Ich nickte freundlich, verließ mit meinem Sohn die Praxis und legte die Angelegenheit zu den Akten. Es musste eben einfach so weitergehen.

Eine ähnlich desillusionierende Geschichte war für uns das Thema Haushaltshilfe. Eine private Reinigungskraft konnten wir uns von meinem Alleinverdienergehalt nicht leisten. Also beantragten wir bei der Krankenkasse eine Haushaltshilfe. Nach einem ewigen Papierkrieg bekamen wir sie genehmigt – für wenige Wochen. Danach musste wieder neu beantragt werden, immer wieder, obwohl ärztlich attestiert war, dass sich der Zustand meines damaligen Mannes bis zur Transplantation nicht bessern und unsere Situation sich somit nicht verändern würde. Schon nach kurzer Zeit moserte die Krankenkasse, als Dauerleistung sei so eine Haushaltshilfe nicht gedacht – aber da hatten wir mit dem Thema auch schon abgeschlossen. Für den ganzen Papierkram fehlte uns einfach die Zeit. Zudem hatte uns der Träger innerhalb weniger Monate drei verschiedene Frauen geschickt, die wir immer weniger enthusiastisch unseren Kindern und den Erziehern im Kindergarten vorstellten. Echte Hilfe für Familien mit kranken Eltern sieht anders aus. Es gibt also viel zu tun. Die naheliegende Forderung formuliert Pflegewissenschaftlerin Prof. Dr. Sabine Metzing, die über pflegende Minderjährige forscht, auf *wissen.de*: flächendeckende, regelfinanzierte Unterstützungsangebote für die betroffenen Familien. »Das von Metzing wissenschaftlich begleitete Projekt SupaKids in Hamburg, das sowohl Kindern als auch Eltern psychologische und praktische Hilfen geboten hatte, musste nach nur wenigen Jahren aufgegeben werden«, heißt es dort: »Es waren einfach zu wenig Spendengelder geflossen. ›Das Konzept würde ich jederzeit zur Verfügung stellen‹, erklärt die Pflegeforscherin, die dabei etwa an den Kinderschutzbund oder die Pflegestützpunkte denkt. ›Die Familien brauchen eine unkomplizierte, wohnortnahe, familienorientierte Hilfe, die im Notfall dafür sorgt, dass der Familienalltag nicht zusammenbricht.‹« Zwar betont Prof. Dr. Georg Romer, dass in den vergangenen 15 Jahren Hilfeangebote wie die Pilze aus dem Boden geschossen seien, doch viele müssen auch wieder eingestellt werden. So erklärt das Projekt Kiepe – Unterstützung für Kinder psychisch erkrankter Eltern in Kiel auf seiner Website *kiepe-kiel.de*: »Nach dem Auslaufen der Projektförderung durch die Aktion Mensch können wir derzeit leider keine Kindergruppen und Vermittlungen von ehrenamtlichen Patenschaften anbieten.«

Natürlich ist es immer leicht, für alle möglichen ungelösten Probleme unserer Gesellschaft Gelder und Stellen und mehr Engagement der Politik zu fordern. Doch aus zwei Gründen ist dieses konkrete Problem eines, das vordringlich behandelt werden sollte: Erstens, weil betroffene Kinder, denen nicht geholfen wird, selbst zu Patienten werden und die Gesellschaft, die Politik, die Sozialämter und die Krankenkassen umso mehr fordern, je länger sie ignoriert werden. Und zweitens, weil im Rahmen der Diskussion um den Pflegenotstand das

Gesundheitswesen in Deutschland ohnehin gerade im Umbruch ist, was eine sinnvolle Gelegenheit wäre, das Thema pflegende Kinder jetzt mitzudenken, statt es als separiertes Problem zu vertagen.

An wirksamer Lobby- und Öffentlichkeitsarbeit fehlt es nicht. So kündigte Sozialminister Rudolf Hundstorfer von der Sozialdemokratischen Partei Österreichs 2015 eine Informationskampagne mit Plakataktion zum Schwerpunkt »Pflegende Kinder und Jugendliche« an, nachdem die Diakonie Österreich das Thema seit Jahren forciert hatte. Unter anderem NACOA Deutschland und die Diakonie Deutschland, die im Juli 2015 die Pressemeldung »Chancen für ein gesundes Aufwachsen – Kinder suchtkranker Eltern brauchen dringend mehr Hilfe« versandte, machen Druck, dass Kinder aus Suchtfamilien in Zukunft im Bundesdrogenbericht und im Präventionsgesetz vorkommen. Im Februar 2015 und 2016 fanden auf Initiative von NACOA Deutschland und anderen die sechste und siebte bundesweite Aktionswoche für Kinder aus Suchtfamilien statt (*coa-aktionswoche.de*), 2015 mit 78 Veranstaltungen und 20 Aktionen in über 50 deutschen Städten.

Bei der Frage, welche Hilfeangebote fehlen, rücken verschiedene Aspekte ins Licht: Es braucht Unterstützung für ehemals betroffene, heute erwachsene Kinder kranker Eltern, die oft ihr Leben lang mit den Auswirkungen ihrer »Kindheit im Schatten« und den schwierigen Startbedingungen zu tun haben. Es braucht Angebote, die niedrigschwellig sind und auch gefunden werden. Keines der existierenden Projekte hat einen eigenen Verantwortlichen für Öffentlichkeitsarbeit und die Social Media. Wenn, dann werden die Profile »irgendwie nebenbei« gepflegt. So betreibt beispielsweise der Gesamtverband Suchthilfe e. V. die ziemlich sperrig und gar nicht suchwortfreundlich betitelte Facebookseite »Elternschaft und Suchterkrankung«. Diese richtet sich von der Tonalität und dem Inhalt her jedoch nicht an betroffene Kinder und Jugendliche, die potenziell in den sozialen Netzwerken unterwegs sind, sondern verbreitet vor allem Sachinfos für die Fachwelt. Von den in diesem Buch vorgestellten Projekten ist lediglich superhands nennenswert auf Facebook vertreten. Der Suchthilfeverband Blaues Kreuz ist mit Profilseiten des Bundesverbandes und mehrerer Landesverbände dort unterwegs, so wie auch NACOA Deutschland. Ebenfalls auf Facebook kündigt die Berliner Fortbildungsakademie Neuhland ihre Veranstaltung »Borderline und Mutter sein – Wie kann das gelingen?« im Oktober 2015 an. Es gibt eine Facebook-Gemeinschaft »Kinder psychisch kranker Eltern«, die aus einem österreichischen Diplomarbeitsprojekt aus den Jahren 2012 bis 2013 entstanden ist. Sie hatte im Juli 2015 90 Fans und keine besonders rege Interaktion – ein Zeichen dafür, dass das Thema auch online noch nicht aus der Tabuzone herausgeholt wurde. »Jugendliche ab zwölf Jahren aufwärts müssen wir zielgruppenorientiert im Internet direkt erreichen – das ist definitiv ausbaufähig«, findet Prof. Dr. Georg Romer. Googelt man zum Beispiel nach »Eltern + Sucht«, gibt es durchaus Treffer. Aber googeln Kinder das? Gefallen ihnen die vorhandenen Internetpräsenzen, fühlen sie sich angesprochen? Vergleicht man (wahllos herausgegriffen) die Infoseiten der Beratungsstelle der Uniklinik Hamburg-Eppendorf oder der Selbsthilfegruppe Chillies in Frankenthal mit *traudich.nacoa.de*, der interaktiven Comic-Website von NACOA Deutschland, zeigt sich, dass es in vielen Fällen noch Optimierungsbedarf gibt.

Auffindbare und aufsuchende Angebote

Martin Schenk, stellvertretender Direktor der Diakonie Österreich, fordert mit Blick auf die Unterzielgruppe pflegende Kinder und Jugendliche neben *auffindbaren* Angeboten sogenannte *aufsuchende* Angebote:

Herr Schenk, welche Forderungen haben Sie an die Politik, um die Situation pflegender Kinder zu verbessern?
Wir brauchen ein Dienstleistungsangebot, bei dem Fachkräfte in die betroffenen Familien gehen. In Dänemark gibt es sogenannte Family Health Nurses, übersetzt »Familiengesundheitsschwestern«. Das sind Fachkräfte mit einem Tätigkeitsgebiet irgendwo zwischen Sozialarbeiter, Case Manager und Pflegekraft. Ihre Dienstleistung richtet sich sowohl an kranke Menschen als auch an deren Familien und macht diesen besonders vulnerablen Gruppen ein niedrigschwelliges Hilfsangebot. So wie die Hebamme nach der Geburt nach Hause kommt, um zu schauen, ob alles gut läuft, käme die Family Health Nurse einmal die Woche vorbei, um die Kinder zu entlasten. Es geht ja nicht nur darum, dass Fachkräfte den Kindern die Pflegetätigkeiten abnehmen, sondern dass es eine Person geben muss, zu der die Kinder Vertrauen fassen können. Für die Family Health Nurse bedeutet das, dass sie nicht nur praktisch helfen, sondern auch eine Beziehung aufbauen muss.

Es bleibt die Frage, wie dieser Dienst finanziert werden kann. In Österreich gibt es keine Pflegeversicherung, sondern einen steuerfinanzierten Pflegefonds. In den nächsten zwei, drei Jahren wird sich entscheiden, ob die Family Health Nurse als Unterstützung für Familien mit einem erkrankten Elternteil in das Leistungsspektrum mit aufgenommen wird.

In Österreich besteht eine massive Trennung zwischen »cure und care«, Pflege und Betreuung. Der medizinische Sektor ist relativ gut finanziert, aber in dem Moment, in dem man aus dem Krankenhaus entlassen wird, fällt die Unterstützung weg. Wir brauchen neue Berufe, die Menschen in dieser Zwischenphase zwischen Krankenhaus und Genesung begleiten.

Welche Tipps haben Sie für Länder wie Deutschland, wo das Thema Kinder als pflegende Angehörige jenseits der Fachkreise noch nicht im Bewusstsein der Öffentlichkeit und der Politik ist?
Um das Thema in die Öffentlichkeit zu bringen, brauchen Sie erst die Storys, die Geschichten von Betroffenen. Dann brauchen Sie Studien, die das flächendeckende Problem belegen. An die Lösung des Problems können Sie denken, wenn die kritische Masse an Öffentlichkeit erreicht ist, die Druck macht.

Wichtig ist, zwischen den Sektoren zu denken: Dieses Thema betrifft die Bereiche Gesundheit und Soziales, das darf man nicht trennen. Gute Pflegeeinrichtungen sind die, die den Alltag der Patienten in den Mittelpunkt stellen und die Pflege darum herum organisieren. Schlechte Einrichtungen machen es andersherum. Das gilt auch für andere soziale Dienstleistungen.

Worum wir uns auch kümmern müssen, ist die Tatsache, dass 70 Prozent der pflegenden Kinder in Österreich Mädchen sind, vom Alter her liegt der Durchschnitt bei 12,5 Jahren. Jungs übernehmen diese Aufgaben nicht so selbstverständlich. Da müssen wir die Grundsatzfrage stellen: Warum ist das so? Wie können wir das ändern?

Neue Zielgruppen, neue Probleme

Bei dem Versuch, das Thema Kinder kranker Eltern in seiner Gesamtheit zu erfassen, zeigt der Paritätische Wohlfahrtsverband in seiner Zeitschrift *Der Paritätische* vom März 2015, wie fließend die Grenzen zu ähnlich gelagerten Problematiken sind: Was ist mit Kindern, deren Eltern eine Gefängnisstrafe verbüßen? Was ist mit den Geschwistern kranker Kinder? Auch sie erleben eine »Kindheit im Schatten« mit Auswirkungen auf ihr späteres Leben.

Neue Zielgruppen für Unterstützungsangebote entstehen durch neue Drogen, die eigene Besonderheiten in der Erfahrungswelt der Konsumenten und ihrer Angehörigen mit sich bringen. So tagte das Netzwerk Kinderschutz im Nürnberger Land im Juli 2014 zur Situation der Kinder, deren Eltern Crystal Meth konsumieren. Die vergleichsweise preisgünstige Droge mit aufputschender Wirkung führt schneller als andere Drogen zur Abhängigkeit und zum körperlichen Verfall. Seit Ende der 1990er Jahre kam sie über die tschechische Grenze nach Sachsen und Bayern, doch erst seit wenigen Jahren verbreitet sie sich explosionsartig in Deutschland. In den USA sind die Konsumenten schon länger dabei, davon zeugt die amerikanische TV-Serie *Breaking Bad* von 2008. Sie handelt von einem Chemielehrer, der mit dem Verkauf von hochreinem Crystal Meth seine Krebsbehandlung finanzieren will, und wurde vielfach ausgezeichnet. Besonders auf junge Mütter übt Crystal Meth offenbar eine starke Anziehungskraft aus, sodass von den Auswirkungen dieser Droge überdurchschnittlich viele Kinder betroffen sind. Ulrike Seikat von Lilith e.V. begründet das auf der Website des Landratsamts Nürnberger Land »mit dem anhaltenden Leistungsdruck in der heutigen Gesellschaft. Abhängige Mütter oder Väter hätten das Gefühl, ohne den Stoff den Anforderungen des Alltags und der Erziehung nicht gerecht werden zu können [...] Bei Crystal-konsumierenden Vätern oder Müttern würde das Suchtmittel einen besonders hohen Stellenwert im Alltag einnehmen, die eigenen Kinder würden weniger im Fokus stehen. Eltern, die Drogen missbrauchen, wären häufig der Meinung, dass ihre Kinder den Drogenkonsum gar nicht bemerken und dass dieser daher keinen Einfluss auf die Kinder hat.«

Redakteurin Anieke Becker berichtet auf *diakonie.de* unter dem Titel »Crystal Meth: Rausch der Mütter« über diesen bedenklichen Zusammenhang. Demnach liegt der Altersdurchschnitt von Crystal-Konsumenten bei 26 Jahren. 35 Prozent der Crystal-Meth-Abhängigen beispielsweise in sächsischen Kliniken sind weiblich – ein extrem hoher Anteil im Vergleich zu anderen Suchterkrankungen. Bei 441 Crystal-Klienten der Suchtberatungsstellen in Sachsen leben insgesamt 600 Kinder unter 18 Jahren. In dem Beitrag kommen Frauen wie die 29-jährige Nina zu Wort und beschreiben ihre Erfahrungen mit der Droge: »Es ist einfach alles leichter. Ich konnte alles vergessen.« Klinikleiterin Dr. Claudia Werthmann ergänzt: »Unter der Droge sind die Konsumentinnen durchsetzungsfähiger und können, anders als beim Alkohol, den Alltag weiterhin bewältigen, aber alles läuft mechanisch ab. Was verloren geht, ist die Emotionalität, auch gegenüber den eigenen Kindern.« Therapeuten und andere Fachkräfte stehen mit ihren Unterstützungskonzepten in Crystal-Meth-Fällen noch ganz am Anfang. Auch hier wird in den kommenden Jahren viel Weiterentwicklung notwendig sein.

Interprofessionelle Zusammenarbeit stärken

Um all diesen Bedürfnissen gerecht werden und sie überhaupt erst einmal verstehen zu können, ist es wichtig, die interprofessionelle Zusammenarbeit zu stärken. Die Beratungsstelle FIPS am Bezirkskrankenhaus Günzburg macht vor, wie das beim Thema Kinder psychisch kranker Eltern funktionieren kann. Im entsprechenden Arbeitskreis agieren Vertreter des Jugendamts, einer kinder- und jugendpsychiatrischen Praxis, einer psychologischen Erziehungsberatungsstelle, einer psychologischen Beratungsstelle für Ehe-, Familien- und Lebensfragen, des Sozialpsychiatrischen Dienstes, des Bezirkskrankenhauses, der Psychiatrie, einer Universität, einer heilpädagogischen Tagesstätte und des Kinderschutzbundes. Wenn all diese Menschen, die mit Kindern aus betroffenen Familien in Berührung kommen, ihre Erfahrungen zusammentragen, können daraus Erkenntnisse gewonnen werden, die in Schulungen zum Thema Kinder kranker Eltern an Mitarbeiter in Krankenhäusern, Sportvereinen, Kinderarztpraxen, Jugendämtern, Schulen und Kindergärten weitergegeben werden können. Ziel ist, dass sie in Zukunft in der Lage sind, betroffene Familien zu identifizieren und frühzeitig Unterstützungsmöglichkeiten aufzuzeigen.

Für die Anbieter dieser Unterstützungsmöglichkeiten wie die Wohlfahrtsverbände ist der interprofessionelle Ansatz auch deshalb wichtig, weil das Thema für sie auf der Grenzlinie zwischen Jugendhilfe und Sozialpsychiatrie angesiedelt ist. Wer ist zuständig? Wo landen die Hilfesuchenden zuerst? Wie können die Angebote beider Disziplinen vernetzt werden?

Der Gesamtverband Suchthilfe e. V. bietet eine der benötigten »Interdisziplinären Weiterbildungen für Fachkräfte« an (*eltern-sucht.de/weiterbildung*). »Professionelles Handeln im Kontext suchtkranker Familien stellt hohe Ansprüche an das Helfersystem. Ressourcen und Risiken zu erkennen, nicht offensichtliche Einflüsse und Zusammenhänge zu erfassen und nachhaltige Hilfepläne zu entwickeln, ist ein komplexer Auftrag, der eine gute fachliche Vorbereitung und Vernetzung erfordert«, heißt es in der Ausschreibung. In einer Hinsicht ist jedoch Vorsicht geboten: Wenn die interprofessionelle Zusammenarbeit und Weiterbildung dazu führen sollte, dass die Kinder kranker Elternteile, nur weil sie häufiger bemerkt werden, auch häufiger aus ihren Familien genommen würden, wäre etwas schiefgelaufen. Maria Loheide, sozialpolitischer Vorstand der Diakonie Deutschland, fordert stattdessen eine Stand-by-Begleitung für betroffene Familien.

Frau Loheide, inwiefern liegt Ihnen das Thema Kinder kranker Eltern persönlich am Herzen?
Seit meinem sechsten Lebensjahr haben meine Eltern Pflegekinder in unsere Familie aufgenommen. Neben meinen drei leiblichen Geschwistern lebten bis zu vier Pflegegeschwister bei uns. Zeitweise kamen noch Tageskinder dazu. Diese Kinder waren zum Teil extrem verhaltensauffällig. Die letzten beiden Kinder, die in unserer Familie aufgenommen wurden, sind behindert. Die Ursache für eine Verhaltensauffälligkeit und Behinderung war auch ein psychisch oder suchtkranker Elternteil.

Mein Pflegebruder Luis hat beispielsweise eine Alkoholschädigung dritten Grades. Seine inzwischen verstorbene Mutter war Alkoholikerin und hat während der Schwangerschaft durchgehend getrunken. Er kam praktisch volltrunken auf die Welt und hat erst einmal einen Entzug durchlebt. Er ist geistig behindert und hat mehrere typische Merkmale eines fetalen Alkoholsyndroms. Er ist kleinwüchsig, schmallippig, hat eine besondere Stellung der Augen, kein Unterhautfettgewebe, Fehlstellungen der Finger und hatte eine Gaumenspalte. Ihm ist bewusst, dass er behindert ist, weil seine Mutter Alkoholikerin war. Aber das ganze Ausmaß dieses Zusammenhangs kann er nicht verstehen. Luis kam mit 18 Monaten zu uns in die Familie, inzwischen ist er 36. Er hat kein ungestörtes Verhältnis zum Alkohol. Wenn bei Familientreffen getrunken wird und die Frage aufkommt, ob er mit trinkt oder nicht, weiß er auf einer intellektuell sehr einfachen Ebene, dass Alkohol nicht ganz ohne für ihn ist. Luis hat eine ältere Schwester, die ebenfalls alkoholgeschädigt ist, jedoch etwas weniger als er.

Außerdem ist ein Junge in unserer Familie aufgewachsen, der zu Beginn extrem verhaltensauffällig war. Er hat eine psychisch kranke Mutter. Während der Geburt erlitt sie einen Nervenzusammenbruch. Michael kam mit drei Monaten zu uns. Mit einem Jahr wechselte er wieder zu seiner Mutter, doch sie kam nicht mit ihm klar. Er wurde schwer misshandelt. Mit drei Jahren wurde Michael wieder aus der Familie herausgenommen und in einer anderen Pflegefamilie untergebracht. Die fühlte sich jedoch aufgrund seiner Auffälligkeiten überfordert. Im Alter von fünf Jahren kam er sehr verhaltensauffällig wieder in unsere Familie. Er zeigte starke Anzeichen von Hospitalismus (psychische und physische Schädigung durch mangelnde Zuwendung und wechselnde Pflegeunterbringung) und war extrem ängstlich.

An Michaels Biografie zeigt sich aber, dass sich schwer beeinträchtigte Kinder durch ein positives Umfeld und viel Förderung gut entwickeln können. Mittlerweile ist er 42 Jahre alt. Er hatte sein Leben lang schwierige Startbedingungen und die Schule und Ausbildung zum Gärtner nur mit ganz viel Unterstützung geschafft. Er arbeitet in einer Gärtnerei, hat zwei Kinder und mit Unterstützung seines Schwiegervaters sogar ein Haus gebaut. Er hat es geschafft, wobei er immer noch auf überraschende Probleme ängstlich reagiert. Seine Mutter lebt seit Jahren in einer psychiatrischen Einrichtung. Er hat noch eine ältere Schwester, mit schwerer Spastik, die seit ihrem sechsten Lebensjahr in einer Einrichtung lebt. Die Mutter war mit der Versorgung der Kinder völlig überfordert. Beide Kinder haben den Kontakt zur Mutter komplett abgebrochen und befürchten, dass sie irgendwann als Angehörige noch einmal herangezogen werden. Michael hat meines Erachtens seine Herkunft im Grunde sehr früh verdrängt. Er nennt – wie alle Pflegekinder – meine Eltern Mama und Papa.

Für meine leiblichen Geschwister und mich waren schwierige Familiengeschichten nichts Ungewöhnliches. Wir wuchsen damit auf. Die Motivation meiner Mutter bestand wesentlich darin, Kindern und Eltern zu helfen. Das hatte zur Folge, dass die leiblichen Eltern, die oft ebenfalls ungewöhnlich waren, auch viel Zeit bei uns verbrachten und Teil unserer Familie waren. Sie kamen an den Wochenenden und zu Feierlichkeiten. Eine Mutter war tablettenabhängig und Prostituierte. Eines Tages holte sie ihr Kind zu einem gemeinsamen Nachmittag ab und äußerte Selbstmordabsichten. Mein Vater hat den ganzen Nachmittag nach Mutter und Kind gesucht. Solche Krisen gehörten zum Alltag unserer Familie. Als ich Sozialarbeit studierte, erzählte ich einer Kommilitonin von meiner Familie. Sie war fassungslos, welche Probleme und Situationen es alles gibt! Mir dagegen waren extreme und belastende Situationen und Krisen im Leben von Menschen nicht fremd.

Was fordert die Diakonie, um die Situation der Kinder von kranken Eltern zu verbessern?

Diese Kinder stecken in einem enormen Dilemma, denn sie sind ja mit ganz anderen Dingen beschäftigt als Gleichaltrige. Sie brauchen selbst Aufmerksamkeit und Freiraum, um sich entwickeln zu können. Sie müssen die Sorgen um und die Verantwortung für ihre Eltern abgenommen bekommen. Sie dürfen auf keinen Fall allein gelassen werden. Es überfordert Kinder, sich um ihre Eltern kümmern zu müssen. Besonders schlimm ist die Situation von Kindern, deren Eltern psychisch und/oder suchtkrank sind, denn sie sind unkalkulierbar. Die Kinder leben in einer permanenten Angst vor dem nächsten Ausbruch, der nächsten Volltrunkenheit, der nächsten Katastrophe. Sie müssen begleitet werden, aber auch ihre Eltern brauchen Unterstützung, damit sie verlässlich Eltern sein können. Sie haben ihr eigenes Dilemma, das darin besteht, dass sie sich um ihre Kinder kümmern wollen und nicht durchgängig ausfallen. Sie wissen sehr wohl, in welche Situation ihre Kinder durch sie geraten. Oftmals sind sie alleinerziehend. Im Prinzip muss man das ganze System stützen und möglichst flexibel schauen, wann es gut geht, wann es droht zu kippen und wann definitiv Unterstützung benötigt wird.

Doch genau darauf sind unsere Systeme nicht ausgerichtet. Ein Beispiel: Wir hatten für kurze Zeit ein Pflegekind, das zweiten Grades alkoholgeschädigt war und recht bald nach der Geburt zu uns kam. Ein halbes Jahr später wurde es probeweise der Mutter zurückgegeben mit der Auflage, dass sie etwas gegen ihr Alkoholproblem tut. Ansonsten sollte ihr das Kind wieder abgenommen werden. Das ist natürlich völlig schiefgegangen! Man kann ein Kind nicht als Anreiz dafür einsetzen, dass jemand aufhört zu trinken. Nach sechs Jahren begegnete mir als Sozialarbeiterin dieser Junge wieder. Er hatte mittlerweile eine schlimme Leidensgeschichte hinter sich. Er war von der Mutter zu uns gekommen, zurück zur Mutter, in eine Einrichtung, in eine neue Pflegefamilie, wieder zur Mutter und wieder in eine Einrichtung gegangen. Schon mit sechs Jahren hatte er viele Stationen hinter sich und tauchte immer wieder in den Dokumentationen von Jugendämtern auf. Unser System bietet akute Not- und Krisenhilfe, aber zu wenig flexible, längerfristige Begleitung und Hilfemöglichkeiten. Einige Familien brauchen, bis die Kinder selbstständig sind, eine Stand-by-Begleitung. Die Drohung »Wir nehmen dir das Kind weg!« verbessert ihre Situation nicht. Selbstverständlich ist das oberste Ziel der Kinderschutz und dazu ist es notwendig, Kinder auch aus belastenden und gefährdenden Situationen herauszunehmen. Das ist für Jugendämter eine ziemliche Herausforderung.

Viele neue, flexible Hilfsangebote für suchtkranke Eltern laufen auf Projektbasis und sind nicht regelfinanziert – teilweise sind sie auf Spenden angewiesen. Zudem sind die Hilfen für Kinder suchtkranker Eltern und ihre Familien durch Regelungen in unterschiedlichen Sozialgesetzbüchern erschwert und lassen sich kaum aufeinander abstimmen. Im aktuellen Drogenbericht der Bundesregierung ist die Zielgruppe suchtkranke Eltern nur am Rande erwähnt, im geplanten Präventionsgesetz werden sie ebenfalls nicht explizit bedacht. Erst auf Drängen der Diakonie und anderer Verbände ist im Gesetzentwurf das Ziel aufgenommen worden, Alkoholkonsum generell zu reduzieren.

Überarbeitung der Gesetze

Überhaupt ist eine Überarbeitung einiger Gesetze notwendig, damit die Betroffenen schnell und einfach Hilfe bekommen. Autorin Sannah Koch erklärt in ihrem Artikel »Chronisch Kranke – Kinder als Pfleger« auf *Zeit Online*: »Zwar haben Menschen mit Behinderungen einen Rechtsanspruch auf Assistenz. Sie können daher bei Krankenkasse, Pflegekasse und Sozialamt ein persönliches Budget beantragen, um ihre Pfleger selbst zu bezahlen. Doch eine dauerhafte finanzielle Unterstützung für die Betreuung von Kindern ist schwierig zu erstreiten.« In dem Beitrag kommt die Hamburgerin Imke Paust zu Wort, die Mutter eines Sohnes ist und an Multipler Sklerose leidet. Als sie begann, nach finanzieller Unterstützung für sich und ihren Sohn zu suchen, habe sie festgestellt, dass ihre Lebenssituation für den Gesetzgeber praktisch nicht existiere. Nur unter Berufung auf das Jugendhilfegesetz (»Betreuung und Versorgung des Kindes in Notsituationen«) habe sie dem Jugendamt eine Elternassistenz für ihren Sohn abringen können.

Die gute Nachricht zum Schluss ist, dass es in Fachkreisen sehr konkrete Ideen gibt, wie die Situation von Kindern kranker Eltern verbessert werden kann. Das Maßnahmenpapier »Suchtbelastete Familien und ihre Kinder sind unterstützt« *(https://www.paritaet-berlin.de/fileadmin/user_upload/Dokumente/2016/2016_02_03_Nacoa_Empfehlungen_zur_Unterst%C3%BCtzung_von_Kindern_aus_Suchtfamilien.pdf)* von NACOA Deutschland vom Juni 2015 zum Beispiel listet 15 ganz konkrete Schritte zur Erreichung dieses Ziels auf. Diese sehen unter anderem ein Verbot für Werbung für Suchtmittel vor, eine erhöhte Alkoholsteuer und eine Ergänzung des Kinder- und Jugendhilfegesetzes um den Rechtsanspruch Minderjähriger aus dysfunktionalen Familien auf regelfinanzierte Leistungen. Nun müssen diese Ideen »nur noch« umgesetzt werden.

Derweil reifen meine Söhne langsam zu Teenagern heran. Manchmal, wenn sie mich respektlos anpöbeln oder ihre Wäsche achtlos fallen lassen, und ich mich gerade aufregen will, sage ich mir, dass ich glücklich darüber sein sollte, dass sie sich wie ganz normale Jungs benehmen. Dann kommen mir die Jahre 2011 bis 2014 wie ein längst verblasster, schlechter Traum vor. Doch dann piepst mein Handy, eine Nachricht von ihrem Vater: »Muss ins Herzzentrum, Blutwerte sind schlecht«. Und plötzlich kommt alles wieder hoch, und ich weiß, diese Geschichte ist nie wirklich zu Ende. Nicht für meinen ehemaligen Mann, nicht für mich und schon gar nicht für unsere Kinder. Eine »Kindheit im Schatten« trägt man ein Leben lang mit sich herum.

Anhang

Verwendete Quellen

Barnowski-Geiser, Waltraud: Vater, Mutter, Sucht. Wie erwachsene Kinder suchtkranker Eltern trotzdem ihr Glück finden, Stuttgart 2015.

Bauer, Ullrich (Hg.): Prävention für Familien mit psychisch erkrankten Eltern: Bedarf, Koordination, Praxiserfahrungen, Wiesbaden 2012.

Boecker, Julia: Meine Mutter, ein Junkie, in: shz.de, http://www.shz.de/lokales/kiel/meine-mutter-ein-junkie-id6715691.html (Stand 20.9.15).

Böllert, Susanne: Pflegende Kinder. Einfach nur der Mama helfen, in: wissen.de, http://www.wissen.de/pflegende-kinder-einfach-nur-der-mama-helfen (Stand 13.6.2015).

Böszörményi-Nagy, Iván: Unsichtbare Bindungen. Die Dynamik familiärer Systeme, Stuttgart 2015.

Brummerloh, Dorothea: Mamas Monster und Papas Alkohol, Deutschlandradio Kultur, http://www.deutschland-radiokultur.de/kinder-psychisch-kranker-eltern-mamas-monster-und-papas.976.de.html?dram:article_id=332774 (Stand 18.10.2015).

Freund, Andrea/Runge, Kathrin: War ich nicht lieb?, in: FAZ Online, http://www.faz.net/aktuell/gesellschaft/gesundheit/psychisch-kranke-eltern-war-ich-nicht-lieb-12711603.html (Stand 13.6.2015).

Haertel, Caroline/Momirovic, Mirjana: Mein verrücktes Leben. Von starken Kindern und kranken Müttern, in: ZDF, 37 Grad, http://dokumonster.de/sehen/5466-37-grad-mein-verruecktes-leben-von-starken-kindern-und-kranken-muettern-zdf-doku/ (Stand 13.9.2015).

Jüttner, Julia: Psychische Erkrankungen. Wenn Kinder zu Eltern werden, in: Spiegel Online, http://www.spiegel.de/panorama/gesellschaft/wie-kinder-psychisch-kranker-eltern-leiden-a-841687.html (Stand 13.6.2015).

Jüttner, Julia: Alkoholikerkinder. Mama, die Trinkerin, in: Spiegel Online, http://www.spiegel.de/panorama/gesellschaft/alkoholikerkinder-mama-die-trinkerin-a-573776.html (Stand 19.6.2015).

Koch, Sannah: Chronisch Kranke – Kinder als Pfleger, in: Zeit Online, http://www.zeit.de/2009/46/M-Pflegende-Kinder (Stand 14.6.2015).

Kölch, Michael/Ziegenhain, Ute/Fegert, Jörg M. (Hg.): Kinder psychisch kranker Eltern – Herausforderungen für eine interdisziplinäre Kooperation in Betreuung und Versorgung, Landsberg 2014.

Kuhlendahl, Marie-Christien: Der Einfluss der familientherapeutischen Intervention auf die krankheitsbewältigung von Eltern und Kindern in Familien mit einem psychisch kranken Elternteil, Hamburg 2014, http://www.fachportal-paedagogik.de/fis_bildung/suche/fis_set.html?FId=1034930 (Stand 8.2.2016)

Kurz, Sabine: Psychisch kranke Eltern überfordern ihre Kinder, in: Welt Online, http://www.welt.de/gesundheit/psychologie/article114823365/Psychisch-kranke-Eltern-ueberfordern-ihre-Kinder.html (Stand 13.6.2015).

Lawson, Christine Ann: Borderline-Mütter und ihre Kinder – Wege zur Bewältigung einer schwierigen Beziehung, Gießen 2006.

Lenz, Albert: Psychisch kranke Eltern und ihre Kinder, Köln 2012.

Lenz, Albert/Brockmann, Eva: Kinder psychisch kranker Eltern stärken – Informationen für Eltern, Erzieher und Lehrer, Göttingen 2013.

Lenz, Albert: Kinder psychisch kranker Eltern, Göttingen 2014.

Lenz, Albert: Interventionen bei Kindern psychisch kranker Eltern – Grundlagen, Diagnostik und therapeutische Maßnahmen, Göttingen 2007.

Mattejat, Fritz/Lisofsky, Beate (Hg.): Nicht von schlechten Eltern – Kinder psychisch Kranker, Köln 2013.

Metzing, Sabine: Kinder und Jugendliche als pflegende Angehörige. Erleben und Gestalten familialer Pflege, Bern 2007.

Metzing, Sabine: Kinder und Jugendliche als pflegende Angehörige: Krankheit ist eine Familienangelegenheit, in: Angehörige pflegen 2 (3), Melsungen 2012, S. 4–7, 10 f.

Möller, Birgit u. a.: Children of cancer patients: prevalence and predictors of emotional and behavioral problems, in: CANCER, online publiziert am 23. Juni 2014, DOI: 10.1002/cncr.28644.

Metzing, Sabine/Schnepp, Wilfried/Hübner, Bettina/Büscher, Andreas: Die Lücken füllen und in Bereitschaft sein – Kinder und Jugendliche als pflegende Angehörige, in: Pflege & Gesellschaft 11(4) 2006, S. 351–373, http://www.dg-pflegewissenschaft.de/pdf/PfleGe406Metzing.pdf (Stand 13.6.2015).

Nagl-Cupal, Martin u. a.: Kinder und Jugendliche als pflegende Angehörige, Teil 1 und 2, im Auftrag des Österreichischen Bundesministeriums für Arbeit, Soziales und Konsumentenschutz, https://www.sozialministerium.at/cms/site/attachments/6/7/1/CH3434/CMS1448646065831/studienreihe_bd_19_e-book.pdf (Stand 8.2.2016).

Natterer, Lisa: Young Carers – Pflegende Kinder. »Verlorene« Kindheit, in: netzfrauen.org, http://netzfrauen.org/2015/06/01/young-carers-pflegende-kinder-verlorene-kindheit/ (Stand 20.10.2015).

N.N.: Wenn andere Kinder spielen, in: abendblatt.de, http://www.abendblatt.de/politik/deutschland/article107560908/Wenn-andere-Kinder-spielen.html (Stand 20.6.2015).

N.N.: Oma darf nichts wissen, in: Der Spiegel, http://www.spiegel.de/spiegel/print/d-13487473.html (Stand 20.10.2015).

Reich, Jana (Hg.): Übersehene Kinder, Hamburg 2013.

Roedenbeck, Maja: Papa braucht ein neues Herz, in: starke eltern – starke kinder, Deutscher Kinderschutzbund Jahresheft 1/2012.

Romer, Georg/Bergelt, Corinna/Möller, Birgit: Kinder krebskranker Eltern: Manual zur kindzentrierten Familienberatung nach dem COSIP-Konzept, Göttingen 2014.

Romer, Georg/Haagen, Miriam: Kinder körperlich kranker Eltern, Göttingen 2007.
Romer, Georg: Kinder körperlich kranker Eltern: Psychische Belastungen, Wege der Bewältigung und Perspektiven der seelischen Gesundheitsvorsorge, in: Praxis der Kinderpsychologie und Kinderpsychiatrie 56 (2007) 10, S. 870–890.
Romer, Georg/Haagen, Miriam: Kinder körperlich kranker Eltern – Bedarf für seelische Gesundheitsvorsorge, http://liga-kind.de/fk-204-romer (Stand 18.10.2015).
Romer, Georg/Haagen, Miriam: Kinder körperlich kranker Eltern – Bedarf für seelische Gesundheitsvorsorge, in: Die Deutsche Liga für das Kind 2/04, http://www.liga-kind.de/fruehe/204_romer.php (Stand 31.7.2015).

Schmutz, Elisabeth: Kinder psychisch kranker Eltern – Prävention und Kooperation von Jugendhilfe und Erwachsenenpsychiatrie, Mainz 2010.
Schone, Reinhold/Wagenblass, Sabine (Hg.): Kinder psychisch kranker Eltern zwischen Jugendhilfe und Erwachsenenpsychiatrie, Landsberg 2005.
Schone, Reinhold/Wagenblass, Sabine: Wenn Eltern psychisch krank sind: Kindliche Lebenswelten und institutionelle Handlungsmuster, Landsberg 2010.
Schroeder, Carsten: Verlorene Jugend. Die Probleme von Kindern psychisch kranker Eltern, in: Deutschlandfunk, http://www.deutschlandfunk.de/verlorene-jugend-die-probleme-von-kindern-psychisch-kranker.709.de.html?dram:article_id=311165 (Stand 13.6.2015).
Schulte-Markwort, Michael/Resch, Franz/Plass, Angela/Wiegand-Grefe, Silke (Hg.): Kinder psychisch kranker Eltern: Entwicklungsrisiken erkennen und behandeln, Weinheim 2012.

Wagner, Peter: Ich pflege meine Mutter, in: jetzt.de, http://jetzt.sueddeutsche.de/texte/anzeigen/480402/Ich-pflege-meine-Mutter (Stand 20.6.2015).
Wiegand-Grefe, Silke/Mattejat, Fritz/Lenz, Albert: Kinder mit psychisch kranken Eltern: Klinik und Forschung, Göttingen 2010.

Hilfreiche Internetseiten

Internetseiten für Kinder psychisch und körperlich kranker Eltern
www.kinder-kranker-eltern.de
Für Kinder von psychisch und chronisch körperlich kranken Eltern.

Internetseiten für Kinder körperlich kranker Eltern
www.uke.de/kliniken/kinderpsychiatrie/index_23150.php
Beratungsstelle für Kinder körperlich kranker Eltern des Universitätsklinikums Hamburg-Eppendorf (UKE).

www.kinder-krebskranker-eltern.de
Website des Vereins Flüsterpost e.V. – Unterstützung für Kinder krebskranker Eltern, in Mainz.

www.youngcarers.de
Für Kinder pflegebedürftiger Eltern in Bad Bramstedt und Umgebung, Kinderschutzbund Bad Segeberg.

www.ig-pflege.at/service/pflegende_kinder_und_jugendliche.php
Interessengemeinschaft pflegender Angehöriger in Wien.

www.jugendrotkreuz.at/oesterreich/was-wir-tun/sommercamps/juniorcamp
Erholungsaufenthalt für Kinder von Eltern mit schwerer Erkrankung.

www.superhands.at
Infos für pflegende Teenager von der Johanniter-Unfall-Hilfe in Österreich.

Internetseiten für Kinder psychisch kranker Eltern
http://bit.ly/1OtLYhB
Checkliste zur Ermittlung des Risikos für Kinder psychisch kranker Eltern, selbst psychisch zu erkranken.

www.bag-kipe.de
Bundesarbeitsgemeinschaft Kinder psychisch erkrankter Eltern.

www.netz-und-boden.de
Initiative für Kinder psychisch kranker Eltern.

www.kipsy.net
Bundesverband der Angehörigen psychisch Kranker (BApK).

www.borderline-muetter.de
Für minderjährige und erwachsene Kinder von Müttern mit einer Borderline-Persönlichkeitsstörung.

www.seelensteine.org
Spezialisierte ambulante Erziehungshilfe für Kinder psychisch kranker Eltern in Halle/Saale.

www.auryn-trier.de
Kinder- und Jugendprojekt zur Stärkung von Kindern psychisch kranker Eltern in Trier.

www.amsoc-patenschaften.de
Patenschaften für Kinder psychisch kranker Eltern in Berlin.

www.pfiff-hamburg.de
Patenschaften für Kinder psychisch kranker Eltern in Hamburg.

www.sunnysideup-berlin.de
Onlineberatung und persönliche Beratung für Kinder und ihre psychisch kranken Eltern in Berlin.

www.dksb-frankenthal.de/content/ch.html
Chillies – Selbsthilfegruppe für Kinder psychisch kranker Eltern des Deutschen Kinderschutzbundes, Ortsverband Frankenthal.

www.kinderschutzbund-aachen.de/akisia
Projekt »AKisiA« des Kinderschutzbundes Aachen für Kinder psychisch kranker Eltern.

www.lwl-klinik-herten.de/unsere-services-fuer-sie/web-lwl-klinik-herten-eltern-kind-Angebote
Für Kinder psychisch kranker Eltern der LWL-Klinik Herten.

www.wege-ev.de
Verein Angehöriger und Freunde psychisch Kranker.

http://bit.ly/1D3KM3B
FIPS – Beratungsstelle für Familien mit einem psychisch belasteten Elternteil des Bezirkskrankenhauses Günzburg.

www.verrueckte-kindheit.at
Forum zum Erfahrungsaustausch für junge Menschen, deren Eltern psychisch erkrankt sind, in Österreich.

www.caritas-stpoelten.at/hilfe-angebote/menschen-mit-psychischen-erkrankungen/beratungsangebote/kipke
Angebot für Kinder mit psychisch kranken Eltern, von der Caritas in Österreich.

www.jojo.or.at
Präventionsprojekt für Kinder psychisch kranker Eltern in Salzburg und Umgebung.

Weitere Unterstützungsangebote für die Kinder psychisch kranker Eltern

http://bag-kipe.de/einrichtungen-projekte/
Liste der Bundesarbeitsgemeinschaft Kinder psychisch kranker Eltern.

Internetseiten für Kinder suchtkranker Eltern

www.blaues-kreuz.de
Blaues Kreuz in Deutschland e.V., Suchthilfeverband.

www.eltern-sucht.de
GVS Gesamtverband für Suchthilfe e.V.

www.kindersuchthilfe.de
Website der Stiftung Deutsche Kindersuchthilfe.

www.nacoa.de/index.php/fakten/kinder-von-alkoholikern
NACOA Deutschland – Interessenvertretung für Kinder aus Suchtfamilien e.V.

www.traudich.nacoa.de
Interaktive Comic-Website von NACOA Deutschland.

www.al-anon.de/fuer-neue/familienkrankheit/aufgewachsen-in
Al-Anon Selbsthilfegemeinschaft für Angehörige und Freunde von Alkoholikern.

www.diakonie-stadtmitte.de/index.php?id=479
Vergiss mich nicht – Patenschaftsprogramm für Kinder aus suchtbelasteten Familien des Diakonischen Werks Berlin Stadtmitte e.V.

www.kidkit.de
Hilfe bei Problemeltern – ein Kooperationsprojekt der Drogenhilfe Köln e.V. und KOALA e.V.

www.lilith-ev.de
Nürnberger Projekt mit einem Angebot für Frauen, die Drogen konsumieren, und deren Kinder.

www.deutschepsychotherapeutenvereinigung.de/index.php?id=22
Psychotherapeuten, die auf Kinder suchtkranker Eltern spezialisiert sind.

www.eksev.org
Interessengemeinschaft erwachsener Kinder von suchtkranken Eltern und Erziehern.

Kinder- und Jugendbücher

Bartoli-y-Eckert, Petra: Meine Mutter säuft doch nicht, Mülheim an der Ruhr 2010.

Eder, Sigrun/Rebhandl-Schartner, Petra: Annikas andere Welt – Hilfe für Kinder psychisch kranker Eltern, Salzburg 2013.

Engström, Mikael: Ihr kriegt mich nicht, München 2011.

Fuchs, Ursula: Wiebke und Paul, Stuttgart 1996.

Glistrup, Karen: Was ist bloß mit Mama los? Wenn Eltern in seelische Krisen geraten. Mit Kindern über Angst, Depression, Stress und Trauma sprechen, München 2014.

Homeier, Schirin: Sonnige Traurigtage. Illustriertes Kinderfachbuch für Kinder psychisch kranker Eltern und deren Bezugspersonen, Frankfurt am Main 2006.

Lazai, Stefanie: Benjamin. Meine Mama ist besonders (Multiple Sklerose), Köln 2005.

Südbeck, Anne: Papa Panda ist krank: Ein Bilderbuch für Kinder mit depressivem Elternteil, Frankfurt am Main 2015.

Wehnelt, Sigrid/Grocki, Ines: Auch Schutzengel machen Urlaub. Mama hat Krebs, München 2013.

Zahlreiche weitere Kinder- und Jugendbücher zum Thema finden Sie im Buchhandel. Auch viele Initiativen, Interessengemeinschaften und Vereine Betroffener geben Kinder- und Jugendbücher heraus.

Filme

Bessere Zeiten (2010)
Schwedisches Familiendrama über eine Tochter alkoholkranker Eltern.

Blöde Mütze (2007)
Deutscher Film, in dem ein alkoholkranker Vater eine Rolle spielt.

Das Lächeln der Tiefseefische (2005)
Tragikomödie über einen Jugendlichen mit einem alkoholkranken Vater.

Die Entbehrlichen (2011)
Sozialdrama über einen alkoholkranken Vater nach einer wahren Begebenheit.

Dunkle Tage (2010)
Deutsches Drama von Margarethe von Trotta über eine alkoholkranke Mutter mit minderjährigen Kindern.

Elefantenherz: Der letzte Kampf (2002)
Boxer-Drama mit Daniel Brühl als Sohn eines alkoholkranken Vaters.

Gilbert Grape: Irgendwo in Iowa (2002)
Drama mit Johnny Depp als Sohn einer psychisch kranken Mutter.

Italienisch für Anfänger (2000)
Dänischer Dogma-Film über die Töchter einer alkoholkranken Mutter.

Liebe und Hass
Kurzfilm über Jugendliche mit alkoholkranken Eltern.

Mein Freund Arno (1988)
Kurzfilm über Kinder alkoholkranker Eltern, produziert im Auftrag des ZDF.

Weißer Oleander (2002)
Drama mit Michelle Pfeiffer als psychisch kranke Mutter.

When a man loves a woman (1999)
Drama mit Meg Ryan als alkoholkranke Mutter.

Zoey (2015)
Kurzfilm über Kinder suchtkranker Eltern, produziert im Auftrag des Blauen Kreuz Deutschland e.V.

Sonstiges

Diakonie-Text 07/2012: Klientinnen und Klienten in ihrer Elternrolle stärken – Kinder psychisch oder suchtkranker Eltern achtsam wahrnehmen, http://www.diakonie.de/media/Texte-07_2012-Elternrolle_staerken.pdf

Der Paritätische, Ausgabe 3/2015: Endlich wieder Kind sein dürfen – Jungen und Mädchen, die für kranke oder behinderte Eltern und Geschwister sorgen, brauchen Unterstützung, http://www.der-paritaetische.de/nc/pressebereich/artikel/news/der-paritaetische-ausgabe-32015/?layout=mqevbfokpamya&cHash=adb05768a56ff875e09e3cdd2d7037af (Stand 24.6.2015)

Kindern von Suchtkranken Halt geben – durch Beratung und Begleitung. Leitfaden für Multiplikatoren, Bundesverband der Freundeskreise für Suchtkrankenhilfe e. V., http://www.freundeskreise-sucht.de/uploads/media/Praxishilfe.pdf (Stand 24.6.2015)

Psychologische Praxis Babette Laubvogel, Schwerpunkt: Erwachsene Kinder psychisch kranker Eltern, www.babette-laubvogel.de

Mutter-/Vater-Kind-Kur-Kliniken für suchterkrankte Eltern, http://www.sucht.de/fachkliniken/besonderheiten/mutter-vater-kind-behandlung.html
http://www.nacoa.de/index.php/hilfeangebote/stationaere-angebote

Dank

Ich danke den Kindern kranker Eltern, die für dieses Buch mit mir gesprochen haben, für ihre Offenheit, für ihr Vertrauen. Ich danke meiner Lektorin Johanna Links für die konzeptionelle Unterstützung und die schöne Zusammenarbeit. Ich danke meiner Agentin Pia Christ, ohne die ich als Autorin heute nicht da wäre, wo ich bin. Und ich danke allen Menschen, die meiner Familie und mir durch diese schwere Zeit geholfen haben.

Zur Autorin

© Laurin Schmid

Die studierte Kommunikationswissenschaftlerin und gelernte Hörfunkredakteurin Maja Roedenbeck (Jahrgang 1976) lebt mit ihren beiden Söhnen in Berlin. Hauptberuflich leitet sie die Recruiting-Kampagne *SOZIALE BERUFE kann nicht jeder* der Diakonie Deutschland und ist als Dozentin unter anderem für die Hochschulen Macromedia und Quadriga in Berlin tätig. Im Ch. Links Verlag erschien von ihr bereits: »Und wer küsst mich? Absolute Beginners: Wenn die Liebe auf sich warten lässt« (2012). Die Webseite der Autorin lautet: www.maja-roedenbeck.de.